قواعد

اللغة الإنجليزية

لجميع المستويات

English Grammar

For all levels

المملكة الأردنية الهاشمية
رقم الإيداع لدى دائرة المكتبة الوطنية
(2006/7/2011)

425
سوالمة، مراد حسن
قواعد اللغة الإنجليزية لجميع المستويات = English Grammar For All Levels / مراد حسن سوالمة.ـ.
جرش:المؤلف، 2006.
(272) ص.
ر.أ: (2006/7/2103).
الواصفات: /قواعد اللغة// اللغة الإنجليزية/

❖ تم إعداد بيانات الفهرسة والتصنيف الأولية من قبل دائرة المكتبة الوطنية

رقم الإجازة المتسلسل لدى دائرة المطبوعات والنشر: 2006/7/2264

ردمك: ISBN 9957-462-17-2

دار المأمون للنشر والتوزيع
العبدلي - عمارة جوهرة القدس
تلفاكس: ٤٦٤٥٧٥٧
ص.ب: ٩٢٧٨٠٢ عمان ١١١٩٠ الأردن
E-mail: daralmamoun@maktoob.com

قواعد
اللغة الإنجليزية

لجميع المستويات

English Grammar

For all levels

تأليف

مراد حسن سوالمة

ماجستير لغويات/الجامعة الأردنية

دار المأمون للنشر والتوزيع

بسم الله الرحمن الرحيم

مقدمة الطبعة الثانية *Preface to the second edition*

اقدم لكم الطبعة الثانية من كتاب قواعد اللغة الإنجليزية لجميع المستويات (*English Grammar for all levels*) والذي تم إعداده ليلبي احتياجات ومتطلبات جميع المستويات من طلاب المدارس والكليات والجامعات باختلاف تخصصاتهم.

بعد النجاح الكبير والملحوظ الذي حققته الطبعة الأولى من هذا الكتاب في عام 2006 وذلك من خلال نشره في جميع مكتبات المملكة ونفاذه السريع منها ومشاركته في معرض عمان الدولي للكتاب الذي تم عقده عام 2006 وأيضا في معارض بعض المدارس والجامعات الأردنية وبعد الطلب المتزايد عليه من قبل بعض الدول العربية وما لاقاه من استحسان من قبل طلاب المدارس والجامعات ومدرسي مادة اللغة الإنجليزية، فقد وجدت الحاجة ماسة لإصدار الطبعة الثانية من هذا الكتاب والتي تميزت بشيء من الجدية والتجدد في الموضوعات والأمثلة والتمارين وطريقة طرح المادة العلمية بشكل مبسط وبتسلسل منطقي من الأسهل إلى الأصعب نوعا ما والتركيز على المفردات والمصطلحات السهلة والابتعاد عن الصعوبة والتعقيد.

لقد تم تعديل وتنقيح هذه الطبعة بشكل شامل وموسّع وقد احتوت على العديد من التغيرات والتجديدات في المواضيع والتي تصب في مصلحة دارسي اللغة الإنجليزية فمثلا تم إضافة معلومات جديدة إلى مواضيع أدوات المعرفة والنكرة والأفعال والأزمنة والمقارنة والمبني للمجهول وأحرف الجر وأيضا تم إضافة مواضيع مفيدة لهذه الطبعة مثل مصطلحات مع أفعال ومصطلحات أكاديمية واهم الأفعال الشاذة في اللغة الإنجليزية، فهذه المواضيع جميعها تزيد فهم متعلم اللغة للقواعد وتزوّده بحصيلة كبيرة ووافرة من المفردات التي تمكنه من استخدامها عند التحدث باللغة.

أخيرا أتوجه بالشكر وخالص الإمتنان إلى جميع زملائي الذين استعملوا هذا الكتاب في عملية التدريس واللذين قدّموا لي التغذية الراجعة المفيدة من خلال خبراتهم الطويلة في تدريس اللغة الإنجليزية.

وبقي لي أن أقول أتمنى مزيدا من النجاح والتوفيق للجميع سائلين الله- تعالى- أن ينفع بهذا الكتاب جميع الطلاب الأعزاء، وان يجعل ما فيه من جهد خالصا لله رب العالمين.

Dedication الإهداء

To those who are behind my every success in my life, my parents...

To my heartfelt teachers...

To our dear students...

To all who contributed one way or another in making this project come into existence...

I dedicate this humble effort.

إلى أولئك الذين هم وراء كُلّ نجاح في حياتِي، والديّ ...
إلى اساتذتي المخلصين ...
إلى طلابِنا الأعزاءِ.
إلى كُلّ الذينَ ساهموا بطريقةٍ ما أو باخرى في اخراج هذا المشروعِ إلى حيز الوجود ...
أهدي هذا الجُهدِ المتواضعِ.

بسم الله الرحمن الرحيم

In the name of God, Most Gracious Most Merciful

| *Foreword* | المقدمة |

This book is intended for learners of English, i.e. schoolboys, college and university students majoring in English who are planning to teach English language at schools after their graduation. It can also be beneficial to teachers of English as a foreign language (EFL) as well as to those who wish to develop and enhance their grammar, vocabulary and writing skills in English.

The book presents the learners with interesting and valuable information and deals with many subjects which are related to grammar, vocabulary and writing such as the English alphabet, pronunciation, dictation, spelling, articles, nouns, pronouns, adjectives, adverbs, prepositions, conjunctions, English tenses, English sentences, infinitive, gerund, conditional sentences, determiners, reported speech, passive voice, comparison, negation, interrogation, punctuation marks, proverbs, idioms and letter writing.

Moreover, each subject of this book is followed by a variety of questions and grammar exercises such as multiple choice, filling-in, transformation, replacement, word ordering and form modification for the purpose of measuring the students' abilities to understand grammatical structures. So the dear students are advised to do all the exercises given in this book carefully and accurately in order to increase their learning abilities.

Finally, the author would like to express his profound gratitude and thanks to his friends for their guidance, advice, discussions, valuable comments and constant encouragement.

Murad H.Sawalmeh.

<u>*The author's address*</u>:
E-mail: msawalmeh@yahoo.com
The author's mobile no: 00971501546986 (united Arab Emirates).

The English Alphabet	الحروف الأبجدية الإنجليزية

| The Alphabet Letters | اولاً- الحروف الأبجدية |

يوجد في اللغة الإنجليزية ستة وعشرون حرفا أبجديا ولكل حرف من هذه الأحرف شكلان في الكتابة،
فإما أن يكتب كبيرا (Capital) وإما ان يكتب صغيرا(Small) وتصنف هذه الأحرف من حيث لفظها الى
نوعين هما:

1- حروف علة (Vowels) وهي: a, e, i, o, u
2- حروف ساكنة أو صامتة (Consonants) وهي:
b, c, d, f, g, h, j, k, l, m, n, p, q, r, s, t, v, w, x, y, z

وفيما يلي توضيح مفصّل لهذه الأحرف :

Capital letter الحرف الكبير	Small letter الحرف الصغير	Pronunciation اللفظ	Example مثال	Meaning المعنى
A	a	إيه	name	إسم
B	b	بي	ball	كرة
C	c	سي	city	مدينة
D	d	دي	door	باب
E	e	إي	egg	بيضة
F	f	إف	father	أب
G	g	جي	giant	عملاق
H	h	إتش	hand	يد
I	i	آي	smile	يبتسم
J	j	جيه	jump	يقفز
K	k	كيه	key	مفتاح
L	l	إلْ	lamp	مصباح
M	m	إمْ	man	رجل
N	n	إنْ	nose	أنف
O	o	أوه	open	يفتح
P	p	بي	power	قوة، طاقة
Q	q	كيو	queen	ملكة
R	r	آر	room	غرفة
S	s	إسْ	snake	أفعى

T	t	تي	teeth	أسنان
U	u	يو	university	جامعة
V	v	في	valley	وادٍ
W	w	دَبليو	woman	إمرأه
X	x	إكس	mix	يخلط
Y	y	وآي	year	سنه
Z	z	زِدْ	zero	صفر

ثانيا- مجموعات الأحرف التي تشكّل صوتا واحدا Digraphs

يوجد في اللغة الإنجليزية بعض الأصوات (Sounds) التي تنتج عن التقاء حرفين أو اكثر ومن أهم هذه الأصوات ما يلي:

Digraphs مجموعة الحروف	Pronunciation اللفظ	Example مثال	Meaning المعنى
dg	ج	judge	قاضي
du	ج	graduate	يتخرج
ph	ف	telephone	هاتف
gh	ف	laugh	يضحك
gh	غ	Ghana	غانا
sh	ش	shirt	قميص
ch	ش	machine	آلة
ci	ش	special	خاص
ch	ك	character	شخصية
ck	ك	clock	ساعة حائط
qu	ك	queen	ملكة
ch	إتش	child	طفل
tu	تش	nature	الطبيعة
tion	شن	national	وطني، قومي
sion	جن	vision	نظر، رؤية
th	ث	think	يفكر
th	ذ	there	هناك
wh	و	what	ماذا
kh	خ	Khalid	خالد

Pronunciation, Dictation and Spelling
اللفظ والإملاء والتهجئة

Pronunciation أولا- اللفظ

1- حرف (A, a)

الرقم	القاعدة *Rule*	مثال *Example*
-1	يلفظ حرف (a) كالألف الممدودة في اللغة العربية (آ) وذلك في الكلمة المكونة من ثلاث أو أربع أو خمسة أحرف.	hand يد، man رجل، large كبير bad سيئ، dam سد ، land ارض
-2	يلفظ حرف (a) كما تلفظ الياء في كلمة (كيك) في اللغة العربية إذا جاء في وسط كلمة تنتهي بحرف (e).	case حالة، pace خطوة، race سباق cake كعكة، name اسم، came جاء
-3	يلفظ حرف (a) كما تلفظ الياء في كلمة (كيك) في اللغة العربية إذا كان متبوعا بحرف (i).	rain مطر، tail ذيل، maid خادمة air هواء، nail ظفر، مسمار
-4	يلفظ حرف (a) كما تلفظ الواو في كلمة (جول) في اللغة العربية إذا كان متبوعا بأحد الأحرف التالية: (u, w, ll).	law قانون، caution حذر، ball كرة taut مشدود، dawn فجر، tall طويل
-5	يلفظ حرف (a) كالفتحة إذا وقع في أول الكلمة.	around حول، above فوق across عبْر، ago قبل، America أمريكا accuse يتهم، acquire يكتسب accept يقبل، accomplish ينجز abrupt مفاجئ، absurd مضحك

2- حرف (B, b)

الرقم	القاعدة *Rule*	مثال *Example*
-1	لا يلفظ الحرف (b) إذا جاء قبله أحد الأحرف التالية (m, u).	thumb إبهام اليد، climb يتسلق dumb اخرس، lamb حمل bomb قنبلة، womb رحم المرأة

3- حرف (C, c)

الرقم	القاعدة *Rule*	مثال *Example*
1-	الحرف (c) يلفظ (سي) إذا جاء بعده مباشرة أحد الأحرف التالية (i, e, y).	خلية cell، اسطوانة cylinder سباق race، دراجة هوائية bicycle
2-	الحرف (c) يلفظ (ك) إذا لم يتبعه أحد الأحرف التالية (i , e, y).	يصفق clap، ساعة حائط clock سيارة car، يبكي cry، قطة cat

4- حرف (D, d)

الرقم	القاعدة *Rule*	مثال *Example*
1-	لا يلفظ الحرف (d) في الكلمات التالية:	حافة edge، جسر bridge، شعار badge إسفين wedge، وسيم handsome قاضي judge، معرفة knowledge
2-	عند إضافة الحرف(d) أو (ed) إلى نهاية فعل فانه يلفظ بثلاثة أصوات هي: /d/, /Id/, /t/، كما يلي: أ- يلفظ الحرف(d) كصوت /t/ إذا اضيف إلى فعل ينتهي باحد الأصوات التالية: (th ث ،sh ش ،ch, p,k, f, s) ب- يلفظ الحرف (d) كصوت /Id/ إذا أضيف إلى فعل ينتهي باحد الأصوات التالية: (d, t) ج- يلفظ الحرف (d) كصوت/d/ إذا أضيف إلى فعل ينتهي بأحد الأصوات التالية : (th ذ , b, g, m, l , r, n, v, ʒ,z) أمثلة : - يلفظ الحرف(d) كصوت /d/ إذا أضيف إلى فعل ينتهي بصوت علة (vowel)، مثل:	stop: stopped/ laugh : laughed ask :asked/ bath : bathed pass : passed/ wash : washed watch : watched/ mix: mixed advance: advanced. decide: decided/ want : wanted rob: robbed/ save : saved fill : filled/ bathe: bathed aim : aimed/ pain : pained beg : begged/ seize : seized massage: massaged agree: agreed / play: played follow: followed

5- حرف (E, e)

الرقم	Rule القاعدة	Example مثال
-1	يلفظ الحرف (e) كالكسرة باللغة العربية إذا كان وحيدا في الكلمة.	men رجال ، bed سرير، net شبكة ten عشرة، seven سبعة، pen قلم حبر
-2	يلفظ الحرف(e) كما تلفظ الياء في كلمة (عيد) في اللغة العربية إذا كان متبوعا بحرف (a) أو كان مضاعفا(ee).	meat لحم، read يقرأ، reason سبب beef لحم بقر، teeth أسنان meet يقابل، need حاجة، يحتاج
-3	لا يلفظ الحرف (e) إذا جاء في آخر الكلمة.	like يحب، lone وحيد، come يأتي name اسم، safe آمن، fame شهرة

6- حرف (G, g)

الرقم	Rule القاعدة	Example مثال
-1	يلفظ الحرف (g) كالجيم المصرية، إذا تبعه أحد الأحرف التالية (r, o, u, a) كقولنا :	guess يخمن، go يذهب، God الله good جيد، goal هدف، green اخضر gulf خليج، gun مسدس، gain يكسب garden حديقة، grass عشب grow ينمو، ground أرض
-2	غالبا الحرف(g) يلفظ (ج) عندما يتبع بأحد الأحرف التالية: (e, i, y) ، مثل :	gym قاعة العاب، huge ضخم giant عملاق، general عام genetics علم الوراثة generous كريم، germ جر ثوم manage يتمكن، wage يشن، اجر
-3	لا يلفظ حرف (g) في الكلمات التالية:	resign يستقيل ، foreign أجنبي. assign يخصص، sign إشارة rein حكم، design يصمم

7- حرف (H, h)

الرقم	Rule القاعدة	Example مثال
-1	لا يلفظ الحرف (h) إذا جاء قبله الحرف (w) ، مثل:	what ماذا، why لماذا ، whip سوط wheel عجلة، white أبيض
-2	لا يلفظ الحرف (h) في الكلمات التالية:	hour ساعة، honest صادق exhilaration ابتهاج exhibition معرض

8- حرف (I, i)

Example مثال	*Rule* القاعدة	الرقم
milk حليب ، lift يرفع ، this هذه thin رفيع، نحيف، ship سفينة، if إذا sin خطيئة، fill يملأ ، pin دبوس	غالبا يلفظ الحرف (i) كالكسرة في اللغة العربية إذا كان وحيدا في الكلمة.	1-
size حجم، slice حصة، شريحة، pipe إنبوب، smile يبتسم nice لطيف، price سعر	الحرف(i) يلفظ (آي) إذا جاء في وسط الكلمة المنتهية بالحرف (e).	2-
high عالٍ ، nightليلة light ضوء ، fight قاتل rightخير، tight مشدود	الحرف(i) يلفظ (آي) إذا كان متبوعا بالحرفين (gh).	3-
bird طائر، girl بنت، birth ولادة third ثالث، thirsty عطشان .	الحرف (i) يلفظ كصوت /3ː/ إذا كان متبوعا بالحرف (r) ثم حرف صامت.	4-

9- حرف (K, k)

Example مثال	*Rule* القاعدة	الرقم
know يعرف، knife سكين knit يحيك، knot عقدة knock يدق ، knight فارس kneel يركع، knee ركبة	لا يلفظ الحرف (k) إذا جاء بعده الحرف (n) مثل:	1-

10- حرف (L, l)

Example مثال	*Rule* القاعدة	الرقم
walk يمشي، talk يتكلم، calm هادئ palm نخيل، chalk طباشير، calf عجل yolk صفار البيض، مُح، should ينبغي could يمكن، almond لوز، half نصف	لا يلفظ الحرف (l) في الكلمات التالية :	1-

11- حرف (N, n)

الرقم	القاعدة *Rule*	مثال *Example*
1-	لا يلفظ الحرف (n) إذا جاء قبله الحرف (m).	يُدين condemn، يلعن damn، ترتيلة hymn عامود column، فصل الخريف autumn

12- حرف (Q, q)

الرقم	القاعدة *Rule*	مثال *Example*
1-	الحرف (q) يتبع دائما بالحرف (u).	هادئ quite، ملكة queen، سريع quick نوعية quality، كمية quantity،طابور queue لِحاف quilt، يتوقف عن quit، هدوء quiet استبيان questionnaire، سؤال question ربع quarter، خلاف quarrel، غريب

13- حرف (R, r)

الرقم	القاعدة *Rule*	مثال *Example*
1-	يلفظ الحرف (r) إذا جاء بعده أحد حروف العلة التالية (u, o, i, e, a, y).	يسافر travel، يحضر bring، يقرأ read مِنْ from، قصة story، صحيح true
2-	لا يلفظ الحرف (r) إذا جاء بعده أحد الحروف الصحيحة (Consonants).	حديث modern، كلمة word أول first، بنت girl، قلب heart
3-	غالبا لا يلفظ الحرف (r) إذا جاء في نهاية الكلمة.	معلم teacher، دكتور doctor أم mother، قريب near كاتب writer، مؤلف composer طابعة printer، زارع الألغام miner مركز center، مدير manager قارئ reader، مستمع listener بائع seller، مشتري buyer رسالة letter، رسول messenger صياد hunter، مرسل sender

14- حرف (S, s)

Example مثال	*Rule* القاعدة	الرقم
	عند إضافة الحرف (s أو es) إلى نهاية كلمة فأنه يلفظ بثلاثة أصوات هي /s/, /z/, /Iz/ كما يلي:	-1
stop : stops/ want : wants/ kick : kicks/ hate: hates proof : proofs/ month : months sleep: sleeps/ book: books laugh: laughs/ hat: hats	ا- يلفظ الحرف (s) كصوت /s/ إذا أضيف إلى كلمة تنتهي بأحد الأصوات التالية: (th ث ,p, t, k, f) لاحظ الأمثلة:	
describe: describes/ road: roads dog: dogs/, breathe: breathes bathe: bathed / car : cars remain: remains, cave: caves arm : arms/, sing : sings	ب- يلفظ الحرف (s) كصوت /z/ إذا أضيف إلى كلمة تنتهي بأحد الأصوات التالية: (thذ، b، d، g، n، ing، m، l، r) مثل:	
try: tries/ stay: stays know: knows /agree: agrees radios: radio / cow: cows	- يلفظ الحرف(s) كصوت /z/ إذا أضيف إلى فعل ينتهي بصوت علة، مثل:	
bridge: bridges/ dish: dishes garage: garages/ bus: buses catch: catches/ box : boxes massage: massages. arrange: arranges relax: relaxes/ rose: roses prize: prizes/, finish : finishes	ج- يلفظ الحرف(s) كصوت (Iz) إذا أضيف إلى كلمة تنتهي بأحد الأصوات التالية : (ش z, g, s, ch, sh ، •ʒ)، مثل :	
insurance تأمين، sure متأكد sugar سكر , assure يؤكد mansion بيت كبير	الحرف (s) يلفظ (ش) / ʃ / في الكلمات التالية:	-2
reserve يحجز ، resent يستاء disease مرض، desert صحراء	الحرف (s) يلفظ (ز) إذا وقع بين حرفي علة.	-3

15- حرف (T, t)

الرقم	Rule القاعدة	Example مثال
-1	لا يلفظ الحرف (t) في الكلمات التالية:	listen يستمع، castle قلعة، hasten يُسرع whistle يصفر، fasten يُغلق، batch دفعة often غالبا، soften يُلين، watch يشاهد ditch خندق، butcher جزار، fetch يجلب.

16- حرف (W, w)

الرقم	Rule القاعدة	Example مثال
-1	يلفظ (و) إذا وقع في أول الكلمة.	with مع، woman إمراه، week أسبوع
-2	لا يلفظ الحرف (w) إذا جاء بعده الحرف (r).	write يكتب، wrestle يصارع، wrap يلف wrist رسغ، writer كاتب، wrong خطأ
-3	لا يلفظ حرف (w) في الكلمات التالية:	sword سيف، whole كامل، كل، who مَنْ answer جواب ، whom من، whose لمن

17- حرف (X, x)

الرقم	Rule القاعدة	Example مثال
-1	يلفظ (كس) (ks) في الكلمات التالية:	fix, mix, fixture, mixture
-2	يلفظ (gz) إذا جاء بيت حرفين صوتيين (vowels) مثل:	exam امتحان، example مثال exit مخرج ، صحيح exact
-3	يلفظ (ز) في بداية الكلمات التالية:	xylophone الزيلوفون: آلة موسيقية Xerox الة تصوير المستندات

18- حرف (Y, y)

الرقم	Rule القاعدة	Example مثال
-1	يلفظ (ي) إذا جاء في بداية الكلمة.	young صغير، yellow اصفر، yes نعم
-2	يلفظ كالكسره إذا وقع بين حرفين ساكنين أو إذا جاء في آخر الكلمة.	very جدا، ready مستعد، carry يحمل bicycle دراجة هوائية، gym قاعة العاب
-3	الحرف(y) يلفظ (آي) في الكلمات التالية:	why, my, by, apply, deny, cry satisfy, beatify, buy, psychology

Spelling and Dictation **ثانيا- الإملاء والتهجئة**

قواعد التهجئة للمضارع المستمر.

1. نضيف للفعل المجرد (ing)، مثل:

read: reading stand: standing speak: speaking drink: drinking

2. إذا انتهى الفعل بـ (e-) نحذفها ثم نضيف (ing)، مثل:

write: writing leave: leaving come: coming take: taking

3. إذا انتهى الفعل ذو المقطع الواحد بحرف صحيح مسبوقا بحرف علة، نضاعف الحرف الأخير ثم نضيف (ing)، مثل:

sit: sitting **stop**: stopping **run**: running **rub**: rubbing

- **لكن إذا انتهى الفعل بأحد الأحرف التالية (w, x, y)، لا نضاعف الحرف الأخير، مثل:**

sew: sewing fix: fixing enjoy: enjoying

4. إذا انتهى الفعل بـ (ie-)، نستبدل (ie) بـ (y) ثم نضيف (ing)، مثل:

die: dying tie: tying lie: lying

✓ **قواعد التهجئة للمضارع البسيط (الشخص الثالث he, she, it)**

1. اغلب الأفعال في اللغة الإنجليزية نضيف لها (s)، مثل:

work: works buy: buys ride: rides return: returns

2. . إذا انتهى الفعل بـ (-s, -ss, -sh, -ch, -x, -z, -o) نضيف له النهاية (es)، مثل:

pass : passes/, wash : washes/, box : boxes/, buzz : buzzes/, go : goes .

3. إذا انتهى الفعل المجرد بـ (y-) مسبوقا بحرف صحيح، نستبدل (y) بـ (i) ثم نضيف النهاية (es)، مثل:

study: studies hurry: hurries dry: dries try: tries

- لكن إذا انتهى الفعل بالحرف (y) مسبوقا بحرف علة، نضيف (s) للفعل دون استبدال الـ (y)، مثل:

play: plays enjoy: enjoys say: says pray: prays

✓ **قواعد التهجئة للماضي البسيط المنتظم.**

1. إذا انتهى الفعل بحرف صحيح، نضيف (ed)، مثل :

help: help**ed** return: return**ed** box: box**ed** clean: clean**ed**

2. إذا انتهى الفعل بـ (e-) نضيف (d)، مثل:

live: live**d** die: die**d** create: create**d** dance: dance**d**

3. إذا انتهى الفعل ذو المقطع الواحد بحرف صحيح مسبوقا بحرف علة ، نضاعف الحرف الأخير ثم نضيف (ed)، مثل:

rub: rubbed stop: sto**pped** sun: su**nned** sum: su**mmed**

- لكن إذا انتهى الفعل بأحد الأحرف التالية (w, x, y)، لا نضاعف الحرف الأخير، مثل:

bow: bow**ed** mix: mix**ed** play: play**ed**

4. إذا انتهى الفعل المجرد بـ (y-) مسبوقا بحرف صحيح ، نستبدل (y) بـ (i) ثم نضيف النهاية (ed)، مثل :

study: stud**ied** hurry: hurr**ied** dry: dr**ied** try: tr**ied**

5. إذا انتهى الفعل بالحرف (y-) مسبوقا بحرف علة، نضيف (ed) للفعل دون استبدال (y)، مثل :

play: play**ed** enjoy: enjoy**ed** annoy: annoy**ed** pray: pray**ed**

ومن شواذ هذه القاعدة ما يلي:

pay: paid lay: laid say: said

✓ **قواعد التهجئة للمقارنة (er) واسم التقضيل (est)**

1. إذا كانت الصفة من مقطع واحد نضيف (er) لتشكيل صيغة المقارنة، ونضيف (est) لتشكيل صيغة التفضيل، مثل:

cheap cheap**er** cheap**est**
bright bright**er** bright**est**

2. إذا انتهت الصفة بـ (e-)، نضيف فقط (r) للمقارنة أو (st) للتفضيل، مثل:

nice nice**r** nice**st**
wide wide**r** wide**st**

3. إذا انتهت الصفة ذات المقطع الواحد بحرف صحيح مسبوقا بحرف علة، نضاعف الحرف الأخير ثم نضيف (er) أو (est)، مثل:

big bigger biggest

- لكن إذا انتهت الصفة بأحد الأحرف التالية (w,y)، لا نضاعف الحرف الأخير ، مثل :

slow slower slowest

coy coyer coyest

✓ قواعد التهجئة للظروف المنتهية بـ (ly)

1. إذا انتهت الصفة بـ (y-) مسبوقه بحرف صحيح، نستبدل (y) بـ (i) ثم نضيف (ly)، مثل:

easy: eas**ily** heavy: heav**ily** temporary: temporar**ily**

2. إذا انتهت الصفة بـ (e-)، نبقي (e) ونضيف (ly)، مثل:

nice : nic**ely** extreme: extrem**ely** polite: polit**ely**

3. إذا انتهت الصفة بـ (le-)، نحذف (e) ونضيف (y)، مثل:

possible: possibly simple: simply terrible: terribly

4. إذا انتهت الصفة بـ (ic-)، نضيف (ally) عند تشكيل الظرف، مثل :

basic: basic**ally** fantastic: fantastic**ally**

✓ قاعدة تتابع الحروف (ie) أو (ei):

1. إذا كانت الكلمة تحتوي على الحرف (c) فيجب أن يتبعها (ei)، مثل :

receive يستقبل، **deceit** خداع ، **receipt** وصل استلام، **ceiling** سقف، **deceive** يخدع

- لكن هناك بعض الكلمات تحتوي على (*ei*) رغم عدم وجود الحرف (*c*) ، مثل :

leisure وقت الفراغ، height ارتفاع، vein وريد، weight وزن، neighbor جار

either إما، neither لا، heir وريث، reign حكم، rein عنان، رسن، deign يتنازل

reinforce يقوي، reindeer حيوان الرنة، being كائن حي، وجود، beige لون بيج

2. إذا لم تحتوي الكلمة على الحرف (c) تكون (ie)، مثل:

friend صديق، believe يعتقد، piece قطعة، niece ابنة الأخ أو الأخت، chief رئيس

Definite and Indefinite Articles   أدوات المعرفة والنكرة

اولا: أداة التعريف   The Definite Article

- لفظ اداة التعريف   Pronunciation of the definite article

أ-   تلفظ اداة التعريف بالفتحة(ذَ)،/ða/ اذا كانت متبوعة بكلمة تبدأ بحرف ساكن، مثل :

The door, the car, the moon, the film.

ب-   تلفظ اداة التعريف بالكسره(ذِ)/ði:/ اذا كانت متبوعة بكلمة تبدأ بحرف علة، مثل:

The end, the apple, the idea, the air.

- استعمال اداة التعريف   The use of the definite article

1- تستعمل مع الأسماء المعدودة وغير المعدودة المعروفة والمحددة سواء كانت   مفردة أو جمع، مثل:

1- The Jordanian player won the first prize.

فاز اللاعب الأردني بالجائزة الأولى.

2- The letter you wrote to me was full of expressive words.

الرسالة التي كتبتها لي كانت مليئة بالكلمات المعبرة.

3- The water of this well isn't good for drinking.

4- Do you know the people who live next door?

2- تستعمل قبل الاسم المتبوع بأحد حروف الجر، مثل:

1- The inhabitants of this town are generous.

سكان هذه القرية كرماء.

2- The teachers in this school are experienced.

3- تستعمل قبل الاسم المتبوع بأحد ضمائر الوصل، مثل:

1- The book which I bought is written by our neighbor.

2- I like the vegetables that grow in Jordan.

4- تستعمل قبل الاسم المتبوع بالتركيب التالي (S + V)، مثل:

1- The man I met yesterday speaks English and German well.
2- The castle Jamal visited in Jordan was built two years ago.

5- تستعمل قبل الاسم المتبوع بالتركيب التالي (Ving or V3)، مثل:
1- The man sitting there is my friend.
2- I like the plays written by Shakespeare.

6- تستعمل قبل الاسم المسبوق بصفة، مثل:
1- I like the classical music.
2- The good teacher knows what to teach.
3- The polite student should respect his teachers.

7- تستعمل مع الأسماء الفريدة من نوعها والوحيدة في الكون، مثل:
The earth, the sun, the moon, the world, the sky, the universe the weather, the rain, the wind, the sea, the north, the west, the east the south, the environment, the capital, the air, the ground, etc.

8- تستعمل قبل الاسم الذي يذكر للمرة الثانية في الجملة، مثل:
I have two cars: a Ford and an Audi..
The Ford is white and the Audi is black.

امتلك سيارتين: فورد واودي. سيارة الفورد بيضاء وسيارة الاودي سوداء.

لاحظ إننا استخدمنا الأداة (*a*) قبل الاسم (*Ford, Audi*) ولكن عندما أصبحت هذه الأسماء معروفه للمستمع والمتكلم استخدمنا الأداة (*the*) لتعريف هذه الأسماء.

9- تستعمل مع الصفات التي تدل على مجموعة معينة من الأشياء أو الأشخاص، بشرط أن لا تتبع هذه الصفات باسم مثل:

the poor الفقراء -the strong الأقوياء - the weak الضعفاء
The rich الأغنياء - the homeless المشردون - the youth الشباب
The sick المرضى - the old كبار السن - the handicapped المعاقون
The disabled العجزة -the injured الجرحى -The dead الموتى

10- تستعمل مع أسماء البحار، المحيطات، الأنهار، القنوات، مجموعة الجزر، وسلاسل الجبال، والصحاري، مثل:

The Red Sea البحر الأحمر - The Dead Sea البحر الميت
The Pacific Ocean المحيط الهادئ - The Atlantic Ocean المحيط الأطلسي
The Nile نهر النيل -The Times نهر التايمز
The Suez Canal قناة السويس -The Panama Canal قناة بنما
The Canaries جزر الكناري -The Bahamas جزر البهاما
The Andes جبال الانديز -The Alps جبال الألب
The Sahara الصحراء الكبرى

11- تستعمل مع صفات التفضيل في المقارنة، مثل:

- It was the worst day of my life! كان أسوا يوما في حياتي.
- The more you practice English, the better you will do it.

12- تستعمل قبل أسماء الأدوات الموسيقية، مثل:

The piano - the flute - the guitar- the violin

13- تستعمل مع المعالم البارزة والمعروفة للناس، مثل:

The post office - the theatre - the cinema - the stadium- the central bank the cinema/movies- the circus-the ballet and the opera

14- تستعمل مع أسماء البلدان التي تحتوي على الكلمات التالية:

State دولة -union اتحاد -kingdom مملكة - republic جمهورية

The Syrian Arab Republic الجمهورية العربية السورية
The Hashemite Kingdom of Jordan المملكة الأردنية الهاشمية
The Union of Soviet Socialist Republics اتحاد جمهوريات الاتحاد السوفيتي الاشتراكية
The United States of America الولايات المتحدة الأمريكية

15- تستعمل مع أسماء الفنادق والعُمل (hotel names and currencies) ، مثل:

The Holiday Inn, Amman Regency, the U.S. dollar, the yen, the euro.

16- تستعمل قبل التاريخ الكامل الذي يحتوي على (اليوم والشهر والسنة)، مثل:

1- The sixteenth of March, nineteen eighty two.
السادس عشر من آذار عام 1982.

2- The 13th of April 1990. الثالث عشر من نيسان عام 1990

17- تستعمل مع أسماء المجلات والصحف والأعمال الأدبية، مثل:

The Jordan Times - the Star - the Iliad - the Newsweek the Independent- the Times

18- تستعمل مع التراكيب اللغوية الدالة على الملكية، مثل:

The student's book كتاب الطالب -the engineer's office مكتب المهندس

The name of the book اسم الكتاب - the window of the room شباك الغرفة

19- تستعمل مع الأسماء المجردة أو المعنوية (Abstract Nouns) إذا كانت بمعنى خاصا وليس عاما، مثل:

1- The honesty of the man is good.

صدق الرجل جيد.

2- The generosity of this family is endless.

كرم هذه العائلة لا ينتهي.

20- تستعمل مع أسماء المواد إذا كانت بمعنى خاصا وليس عاما، مثل:

1- The furniture in this house is beautiful.

الأثاث في هذا البيت جميل.

2- The paper of the book is old.

ورق الكتاب قديم.

21- تستعمل قبل أسماء وجبات الطعام إذا كانت بمعنى خاصا وليس عاما، مثل:

1- The supper of the last night was delicious.

عشاء الليلة الماضية كان لذيذا.

2- The lunch of yesterday was good.

غداء أمس كان جيدا.

22- تستعمل قبل أسماء الفصول الأربعة إذا كانت بمعنى خاصا وليس عاما، مثل:

1- The winter of the last year was cold.

فصل شتاء السنة الماضية كان باراد.

2- The spring of this year is beautiful.

فصل ربيع هذه السنة جميل.

-23   تستعمل قبل الأسماء المفردة (عندما نتحدث عنها بشكل عام) ، مثل:

1- The flag is a notional symbol.   العلم رمز وطني.
2- The cat is a tame animal.   القطة حيوان أليف.
3- Who invented the telephone?   من اخترع الهاتف؟
4- The violin is more difficult than the piano.

الكمان اصعب من البيانو.

The Indefinite Articles (a, an)   ثانيا: أداتي التنكير

- Pronunciation of the indefinite articles   لفظ أداتي التنكير (a, an)

أ- تلفظ أداة التنكير(a) كالفتحة في اللغة العربية،/ə/، إذا كانت متبوعة بكلمة تبدأ بحرف ساكن، مثل:

a car   a letter   a man   a book

ب- تلفظ أداة التنكير(an) مثل (أن) /ən/ ، اذا كانت متبوعة بكلمة تبدأ بحرف علة، مثل:

an apple   an umbrella   an eagle   an orange

The use of the indefinite articles   - استعمال أداتي التنكير

1-   تستعمل أداة التنكير (an) مع الاسم المفرد المعدود الذي يبدأ بأحد أحرف العلة (a, u, e, i, o)،
ومع الكلمات المفردة التي تبدأ بالحرف (h) ويكون صامتا لا يلفظ ومتبوعا بحرف علة، مثل:

an article   an umbrella   an egg   an index   an oven   an hour   an heiress   an
honest man   an honor   an honorable person

2-   تستعمل أداة التنكير (a) مع الاسم المفرد المعدود الذي يبدأ بحرف ساكن مثل (b, c,
d, f, g, h, j, k, l, m, n, p, q, r, s, t, v, w, x, z) ومع الكلمات المبدوءة بحرف علة و يلفظ مثل (you)،
مثل:

a plane   a camel   a hand   a man   a child   a university
a European   a uniform   a useful book   a eulogy

3- تستعمل قبل الاسم المفرد المعدود الذي يستخدم كمثال لمجموعة من نوعها، مثل:

1- A book is a good companion الكتاب صـديق جيد أداة التنكير(*a*) هنا جاءت بمعنى (كل)، إذاً معنى الجملة يصبح (كل كتاب صديق جيد) وهذا يعني أن جميع الكتب أصدقاء جيدون(استخدمت أداة التنكير هنا للتعميم).

2- A lion is a ferocious animal الأسد حيوان مفترس

أداة التنكير(*a*) أيضا جاءت بمعنى (كل) أي أن معنى الجملة (كل أسد حيوان مفترس) وهذا يعني ان جميع الأسود حيوانات مفترسة.

4- تستعمل مع التعابير العددية، مثل:

a million dollars, a dozen eggs, half a dozen, a hundred persons, a thousand students.

5- تستعمل مع المهن والأعمال التي يقوم بها الناس، مثل:

1- Khalid is an accountant. يعمل خالد محاسباً

2- Mohammed is a judge محمد قاضٍ

6- تستعمل للدلالة على الأسعار، السرعة، الزمن، المسافة والنسبة، مثل:

1- Banana is 5 dinars a kilo.

2- We drove at 120 miles an hour.

7- تستعمل في جمل التعجب مع الاسم المفرد المعدود، مثل:

1- What a beautiful car! يا لها من سيارة جميلة!

2- What a pretty girl! ما أجمل البنت!

ثالثاً. الحالات التي لا تستخدم معها أداة التعريف (the) أو أداتي التنكير (a, an) وفي هذه الحالة نستخدم (Zero Article):

1- وسائط النقل: (تسبق وسائط النقل بـ by).

to travel by car, to go by train, to travel by plane, to arrive by boat to travel by ship, to go by bus, to come by bicycle, to travel by sea

2- وجبات الطعام:

to have breakfast, to get lunch, to eat supper/dinner.

أما إذا سبق وجبات الطعام صفة يجب أن تسبق بأداة تنكير، مثل:

- I had a delicious lunch. تناولنا وجبة غداء لذيذة

3- أوقات الليل والنهار: (تسبق بـ at, after, before, around, towards).

at night, at down, around noon, before midnight, at sunrise
after sunset, towards evening.

ولكن نستخدم (*the*) مع الكلمات التالية:

in the morning, in the afternoon, in the evening.

4- الأسماء المعدودة الجمع والغير معدودة (عندما نتحدث عنها بشكل عام)، مثل:

1- Parents are responsible for their children. (تعميم)
2- We can't live without water and air. (تعميم)

أما إذا تخصصت هذه الأسماء فأنها تأخذ أداة التعريف (the)، كما في الأمثلة :

1- The water of this well is cold. (تخصيص)
2- The books I read last week were useful. (تخصيص)

5- أسماء المؤسسات والمواقع: (عادة تسبق بحرف جر مثل: (in, to, at).

Home	to home, arrive home, come home, at home, from home, get home.
Work	to work, at work, from work, finish work, start work
Bed	to bed, in bed, into bed.
School	to school, at school, in school, from school, leave school start school, enter school.
University	at university, to university, from university leave university, start university, enter university
Prison	in prison, to prison, into prison.
Church	to church, at church, into church, from church.
Hospital	in hospital, to hospital, at hospital, into hospital
College	at college, to college, from college, in college, leave college, start college, enter college.
Class	to class, in class, from class.

ملاحظة: يمكن أن نستخدم أداة التعريف (*the*) قبل هذه المؤسسات والمواقع:

إذا ذهبنا إلى هذه المؤسسات بسبب طبيعة عملها أو لأجل الغرض الذي تؤديه، مثلاً (الجامعة والمدرسة والكلية للدراسة، المستشفى للمعالجة، الكنيسة للعبادة، السرير للنوم وهكذا) فإننا لا نستخدم قبلها أداة التعريف، ولكن إذا ذهبنا إليها من اجل أمر آخر فأننا نستخدم "the"، مثل:

1- Every day Ali goes to <u>school</u>.   (يذهب علي إلى المدرسة من اجل الدراسة)

- Ali's father went to <u>the school</u> to see his son's teacher.

(ذهب والد علي إلى المدرسة من اجل مقابلة المدرس وليس للدراسة، لذلك استعملنا"*the*")

2- I go to <u>bed</u> at 10 o'clock.   اذهب إلى النوم الساعة العاشرة

- Ahmed is sitting on <u>the bed</u>.   احمد يجلس على السرير

3- Rami is <u>in class</u> now.   رامي في الصف الآن.

- <u>The class</u> is on your right.   الصف على يمينك.

4- Ahmed is sick <u>in hospital</u>   احمد مريض في المستشفى.

- Mona is a doctor <u>in the hospital</u> in Amman.

5- I met her <u>at college</u>.   أنا قابلتها في الكلي

- I'll meet you <u>at the college</u>.   سأقابلك في الكلية.(هنا الكلية كمكان للقاء).

6- أسماء العلم، الأسماء المعنوية، البلدان، القارات، اللغات، الأمراض، الأيام، الأشهر، والفصول واسماء الشركات والشوارع والطرق والألعاب مثل:

1- <u>Amer</u> usually visits his friends on <u>Fridays</u>.

2- The Arabs regard <u>honor</u> and <u>dignity</u> important.

3- I live in <u>Jordan</u>.

4- <u>Africa</u> is the largest continuant in the world.

5- He speaks <u>English</u> and <u>French</u> fluently.

6- This man was ill with <u>Cancer</u>.

7- <u>April</u> and <u>January</u> are my favorite months.

8- It snows in <u>winter</u>.

9- I like playing <u>tennis</u>.

10- <u>Oxford Street</u> is full of people.

11- <u>Microsoft</u> is a well-known company.

Exercises

- Choose the correct answer in brackets.

اختر الإجابة الصحيحة من بين الأقواس:

1- Do you know the largest city in ---- Asia? (a, an, x).

2- I have lived in ---- United States of America for two years. (an, the, x).

3- I bought ---- new house yesterday. (a, an, x).

4- ---- rich are people having a lot of money. (A, The, X).

5- Yesterday we ate ---- meat for dinner. (a, the, x).

6- ---- rain that fell last night caused some problems. (A, The, X).

7- ---- Red Sea is in the Middle East. (A, An, The).

8- ---- cats are clever animals. (A, The, X).

9- I like ---- people who live in Jordan. (a, the, x).

10- He usually goes to Amman by ---- bus. (a, an, x).

- Find the mistakes in using the articles in these sentences, then correct them.

جد الأخطاء في استعمال الأدوات في الجمل التالية ثم قم بتصحيحها:

1- Time is a money.

2- A Jordan is a lovely country.

3- He is ill with the influenza.

4- My neighbor is in a prison for robbery.

5- I like stars at the night.

6- I will travel to the Syria by a plane.

7- I pity poor who have no enough money.

8- My father is an doctor in Amman.

9- I always have a lunch at 4 o'clock.

10- My sister fears the snakes.

11- I don't like the coffee.

12- I play guitar in my free time.

13- Do the Jordanian people work hard?

14- I didn't go to cinema last week.

15- My father is a honest man.

الاسماء	Nouns

اولا: تعريف الاسم	Definition of noun

يمكن تعريف الاسم بأنه كلمة تدل على شيء معيّن غير مقترن بزمن، فربما تدل على اسم شخص أو اسم مدينة أو دولة أو نهر أو محيط ...الخ ، مثل:

ولد boy، احمد Ahmed، منى Mona، عمان Amman،الأردن Jordan

ثانيا: انواع الاسماء	Kinds of nouns

تقسم الاسماء في اللغة الانجليزية الى اربعة اقسام هي :

1- الاسماء العلم The proper noun وهي الاسماء التي
تدل على اسماء اشخاص، دول، مدن، قرى، شهور، ايام، عطل رسمية، مجلات، جرائد، بحار، جبال، محيطات، انهار، قارات ... الخ، مثل:
الخليل Hebron، إيطاليا Italy ، فاطمه Fatima، أحمد Ahmed،علي Ali
مجلة النيوزويك The Newsweek، عيد الفطر Eid Al-Fiter
عيد الشكر Thanksgiving ، نيسان April ،جريدة التايمز The Times
البحر الأحمر The Dead Sea،الرأي Alrai ،الدستور Ad-dustour
نهر النيل The Nile، البحر الأبيض المتوسط The Mediterranean
آسيا Asia ، جبال الألب The Alps ، شط العرب Shatt-al-Arab
المحيط الهادي The Pacific Ocean ، جبل أيفر ست Mount Everest

ملاحظة: أسماء العلم تبدأ عادة بحرف كبير (Capital letter).

2- الاسماء الشائعة The common nouns وهي الأسماء التي تدل
على واحد من أفراد نوع ما، لذلك يجوز أن تُجمع وان يسبقها أحد الأدوات التالية: (the, a, an) ، مثل:
بقرة cow، رجل man، ارض land، طاولة table، شجرة tree، يد hand
قبعة hat، مكتب office، علم flag، كتاب book، مدرسة school، ولد boy
مدير manager، قير/جير gear، قط/قطة cat ،كرسي chair ، بنت girl

3- الاسماء المعنوية (المجردة) The abstract nouns وهي الأسماء التي تدل على صفات (لا يمكن رؤيتها أو لمسها) ولا يوجد لهذه الأسماء صيغة جمع بأن نضيف لها مثلا (s) أو (es)، مثل :

الشجاعة courage، السعادة happiness، الجمال beauty، الكرامة dignity

الجبن cowardice، الكرم generosity، الصدق sincerity، القوة strength

4- الاســماء الجمع The collective nouns وهي الأسـماء المفردة في شـكلها لكنها جمع في مدلولها ومضـمونها، وهذه الأسماء تُعامل معاملة المفرد أو الجمع وذلك حسب نية المتحدث عند الكلام، مثل:

الأرستقراطية aristocracy، حكومة government، جيش army رجال الدين المسيحي

clergy، فريق team، صف class، عائلة family

السكان population، قطيع herd، البحرية navy ، جمهور crowed

كلية college، الأمم المتحدة the United Nations، جماعة group

طاقم crew، جامعة الدول العربية the Arab League، شرطة police

مدرسة school ، لجنة committee، شركة company

a- The army has won the battle

(هنا عاملنا كلمة الجيش معاملة المفرد لأن المتحدث يقصد الجيش ككتلة واحدة)

b- The army have won the battle.

(هنا عاملنا كلمة الجيش معاملة الجمع لان المتحدث يقصد أفراد الجيش)

5- الاسماء المركبة **The compound nouns**

الاسم المركب هو اسم (noun) أو شبه جملة اسمية (noun phrase) مكوّن من اسم وكلمات أخرى إضافية ويمكننا أن نلفظ الاسم المركب ككلمة واحدة كما في (غرفة صف schoolroom ، ساعي بريد postman، كنية surname)

ويلفظ أيضا بأكثر من كلمة عندما يرتبط بأكثر من شرطة hyphen (-) ،مثل:

(المتفرج looker-on، الحمو father-in- law-)

ومن الأمثلة على الأسماء المركبة :

بعد الظهر afternoon	طالب man student	ربة منزل housewife
معلم، معلمة schoolmaster	حكمة good sense	مكتبة bookstore

Gender of nouns   ثالثا: جنس الاسماء

تقسم الأسماء في اللغة الإنجليزية من حيث التذكير والتأنيث إلى أربعة أقسام هي:

1- المذكر Masculine هو الإسم الذي يدل على

مذكر، مثل:

boy ولد ، man رجل، king ملك، brother أخ، son ابن، uncle عم،خال

2- المؤنث Feminine هو الاسم الذي يدل على

مؤنث، مثل :

girl بنت، sister أخت، bee نحلة، hen دجاجة، ant نملة، queen ملكة
lioness لبؤة، woman امرأة، daughter ابنة، aunt خاله،عمه، mother أم

3- المشترك Common هو الاسم الذي يدل على

المذكر والمؤنث معا، مثل:

parent الأب/ الأم، friend صديقة /صديق ، child طفل/ طفلة
single عزباء /أعزب، pupil تلميذة/ تلميذ، writer كاتبة /كاتب

4- المحايد Neuter هو الاسم الذي لا علاقه

له بالتذكير أو التأنيث (غير عاقل) ، مثل:

chair كرسي، street شارع، horse حصان، room غرفة، door باب

Forming Feminine of nouns   رابعا: تشكيل صيغة المؤنث من الاسماء

هناك عدة طرق لتشكيل صيغة المؤنث من الأسماء أهمها:

1. إستخدام كلمة جديدة تدل على المؤنث.

Masculine المذكر	Feminine المؤنث	Masculine المذكر	Feminine المؤنث
man رجل	woman امرأة	dog كلب	pitch كلبة
boy ولد	girl بنت	widower أرمل	widow أرملة
father أب	mother أم	king ملك	queen ملكة
brother أخ	sister أخت	sir سيد	madam سيدة
cock ديك	hen دجاجة	fox ثعلب	vixen أنثى ثعلب

2. زيادة احد النهايات التالية (ess, -ine, -ix, -ina-) إلى صيغة المذكر.

المذكر Masculine	المؤنث Feminine	المذكر Masculine	المؤنث Feminine
lion أسد	lioness لبؤة	author مؤلف	authoress مؤلفة
priest كاهن	priestess كاهنة	poet شاعر	poetess شاعرة
actor ممثل	actress ممثلة	host مضيف	hostess مضيفة
tiger نمر	tigress أنثى النمر	headmaster مدير	headmistress مديرة
heir وريث	heiress وريثه	master سيد	mistress سيدة
hero بطل	heroine بطلة	czar قيصر	czarina زوجة القيصر

3- إبدال جزء من الكلمة، مثل:

المذكر Masculine	Feminine المؤنث	Masculine المذكر	Feminine المؤنث
doctor طبيب	woman doctor طبيبة	grandfather جد	grandmother جدة
landlord المؤجر	landlady المؤجرة	teacher معلم	woman teacher معلمة

Plurals of nouns

خامسا: جمع الاسماء

هناك عدة طرق في اللغة الإنجليزية لتشكيل صيغة الجمع:

1- إضافة (s) إلى نهاية الاسم المفرد المنتظم (أي يقبل زيادة s)، مثل:

Singular المفرد	Plural الجمع	Singular المفرد	Plural الجمع
book كتاب	books كتب	student طالب	students طلاب
cat قطه	cats قطط	bee نحلة	bees نحل
chair كرسي	chairs كراسي	car سيارة	cars سيارات

2- إذا انتهى الاسم المفرد بأحد الأحرف التالية (sh, ch, s, ss, x, z, o)، نضيف للاسم (es) مثل:

Singular المفرد	Plural الجمع	Singular المفرد	Plural الجمع
box صندوق	boxes صناديق	bus باص	buses باصات
class صف	classes صفوف	church كنيسة	churches كنائس
brush فرشاة	brushes فرشات	hero بطل	heroes أبطال
quiz مسابقة	quizzes مسابقات	glass كاس	glasses كؤوس
echo صدى	echoes أصداء	tomato حبة بطاطا	tomatoes بطاطا
potato البطاطس	potatoes البطاطس	fox ثعلب	foxes ثعالب

3- إذا انتهي الاسم المفرد بأحد الأحرف التاليه (f, fe) نشكِّل صيغة الجمع بحذف(f, fe) وإضافة (ves)، مثل:

Singular المفرد	Plural الجمع	Singular المفرد	Plural الجمع
wife زوجة	wives زوجات	leaf ورقة	leaves أوراق
knife سكين	knives سكاكين	thief لص	thieves لصوص
shelf رف	shelves رفوف	wolf ذئب	wolves ذئاب
calf عجل	calvesعجول	selfنفْس	Selvesأنفس
life حياة	lives	sheaf حزمة	sheaves حزم
half نصف	halves انصاف	loaf رغيف	loaves أرغفة

ولكن هناك بعض الكلمات تنتهي بـــ (*f*) عند جمعها لا يتم تحويل (*f*) إلى (*ves*) ، بل يبقى كما هو ونضيف إليه حرف (*s*)، مثل:

Singular المفرد	Plural الجمع	Singular المفرد	Plural الجمع
cliff جرف صخري	cliffsجرووف صخري	gulf خليج	gulfs خلجان
proof برهان	proofs براهين	dwarf قزم	dwarves/dwarfs أقزام
roof سقف	roofs اسقف	chief رئيس	chiefs رؤساء
handkerchief بشكير	handkerchiefs بشاكير	belief اعتقاد	beliefs عقائد
hoofحافر	hoofs حوافر	safe خزانة حديدية	safes خزائن حديدية

4- إذا انتهى الاسـم المفرد بالحرف (y-) ومسـبوق بأحد أحرف العلة (a, e, u, o, i)، يتشـكل الجمع بإضـافة (s) إلى الاسم، مثل:

Singular المفرد	Plural الجمع	Singular المفرد	Plural الجمع
boy ولد	boys أولاد	key مفتاح	keys مفاتيح
play مسرحية	plays مسرحيات	day يوم	days أيام
donkey حمار	donkeys حمير	monkey قرد	monkeys قردة
valley وادي	valleys وديان	ray شعاع	rays أشعة

5 - إذا انتهى الاسم المفرد بالحرف (y-) ومسبوق بحرف صحيح، نستبدل (y) بحرف (i) ثم نضيف (es)، مثل:

Singular المفرد	Plural الجمع	Singular المفرد	Plural الجمع
army جيش	armies جيوش	sky سماء	skies سماوات
lady سيدة	ladies سيدات	baby طفل	babies أطفال
country بلد	countries بلدان	story قصة	stories قصص
universityجامعة	universities جامعات	fly ذبابة	flies ذباب

6- هناك أسماء ذات شكل واحد في صيغة المفرد والجمع، مثل:

المفرد Singular	الجمع Plural	المفرد Singular	الجمع Plural
sheep خروف	sheep خراف	deer غزال	deer غزلان
fish سمكة	fish/fishes اسماك	swine خنزير	swine خنازير
a hundred مئة	two hundred مئتان	a thousand ألف	three thousand ثلاثة آلاف
a million مليون	ten million عشرة ملايين	a dozen اثني عشر	three dozen ثلاث دزينات

ملاحظة: بعض الأسماء مثل (*deer, sheep, fish, swine*) تأخذ فعلا مفردا أو جمعا حسب نية المتحدث، مثل:

1- This sheep <u>seems</u> good.   هذا الخروف يبدو جيدا.

- These sheep <u>are</u> ours.   هذه الخراف لنا.

2- That deer <u>is</u> very beautiful.   ذلك الغزال جميل جدا

- Deer <u>are</u> too difficult to catch.   من الصعب مسك الغزلان.

7- هناك بعض الأسماء غير منتظمة والتي لها جمع شاذ، مثل:

المفرد Singular	الجمع Plural	المفرد Singular	الجمع Plural
tooth سن	teeth أسنان	woman امرأة	women نساء
foot قدم	feet أقدام	child طفل	children أطفال
man رجل	men رجال	ox ثور	oxen ثيران
louse قملة	lice قمل	goose وزه	geese إوز
postman ساعي بريد	postmen سعاة	mouse فار	mice فئران
gentleman سيد	gentlemen سادة	fireman رجل إطفاء	firemen رجال إطفاء
workman عامل	workmen عمال	analysis تحليل	analyses تحاليل
basis قاعدة،أساس	bases أسس	thesis أطروحة	theses اطروحات
crisis أزمة	crises أزمات	oasis واحة	oases واحات
axis محور	axes محاور	hypothesis فرضية	hypotheses فرضيات
stimulus دافع	stimuli دوافع	alga طحلب	algae طحالب
curriculum منهج دراسي	curricula مناهج دراسية	datum معلومة	data معلومات

8- هناك بعض الكلمات تستخدم في صيغة المفرد، ولا تستخدم في صيغة الجمع، مثل:

furniture	أثاث	advice	نصيحة
news	أخبار	knowledge	معرفة
information	معلومات	luggage	حقائب سفر
rubbish	نفايات	baggage	أمتعة

سادسا: الموافقة بين الفعل والاسم
Agreement of the vern with its subject

يجب أن يكون الفعل والفاعل متوافقين في اللغة الإنجليزية، أي إذا كان الاسم مفردا فيجب أن يكون الفعل مفردا، وإذا كان الاسم جمعا فيجب أن يكون الفعل جمعا أيضا، مثل:

1- Mohammed is a teacher.

محمد معلم.

(لاحظ أن الفاعل (Mohammed) مفرد وكذلك الفعل (is) مفرد.

2- They are students.

هم طلاب.

(لاحظ أن الفاعل (they) جمع وكذلك الفعل (are) جمع.

وتاليا أهم الملاحظات فيما يتعلق بالموافقة بين الفعل والفاعل:

1- إذا كان الفاعل أحد الضمائر التاليه(he, she, it) أو ما يقابلها من الأسماء فان الفعل يأخذ الزيادة (s) أو (es)، وذلك في الزمن المضارع البسيط، مثل:

1- She always goes to college .

تذهب دائما إلى الكلية.

2- My father runs a factory.

يدير أبي مصنعا.

2- إذا كان الفاعل أحد الضمائر التاليه(I, we, they, you) أو ما يقابلها من الأسماء فان الفعل يأتي مجردا دون أية زيادة عليه، وذلك في الزمن المضارع البسيط، مثل:

1- Children play football every morning.

يلعب الأطفال كرة القدم كل صباح.

3- I read two hours a day.

اقرأ ساعتين في اليوم

3- إذا كان الفاعل اسم جمع (Collective Noun)، مثل اللجنة committee جيش army فاننا نستعمل الفعل بصيغة المفرد أو بصيغة الجمع وذلك حسب نية المتكلم، مثل:

1- The committee meet every week. تجتمع اللجنة كل أسبوع.

(هنا استعملنا الفعل في صيغة الجمع (meet) لأننا قصدنا أن كل فرد باللجنة سوف يجتمع الأسبوع القادم).

ولكن إذا قلنا:

The committee meets every week. تجتمع اللجنة كل أسبوع.

(لاحظ إننا استعملنا الفعل في صيغة المفرد (meets) لأننا قصدنا اللجنة ككتلة واحدة وليس كل فرد على حدة.).

4- إذا كان الفاعل مربوطا بأحد الأدوات التالية، فاننا نستعمل الفعل بصيغة المفرد:

1- Either … or إما ... أو
2- Neither … nor لا... ولا
3- As well as أيضا
4- With مع

1- Either Ahmed or Ali is at home. إما احمد أو علي في البيت.
2- Neither Ahmed nor Ali is at home..لا احمد ولا علي في البيت
3- Ahmed as well as Ali is at home..احمد وأيضا علي في البيت
4- Ahmed with Ali is at home. احمد مع علي في البيت.

5- هناك بعض الأسماء تنتهي بـ (s-) يجب أن تتبع بفعل مفرد، مثل (اللغويات linguistics الاقتصاد economics،الفيزياء physics ،الحصبة measles الأخبار the news ،الأمم المتحدة The United Nations ،علم الأخلاق ethics علم السياسة politics ،الرياضيات mathematics)

1- Physics is my favorite subject.
2- Linguistics is the scientific study of language.
3- The United States is a developed country.
4- Mathematics is easy for me.
5- The news about Mr. Jamal is surprising.

6- إذا كان المبتدأ ينتهي بـ (ing-) يجب أن يتبع بفعل مفرد، مثل:

1- Reading books is very interesting..قراة الكتب ممتعة

2- Climbing mountains is difficult..تسلّق الجبال صعب

3- Growing flowers is her hobby..هوايتها زراعة الزهور

4- Climbing plants can be dangerous.

تسلّق النباتات يمكن ان يكون خطيرا.

7- إذا كان المبتدأ صفة مسبوقة بأداة التعريف (the) يجب أن يتبع بفعل جمع، مثل:

1- The poor are in need of help..الفقراء بحاجة الى المساعدة

2- The rich are getting richer. الأغنياء يَزدادونَ غناً

8- إذا كان المبتدأ يدل على مسافة أو زمان أو قيمة مالية فانه يتبع بفعل مفرد، مثل:

1- Three miles is near.

2- Ten minutes is enough to complete the mission.

3- Two dinars isn't much to buy a book.

4- Eight hours of sleep is enough.

5- Ten dollars is too much to pay.

9- إذا كان المبتدأ اسم مادة يجب أن يتبع بفعل مفرد، مثل:

1- Water is essential for life.

2- Oil comes from under the ground.

3- Sugar is sweet.

10- إذا كان المبتدأ (one of, each of, every one of) يجب أن يتبع بفعل مفرد، مثل:

1- One of the boys is absent.

2- Each of my friends is here.

3- Every one of my friends is here.

11- إذا كان المبتدأ كلمة (both) أو كلمة (all) يجب أن يتبعهما فعل جمع، مثل:

1- Both students are here.

2- Both of them are present.

3- All of the children are sleeping now.

12- إذا كان هناك شبه جملة جر(Prepositional Clause) بين الفاعل والفعل فإنها لا تؤثر على الفعل إطلاقا، مثل:

1- The pictures in that album were taken in Palestine.

2- The reaction of our bodies is the same.

3- This book on Arab countries is interesting.

13- إذا كان الفاعل في الجملة مكونا من اسمين مربوطين بكلمة (and) فيجب أن يكون الفعل في صيغة الجمع، مثل:

1- Ali and Ahmed are friends.

2- I and my friend meet everyday.

3- Sami, Omar and Mona are at home.

14- إذا احتوى المبتدأ على إحدى الكلمات التالية (each, every) فيجب أن يكون الفعل في صيغة المفرد، مثل:

1- Each boy and girl is here.

2- Each of you is clever.

3- Each of the teachers is skillful.

4- Everybody is here.

5- Every book is available.

6- Every man, woman, and child needs love.

15- إذا ربطت الجملة بـ (ليس فقط.. ولكن أيضا not only... but also) فان الفعل يوافق الاسم الأقرب إليه، مثل:

1- Not only my mother but also <u>my father</u> <u>was</u> happy to the high average.

2- Not only the headmaster but also <u>the students</u> <u>were</u> invited to the party.

16- تتبع (a number of) بفعل في صيغة الجمع ،أما (the number of) فانها تتبع بفعل في صيغة المفرد، مثل:

1- A number of houses <u>are</u> destroyed last week.

2- The number of houses <u>is</u> destroyed last week

17- هناك بعض الأسماء تنتهي بـ (ch, sh, ese) مثل (English, French, Chinese) فإذا قصدنا بهذه الأسماء اللغة فإنها تأخذ فعلا مفردا، أما إذا قصدنا بها الشعب فإنها تأخذ فعلا جمعا، مثل:

1- English <u>is</u> an international language.

- The English <u>are</u> the people of England.

2- French <u>is</u> interesting.

- The French <u>are</u> good people.

18- ادرس الأمثلة الإضافية التالية والتي تبيّن الموافقة بين الفاعل والفعل:

1- <u>*The books*</u>, an English dictionary and a story, <u>*were*</u> on the table.

2- There <u>*were*</u> <u>*eleven people*</u> when I arrived.

3- Here <u>*is*</u> <u>*their farm*</u>.

4- There <u>has been</u> <u>*very little rain*</u> this summer.

5- <u>*Twenty dollars*</u> <u>*is*</u> the price.

6- <u>*Four miles*</u> <u>*is*</u> the distance to the park.

7- <u>*Either*</u> of these buses <u>*goes*</u> to Amman.

8- The final exam, an essay test, will be given on January 11th.

9- <u>*His knowledge*</u> of languages and international relations <u>*aids*</u> him in his work.

10- <u>*The guest of honor*</u>, along with his wife and two sons, <u>*was seated*</u> at the first table.

Exercises

<u>- Choose the correct word in parenthesis:</u>

اختر الكلمة الصحيحة من بين الأقواس:

1- Go and bring me (paper / a paper) to know the news.

2- There is (a hair / hair) in your soup.

3- Please, give me (chance / a chance) to answer the question.

4- (A poverty / Poverty) is no sin.

5- (Necessity / A necessity) has no law.

6- (A word / Word) to a wise man is enough.

7- The news (is / are) good today.

8- Rice (feed / feeds) millions of people.

9- I don't have (time / a time) to go with you.

10- Sometimes love (doesn't / don't) be true.

<u>- Underline the mistakes in these sentences then <u>correct them</u>.</u> ضع خطا تحت الاخطاء ثم قم بتصحيحها

1- I love having a tea every morning.

2- I want to give you an advance. Don't walk with him.

3- Genetics are a branch of a biology.

4- Do you take a sugar in a tea?

5- A suicide is forbidden in Islam.

الاسماء المعدودة والغير معدودة
Countable and uncountable nouns

Countable nouns اولا: الاسماء المعدودة

لنتعرف على الاسماء المعدودة من خلال النقاط الاتية :

1. الأسماء المعدودة هي الأسماء التي يمكن عدّها، لذلك نقول :

one student طالب واحد ، five books خمسة كتب
six women ستة نساء ، two children طفلين

2. الأسماء المعدودة يوجد لها مفرد وجمع، كقولنا :

girl: girls	man: men	school: school
baby: babies	horse: horses	ball: balls

3. يجوز أن نستعمل مع الأسماء المعدودة المفردة الأدوات والضمائر والمحددات التالية :
(the, a, an, this, that, my, her, his, our, their, its, your, each, etc)

a- Put the book on the table. ضع الكتاب على الطاولة.
b- My brother ate an apple. أكل أخي تفاحة.
c- This student is clever. هذا الطالب ذكي.
d- I gave each student a present . أعطيت كل طالب هديةً
e- Neither team played well ولا فريق لعب جيداً.

4. لا يجوز أن نستعمل الأسماء المفردة المعدودة لوحدها في الجملة، كأن نقول:

a- I bought book yesterday.

(I bought a book yesterday الصواب أن نقول)

b- I am reading letter from my brother.

(I am reading a letter from my brother الصواب أن نقول)

c- Actor is a person whose job is to act.

(An actor is a person whose job is to act الصواب أن نقول)

5. يجوز أن نستعمل الأسماء الجمع المعدودة لوحدها في الجملة، كأن نقول:

a- I like playing with toys . أحب ان العب بالألعاب.

b- Birds of a feather flock together. أن الطيور على أشكالها تقع.

c- Friends can be bad or good.

يمكن أن يكون الأصدقاء سيؤوون أو جيدون .

d- Cats are clever animals. القطط حيوانات ذكية.

6. يجوز أن نستعمل مع الأسماء المعدودة الجمع المحددات التالية:

(some, any, many, few, a few, fewer, a couple of, either of, neither of, several, a number of, a great many, a bunch of, both, certain, etc)

a- I bought some books. اشتريت بعض الكتب.

b- Are there any letters in the box? هل يوجد أيةً رسائل في الصندوق؟

c- There are many advantages to saving money.

يوجد ميزات عديدة لتوفير النقود.

d- Few of students like exams. قليل من الطلاب يحبون الامتحانات.

e- Both girls are nice. كلتا البنتين جميلتين.

Uncountable nouns ثانيا: الأسماء غير المعدودة

لنتعرف على الاسماء غير المعدودة من خلال النقاط الاتية :

1. الأسماء غير المعدودة هي الأسماء التي لا يمكن عدّها، مثل :

milk حليب، blood دم، meat لحم، sugar سكر، water ماء، tea شاي، ink حبر
rice رز، sand رمل، coffee قهوة، oil زيت، blindness عمى، heat حرارة
gold ذهب، honesty صدق، kindness لطف، bread خبز، courage شجاعة
hope أمل، knowledge معرفة، success نجاح، time زمن، iron حديد

لذلك لا يمكن أن نجمع أو نعدّ هذه الأسماء كان نقول:

One sand two sands three sands.

2. يجوز أن نستعمل مع الأسماء غير المعدودة الأدوات والضمائر والمحددات التالية :

(the, this, that, my, her, his, our, their, its, your, some, any, little, much, a little, a bit of, a great deal of, less, etc)، مثل:

a- The water of this well is drinkable. ماء هذا البئر صالحة للشرب.

b- This bread is fresh. هذا الخبز طازج.

c- Our success depends on God. نجاحنا يعتمد على الله تعالى.

d- We have very little money. لدينا نقود قليلة جداً.

e- I have no time to stay up this night.

لا يوجد لدي وقت لأسهر معك هذه الليلة

3. يجوز أن نستخدم الأسماء الغير معدودة لوحدها في الجملة، مثل:

a- Cleanliness is next to godliness. النظافة من الإيمان.

الحاجة أم الاختراع.b- Knowledge is power. المعرفة قوة.

c- Necessity is the mother of invention.

4. لا يجوز أن نستعمل (a, an) مع الأسماء الغير المعدودة ، كأن نقول:

a- My brother's son drinks a milk every morning.

(الصواب أن نقول my brother's son drinks milk every morning)

b- My father doesn't like to eat a meat. .

(الصواب أن نقول my father doesn't like to eat meat.)

5.   نستطيع أن نجعل الأسماء الغير معدودة أسماءا معدودة باستعمال عبارات خاصة معها، مثل:

- A drop of rain, water. قطرة من المطر/ الماء
- A grain of sand. حبة من الرمل
- A cup of water. كاس من الماء
- A loaf/slice of bread. رغيف/شريحة خبز
- A piece or strip of land. قطعة ارض.
- Three pieces of chocolate ثلاثة قِطَع مِنْ الشوكولاته
- A gallon of patrol. جالون من البترول

6. هناك العديد من الأسماء يمكن أستخدمها كأسماء معدودة أو غير معدودة ولكن مع اختلاف في المعنى ، مثل:

a- We installed <u>a light</u> over the door

ركبّنا ضوء (مصباح كهربائي) فوق الباب.

(لاحظ هنا أن كلمة(light) جاءت اسم معدود بمعنى مصباح كهربائي أو نيون)

b- Strong <u>light</u> is bad for eyes.

الضوء القوي سيئ للعينين.

(لاحظ هنا أن كلمة(light) جاءت اسم غير معدود بمعنى النور أو الضياء)

a- I buy <u>a paper</u> every day.

اشـتري جريدة كل يوم

(لاحظ هنا أن كلمة(paper) جاءت اسم معدود بمعنى جريدة).

b- I need some <u>paper</u>.

احتاج إلى بعض الأوراق.

(لاحظ هنا أن كلمة (paper) جاءت اسم غير معدود بمعنى ورق للكتابة)

a- I bought <u>a TV</u> yesterday.

اشـتريت تلفزيون يوم أمس.

(لاحظ هنا أن كلمة(TV) جاءت اسم معدود بمعنى جهاز التلفزيون)

b- <u>TV</u> is both good and bad.

التلفزيون كلاهما جيد وسيء.

(لاحظ هنا أن كلمة(TV) جاءت اسم غير معدود بمعنى برامج التلفزيون)

a- Our house consists of three <u>rooms</u>.

بيتنـا يتكون من ثلاثـة غرف.

(لاحظ هنا أن كلمة(room) جاءت اسم معدود بمعنى غرفة أو حجرة)

b- There is no <u>room</u> to sit here.

لا يوجد متّسـع لنجلس هنا.

(لاحظ هنا أن كلمة(room) جاءت اسم غير معدود بمعنى متّسع أو حيّز)

a- You can get a good <u>education</u> at that school.

(لاحظ هنا أن كلمة (education) جاءت اسم معدود بمعنى تربية)

b- <u>Education is</u> important.

(لاحظ هنا أن كلمة (education) جاءت اسم غير معدود بمعنى تعليم)

a- I had many interesting e<u>xperiences</u> on my trip.

(لاحظ هنا أن كلمة (experience) جاءت اسم معدود بمعنى حادثة،تجربة)

b- Ali can't cook very well. He hasn't had much <u>experience</u> in the kitchen.

(لاحظ هنا أنها جاءت اسم غير معدود بمعنى خبرة)

7. تتبع الأسماء غير المعدودة بفعل مفرد، مثل:

1- Furniture is often made of wood. يصنع الأثاث غالبا من الخشب.
(لاحظ أن كلمة (furniture) تبعت بفعل مفرد (is).

2- Mathematics is my favorite subject
(لاحظ أن كلمة (Mathematics) تبعت بفعل مفرد (is).

3- Physics seems hard. يبدو الفيزياء صعباً.
(لاحظ أن كلمة (physics) تبعت بفعل مفرد (seems).

8. هناك بعض المحددات التي تستعمل مع الأسماء المعدودة والغير معدودة على السواء وهي:(a lot of, lots of, no, more, most of, some, none of, plenty of, any, all(of), enough, etc)

a- I have a lot of friends. امتلك الكثير من الأصدقاء.
(لاحظ هنا أننا استخدمنا (a lot of) مع الاسم المعدود(friends).

b- Our flight will cost a lot of money. ستكلف رحلتنا الكثير من النقود
(لاحظ هنا أننا استخدمنا (a lot of) مع الاسم غير المعدود(money).

a- There are more cars in front of the building .
يوجد سيارات كثيرة أمام البناية.
(لاحظ هنا أننا استخدمنا (more) مع الاسم المعدود (cars).

b- We have more time to finish our work.
لدينا وقت كثير لننهي عملنا.
(لاحظ هنا أننا استخدمنا (more) مع الاسم غير المعدود(time).

a- Are there any letters for me, please?
من فضلك، هل توجد لي أية رسائل؟
(لاحظ هنا أننا استخدمنا (any) مع الاسم المعدود(letters).

b- Did you save any money, Ayman? هل وفرت أية نقود يا ايمن؟
(لاحظ هنا أننا استخدمنا (any) مع الاسم غير المعدود(money)

9- فيما يلي أمثلة لبعض الأسماء غير المعدودة:

1-*Subjects* مواضيع : chemistry الكيمياء، history التاريخ
biologyالأحياء، physics الفيزياء،music الموسيقى، linguistics اللغويات
geography الجغرافيا، mathematicsالرياضيات، psychology علم النفس
astronomy الفلك، writing الكتابة، literature الأدب، economics الاقتصاد

2- *Activities* نشاطات : football كرة القدم،basketball كرة السلة
volleyball كرة الطائرة،wrestling المصارعة،reading القراءة
golf الغولف، bowlingالبولنيغ، billiardsالبلياردو،hiking التجوال
sailingرياضة القوارب الشراعية، cyclingركوب الدراجات، tennis التنس

3- *Abstractions* أسماء مجردة: freedom الحرية، love الحب، peace السلام
violence العنف، truth الحقيقة، time الوقت، ، honesty الصدق،evil الشر
slavery العبودية، right الحق، wrong الباطل، chance الحظ
democracy الديمقراطية، responsibility المسؤولية، good الخير
advice النصيحة،decay تسوس،انهيار،energy الطاقة،fun التسلية
entertainment التسلية،اللهو،happiness السعادة،hatred الكرة
integrity الاستقامة،النزاهة،oppression الاضطهاد،socialism الاشتراكية
confidence الثقة،spontaneity العفوية،beauty الجمال،help المساعدة
stupidity الغباء،courage الشجاعة،education التربية،enjoyment المتعة
hospitality حسن الضيافة،intelligence الذكاء،justice العدل

4- *Diseases* أمراض : cancer السرطان،cholera الكوليرا،AIDSالإيدز
flu (influenza)الأنفلونزا، malariaالملاريا،heart disease أمراض القلب
measles الحصبة،diabetes السكري،polio شلل الأطفال،smallpox الجدري
appendicitisالتهاب الزائدة الدودية،fever الحمى،cold الزكام

5- *Natural phenomena* ظواهر طبيعية : snow الثلج،ice الجليد
thunderالرعد،lighting البرق،rain المطر،warmth الدفء،heat الحرارة
hail البرد،cold البرد،electricity الكهرباء،smoke الدخان،steam البخار
weather الطقس،dew الندى،fog الضباب،humidity الرطوبة،wind الرياح
darkness الظلمة،fire النار،gravity الجاذبية الأرضية، smog الضباب

6- *Jobs* مهن : teaching التعليم،law القانون،construction البناء
fishing صيد السمك، information technology تكنولوجيا المعلومات
manufacturing الإنتاج،engineering هندسة، work العمل

7- *Liquids* سوائل : coffee قهوة،tea شاي،milk حليب،water ماء
oil زيت،petrol بنزين،blood دم ، juice عصير

8- Gases غازات :،fog ضباب،oxygen الأكسجين،nitrogen النيتروجين
hydrogen الهيدروجين، carbon dioxide ثاني أكسيد الكربون، air هواء

9- Solid elements عناصر صلبة :gold ذهب،silver فضة،iron جديد
copper نحاس،carbon كربون،calcium كالسيوم،magnesium مغنيسيوم
uranium يورانيوم،radium راديوم،platinum بلاتينيوم،tin قصدير،ice جليد

10- Foods أطعمة :wheat قمح،rice أرز،meat لحم،barley شعير
cake كعك،bread خبز،beef لحم بقر،broccoli زهرة، fish سمك

11- Particles جزيئات،ذرات :dust غبار، gravel حصى
pepper فلفل، salt ملح، spice بهار ،chalk طباشير، corn ذرة
wheat قمح،sand رمل، flour طحين،dirt وسخ،sugar سكر

12- Languages لغات :Arabic العربية،English الإنجليزية...

Exercises

- Underline the correct verb form.

1- Mathematics (is, are) my favorite subject.
2- Wood (come, comes) from trees.
3- The news (was, were) interesting this evening.
4- Her advice (was, were) useful.
5- Your furniture (is, are) so tasteful.
6- Tennis (is, are) a game played by 2 or 4 people.
7- Children usually (like, likes) sweet things.
8- Most people (is, are) worried about the future.
9- 300 dinars (is, are) too much to spend on that dress.
10- Japanese (is, are) difficult to learn.

- Write the correct form of the verbs in brackets.

اكتب الشكل الصحيح للفعل الموجود بين الأقواس.

1- A loaf of bread --------(cost) more now than it did ten years ago.
2- Your trousers -------- (go) nicely with your shirt.
3- Flu -------- (make) you feel miserable.
4- Happiness ---------- (be) the key to success.
5- 20 years ----------- (be) a long time to spend in prison for theft.

الضمائر Pronouns

أولا: تعريف الضمير Definition of Pronoun

يمكن تعريف الضمير بأنه كلمة تحل محل الاسم سواء كان هذا الاسم عاقلا أو جمادا، مفردا أو جمعا، ووظيفة الضمير هو منع تكرار الاسم في الجملة مرة اخرى.

ثانيا: أنواع الضمائر Kinds of Pronouns

1- ضمائر الشخصية Personal Pronouns

- تقسم الضمائر الشخصية الى قسمين هما:

أ- ضمائر الفاعل (حالة الرفع) *Subjective Pronouns*

I انا	الشخص المتكلم المفرد
You انتَ، انتِ	الشخص المخاطب المفرد(مذكر أو مؤنث)
He هو	الشخص المذكر الغائب المفرد
She هي	الشخص المؤنث الغائب المفرد
It هو أو هي	الشخص المذكر والمؤنث الغائب المفرد(غير العاقل)
We نحن	الشخص المتكلم (جمع)
You انتم، انتن	الشخص المخاطب الجمع (مذكر أو مؤنث)
Theyهم، هن	الشخص الغائب الجمع (مذكر أو مؤنث) (تستخدم مع العاقل والغير عاقل)

ملاحظة: ضمائر الفاعل (subjective pronouns) وظيفتها القوا عدية أن تحل محل الاسم، فمثلا يمكن استخدام بدلا من الضمير(he) أي اسم مفرد عاقل مثل(your father, Ahmed, a boy,) وبدلا من الضمير (she) يمكن استخدام (Mona, my sister, a daughter, your wife,) وبدلا من الضمير (it) يمكن استخدام أي اسم مفرد غير عاقل، مثل(a cat, the tree, Jordan). وبدلا من الضمير (they) يمكن استخدام أي اسم جمع سواء كان عاقلا أو غير عاقل، مثل(doctors, boys, Ali and Ahmed, schools, children, trees, students)، لاحظ الأمثلة:

Examples:

1- I went to London yesterday. ذهبتُ إلى لندن البارحة.

2- You went to London yesterday. أنتَ/أنتِ ذهبت إلى لندن البارحة

3- Ahmed went to London yesterday. ذهب احمد إلى لندن البارحة.

(Or) He went to London yesterday.

4- The students went to London yesterday ذهب الطلاب إلى لندن البارحة

(Or) They went to London yesterday.

5- The cat drinks milk every day. تشرب القطة الحليب كل يوم.
(Or) It drinks milk every day.
6- I and my sister are writing a letter. أنا وأختي نكتب رسالة.
7- If the weather is good, Ahmed and I will go to the beach
8- Didn't you know that it was we who played the joke?
9- It was she whom everyone wanted to win.
10- It was I who wanted to go.

Objective Pronouns ب- ضمائر المفعول به (حالة النصب والجر).

Me أنا	المتكلم المفرد
You أنت، أنت	المخاطب المفرد(مذكر أو مؤنث)
Him هو	الغائب (مذكر)
Her هي	الغائب (مؤنث)
It هو أو هي	الغائب (غير العاقل)
Us نحن	المتكلم (جمع)
You انتم، انتن	المخاطب الجمع (مذكر أو مؤنث)
Them هم، هن	الغائب الجمع (مذكر أو مؤنث) (تستخدم مع العاقل والغير عاقل)

Examples:

1-Hasan helped me last night. ساعدني حسن الليلة الماضية
2- I told you to go to school together.
أخبرتكَ / أخبرتكِ أن نذهب إلى المدرسة معاً.
3- I gave him ten dinars to buy a book. أعطيته عشرة دنانير ليشتري كتاباً.
4- I know her well. اعرفها جيداً.
5- I saw them yesterday. رأيناهم/ رأيناهن يوم أمس.
6- Ali is feeding it meat. يطعمها علي لحمة.
7- They asked us, Ahmed and me, whether we were satisfied.
8- He always helps my father and me. دائما يساعد أبي ويساعدني.
9- The cake is from Khalid and the flowers are from Ali and us.

Possessive Pronouns   2- ضمائر الملكية

أ- ضمائر الملكية التي تقع قبل الاسم.

My	خاصتي (لي)
Your	خاصتك (لك)
His	خاصته (له)
Her	خاصتها (لها)
Its	خاصته/ خاصتها(لغير العاقل المفرد)
Our	خاصتنا (لنا)
Your	خاصتكم (لكم/ لكن)
Their	خاصتهم (لهم) (للعاقل وغير العاقل)

Examples.

2- Your car is beautiful.   سيارتك جميلة

3- The cat had its food.   تناولت القطة طعامها.

4- I have a pen. It's my pen.   أمتلك قلما، انه قلمي.

5- The mother left her son at home.   تركت الام ابنها في البيت.

6- They have sunglasses. They are their sunglasses.

7- We have got shorts. They're our shorts.

ب- ضمائر الملكية التي تقع في نهاية الجملة.

mine	خاصتي (لي)
yours	خاصتك (لك)
his	خاصته (له)
hers	خاصتها (لها)
its	خاصته/خاصتها(لغير العاقل المفرد)
ours	خاصتنا (لنا)
yours	خاصتكم (لكم/ لكن)
theirs	خاصتهم (لهم)

Examples.

1- This hat is mine.   هذه قبعتي

2- That book is yours.   ذلك كتابك

3- This car was yours.   هذه السيارة كانت سيارتكم

4- Whose letter is this? It's ours.   لمن هذه الرسالة؟ إنها لنا.

5- Our car is faster than theirs.   سيارتنا أسرع من سيارتهم.

Demonstrative Pronouns
3- ضمائر الاشارة

ضمائر الإشارة في اللغة الإنجليزية أربعة هي :

this هذا/ هذه	للإشارة إلى المفرد القريب
that ذاك/ ذلك/ تلك	للإشارة إلى المفرد البعيد
these هؤلاء	للإشارة إلى الجمع القريب
those أولئك	للإشارة إلى الجمع البعيد

Examples:

1- This is a clever student.	هذا طالب ذكي
2- Is this ball for you?	هل هذه الكرة لكم؟
3- I love that house.	أحب ذاك البيت
4- That woman is sensitive .	تلك المرأة حساسة
5- Do you like these people?	هل تحب هؤلاء الناس؟
6- Those who won in the match.	أولئك الذين فازوا في المباراة

Interrogative Pronouns
4- ضمائر الاستفهام

ضمائر الاستفهام في اللغة الإنجليزية خمسة هي :

Who مَنْ	للسؤال عن الفاعل العاقل. للسؤال عن المفعول به العاقل
What ماذا	للسؤال عن الفاعل غير العاقل. للسؤال عن المفعول به غير العاقل
Whom مَنْ	للسؤال عن المفعول به العاقل
Whose لمن	للسؤال عن الملكية
Which أي	للسؤال عن الاختيار

Examples:

1- Who broke the window ? The boys did.   من كسر الشباك؟ الأولاد

لمن أعطيت الكتاب ؟   2- To whom did you give the book?

3-   ماذا اشتريت يا احمد؟   What did you buy, Ahmed?

4- What do you want, my friend?   ماذا تريد يا صديقي؟

5- With whom did you go yesterday?   مع من ذهبت يوم أمس؟

6- Whom (who) did you meet at the party?   من قابلت في الحفلة؟

7- Whose child is this?   لمن هذا الطفل؟

5- الضمائر الانعكاسية   Reflexive Pronouns

ضمائر الانعكاسية في اللغة الإنجليزية هي :

ضمير الفاعل	الضمير الانعكاسي	
I	myself	نفسي
You	yourself	نفسك
He	himself	نفسه
She	herself	نفسها
It	itself	نفسه/ نفسها
We	ourselves	أنفسنا
You	yourself	أنفسكم
They	themselves	أنفسهم
One	oneself	نفس الشخص

□ استعمالات الضمائر الانعكاسية   Uses of Reflexive Pronouns

1. تستعمل الضمائر الانعكاسية بعد أحرف الجر، مثل:

1- The teacher is certain of himself.   المعلم واثق من نفسه.

2- I look at myself in the mirror before leaving home.

انظر إلى نفسي في المرآة قبل مغادرة البيت.

2. غالباً تستعمل الضمائر الانعكاسية في وسط أو آخر الجملة عندما يكون الفاعل والمفعول به هما نفس الشخص، مثل:

1- I bought myself a book.   اشتريت لنفسي كتاباً

2- The mother cut herself.   جرحت ألام نفسها

Exercises

- Choose the correct answer from brackets.

اختر الجواب الصحيح من بين الأقواس:

1- I met (my, him, mine) friend at the university.

2- (Your, Yours, You) car is beautiful.

3- The small house is (me, my, mine).

4- I saw (her, he, his) in the street yesterday.

5- I help (my, he, mine) mother every day.

6- Is this (your, yours, hers) book?.

7- Whose car is that? It's (our, ours, we).

8- Ahmed is a friend of (me, mine, I).

9- Is this purse (your, yours, you) ?

10- He has a big house. It's (her, his, their).

11- My mother looked at (herself, himself, themselves) in the mirror.

12- The cat was washing (itself, himself, yourself) in the lake.

13- Ahmed is always talking about (herself, himself, themselves).

14- (Our, We, Mine) car is faster than (theirs, they, he)

15- You and (I, me, mine) speak English well.

- Find the mistakes in using the pronouns in these sentences, and then correct them.

جد الأخطاء في استعمال الضمائر في الجمل التالية ثم قم بتصحيحها:

1- The teacher asked I to write the lesson.

2- It was them who wrote the short story.

3- Him likes looking at the stars at night.

4- Let he go to the swimming pool.

5- Whose scarf is this? It's we.

6- I saw she at the bank.

7- Ibrahim and Ali are friends of me.

8- Yours hands are warm.

9- I prepared the lesson by herself.

10- Mona and Sara are proud of himself for carrying out the research project.

Adjectives الصفات

Definition of Adjective اولا: تعريف الصفة

تعرّف الصفة بأنها كلمة تستعمل لوصف (modify) اسم أو ضمير أو لتعطي معلومات إضافية عن هذا الاسم، والصفة في اللغة الإنجليزية لها صيغة واحدة تستخدم مع المفرد والجمع والمذكر والمؤنث مثل:

a clever boy ولد ذكي — clever boys أولاد أذكياء
a clever girl بنت ذكية — clever girls بنات ذكيات

Formation of Adjective ثانيا: تشكيل الصفة

1. تتشكل الصفات بإضافة بعض اللواحق إلى نهاية الاسم أو الفعل، مثل:

Suffix اللاحقة	الاسم أو الفعل	Adjective الصفة
-ful	success نجاح	successful ناجح
-ive	act فعل،عمل	active نشيط، فعّال
-ent	flu أنفلونزا	fluent فصيح، طليق اللسان
-ous	danger خطر	dangerous خطير
-al	education تربية	educational تربوي
-ed	escape يهرب	escaped فار
-ing	interest اهتمام	interested مهتم
-ic	class صف	classic كلاسيكي
-able	consider يعتبر	considerable كثير،ضخم
-less	end ينتهي، نهاية	endless مستمر، لا نهاية له
-ate	affection حب، حنان	affectionate حنون
-en	gold ذهب	golden ذهبي
-ish	child طفل	childish طفولي، صبياني
-ian	Syria سوريا	Syrian سوري
- y	sand رمل	sandy رملي

2. تتشكل نفي الصفات باستعمال بعض السوابق واللواحق مع الصفة ، مثل:

Prefix/ Suffix السابقة/اللاحقة	Adjective الصفة	Meaning المعنى
dis	disloyal	خائن، غير مخلص
un	unreal	غير حقيقي
-less	homeless	مشرد، بلا مأوى
ir	irregular	غير منتظم، شاذ
in	inappropriate	غير مناسب
im	impossible	مستحيل
il	illegal	غير شرعي

Kinds of Adjectives   ثالثا: أنواع الصفات

هناك أنواع عديدة من الصفات في اللغة الإنجليزية منها:

1. صفات النوعية (Quality Adjectives)، مثل:
جريء bold ، سعيد happy، كبير old، ثقيل heavy، ذكي clever

2. صفات الكمية (Quantity Adjectives)، مثل:
some, much, few, any, little, thirty, one, no, etc.

3. صفات الملكية(Possessive Adjectives)، مثل:
my, her, his, their, your, its.

4. صفات إشارية (Demonstrative Adjectives)، مثل:
this, that, those, these.

5. صفات استفهامية (Interrogative Adjectives)، مثل:
who, what, where, which, etc.

6. صفات توزيعية (Distributive Adjective)، مثل:
each, every, all, some, any, much, many, either, neither, etc.

Position of Adjectives   رابعا: موقع الصفات

1- تقع الصفة قبل الاسم الموصوف، مثل:

1- It is <u>a new</u> car.   انها سيارة جديدة.

2- I bought <u>a large</u> house.   اشتريت بيتا كبيرا.

3- He is <u>a well-informed</u> teacher.   هو معلم واسع الاطلاع.

2- تقع الصفة بعد الاسم الموصوف وذلك في الحالات التالية:

- إذا كانت الصفة اسم فاعل أو اسم مفعول، مثل:

1- I saw all of the horses <u>participating</u> in the race. .

رأيت جميع الخيول المشاركة في السباق.

2- Look at the names <u>mentioned</u> above.   انظر إلى الأسماء المذكورة أعلاه.

3- I have met the visitors <u>coming</u> from Jordan.

لقد قابلت الزوار القادمين من الأردن.

4- All letters <u>received</u> were interesting.

جميع الرسائل المستلمة كانت ممتعة

5- These are the temperatures <u>expected</u> for tomorrow.

هذه درجات الحرارة المتوقعة ليوم غد.

- إذا كانت الصفة مسبوقة بأداة التعريف (the)، مثل:

1- The king Abdullah <u>The Second</u>.   الملك عبدا لله الثاني.

2- Ahmed <u>the skillful</u>   احمد الخبير.

- إذا تعددت الصفات مع الاسم الموصوف، مثل:

1- I enjoy reading the stories <u>short</u> and <u>interesting</u>.

أستمتع بقراءة القصص القصيرة والمتعة.

2- Ahmed is a student <u>clever</u> and <u>well-behaved</u>.

احمد طالب ذكي وحَسَن السلوك.

3- I rent a flat <u>big</u>, <u>comfortable</u> and <u>beautiful.</u>

تأجرت شقة كبيرة ومريحة وجميلة.

- عندما يتبع الاسم الموصوف شبه جملة تعبّر عن قياسات مثل (الطول، العرض،العمق الارتفاع، الوزن، العمر) ، مثل:

1- I am 17 years old. عمري سبعة عشر عاما.

2- He is one meter tall. يبلغ طوله مترا واحدا.

3- This room is 4 meters long. يبلغ طول هذه الغرفة اربعة امتار.

4- It's a well 6 meters high. ارتفاع البئر ستة امتار.

5- That river is 3 meters deep. عمق ذالك النهر ثلاثة امتار.

6- It is 50 meters wide. هو بئرٌ بإرتفاع ستة أمتار.

- إذا كان الاسم الموصوف أحد الكلمات التالية:

(something, everything, nothing, nobody, someone, somewhere) anywhere فان الصفة تأتي بعدها، مثل:

1- There is something important I want to tell you about.

2- There is nothing new today. لا يوجد شيئا جديدا اليوم.

3- Is there someone good at swimming? أيوجد شخصا جيدا في السباحة؟

4- Let's go somewhere quiet. دعنا نذهب الى مكان هادئ.

-3 تقع الصفة بعد أفعال الكينونة(*Verb to be*)وهي:(*is, am, are, was, were*)، مثل:

1- My father is retired. والدي متقاعد.

2- I am exhausted today. انا منهك اليوم.

3- Ali was ill yesterday. كان مريضا البارحة.

-4 تقع الصفة بعد الأفعال التالية:(*feel, seem, appear, sound, taste, smell look*)، مثل:

1- Ahmed looks happy. يبدوا احمد سعيدا.

2- This cake tastes delicious. تبدوا قطعة الكيك لذيذة.

3- He sounds angry and upset. يبدوا غاضبا وقلقا.

4- The baby feels sick. يبدوا الطفل مريضا.

5- The music sounds sweet and soothing. الموسيقى تَبْدو حلوّةً ومسكّنه.

-5 تقع الصفة (*enough*) قبل أو بعد الاسم الموصوف، مثل:

1- I have no time *enough* to go with you.

- I have no *enough* time to go with you.

2-Do we have *enough* hamburgers for the party?

- Do we have hamburgers *enough* for the party?

6- هناك بعض الصفات التي تبدأ بالحرف (*a-*) تستعمل بعد أفعال الكينونة (***Verb to be***)
وهي: (***is, am, are, was, were***)، وبعد الأفعال التالية: *feel, seem, appear, sound , taste,*)
smell, look) ولا تستخدم قبل
الاسم، واليك عددا منها:

Asleep نائم, awake مستيقظ, alive حي, afraid خائف, aware مدرك afloat طاف, ashamed خَجِل, alone وحيدا, alight مشتعل, alike متماثل

1- The baby is asleep. (NOT ~~an asleep baby~~). الطفل نائم

2- The ship is still afloat. السفينة ما زالَتْ عائمة

3- He was afraid. كان خائفا.

7- تقع الصفة بعد المفعول به كما في التركيب التالي:

(Verb + Object + Adjective)

1- Let's paint the kitchen yellow. دعنا ندهن المطبخ باللون الاصفر

2- Do I make you happy? هل اجعلك سعيدا؟

Order of adjectives ترتيب الصفات

إذا كان لدينا اكثر من صفه في نفس الجملة فيتم ترتيبهم كما يلي:

	Adjective	Fact adjectives						
		size	age	shape	color	origin	material	noun
It's a	beautiful	big	old	round	brown	Italian	oak	table

لاحظ الأمثلة التالية:

1- It's a nice long summer holiday.. انها عطلة صيفية طويلة جميلة

2- It's an interesting young man. انه رجل صغير ممتع.

3- A beautiful large round table. طاولة دائرية كبيرة جميلة.

4- An old Jordanian song. اغنية اردنية قديمة.

5- An old white cotton shirt. قميص قطن ابيض قديم.

الظروف   Adverbs

اولا: تعريف الظروف   Definition of Adverbs

يعرّف الظرف بأنه كلمة تستعمل لوصف (modify) فعل أو اسم أو ظرف آخر، ويأتي الظرف بعد الشيء الموصوف بعكس الصفة التي تأتي غالبا قبل الاسم الموصوف ، مثل:

1- Ahmed writes carefully.   يكتب احمد بعناية.

(لاحظ هنا أن الظرف (carefully) وصف الفعل (writes)).

2- Samia is very beautiful.   سامية جميلة جدا

(لاحظ هنا أن الظرف (very) وصف الصفة (beautiful)).

3- Khaild writes his lesson very slowly.   يكتب خالد درسه ببطء جدا.

(لاحظ هنا أن الظرف (very) وصف ظرفا آخر في الجملة وهو (slowly)).

ثانيا: تشكيل الظروف   Formation of Adverbs

1. تتشكل معظم الظروف بإضافة اللاحقة (ly) إلى نهاية الصفة، مثل:

slow   slowly   glad   gladly

2. إذا انتهت الصفة بـ (able-) او (ible-) نشكّل الظرف بحذف حرف (e) ثم نزيد (y) اليها:

sensible   sensibly   capable   capably

3. إذا انتهت الصفة بحرف (l-) مسبوقة بحرف علة نضيف إليها (ly)، مثل:

final   finally   beautiful   beautifully

4. إذا انتهت الصفة بحرف (e-) عند تشكيل الظرف منها نضيف (ly) إليها بدون حذف الحرف (e)، مثل:

sure   surely   extreme   extremely

5- إذا انتهت الصفة بحرف (y-) يتم تحويلها إلى (i) ثم نضيف (ly)، مثل:

happy happily easy easily

6- هناك بعض الكلمات تنتهي بالحرف (ic-) عند تحويلها إلى ظرف نضيف أولا (al) ثم نضيف (ly)، مثل:

dramatic dramatically economic economically

7. هناك بعض الكلمات تأتي صفة وحال في نفس الوقت ولكن يتم التمييز بينها من خلال موقعها في الجملة، مثل:

fast, low, late, deep, near, much, little, high, pretty, early, wide
easy, far, hard, hourly, last, inside, long, past, right, slow, sure
kindly, straight, well, free, damn, dead, dear, very, enough
direct, wrong, weekly, monthly, right, big, cold, daily, dirty

a- I work hard all the life. أنا اعمل بجد ونشاط طوال الحياة.(ظرف).

b- It is a hard book to understand. انه كتاب صعب الفهم.(صفة)

a- The train goes direct to London.

يَذْهبُ القطارُ مباشرة (دون توقف) إلى لندن.(ظرف)

b- I took the direct road to our house. أخذت الطريق المباشر لبيتنا.(صفة)

Kinds of Adverbs ثالثا: أنواع الظروف

Adverbs of Manner 1- ظروف الحال

هي الظروف التي تدل على كيفية حدوث الفعل أو العمل ونسأل عن هذه الظروف بكلمة(كيف How) وغالبا تنتهي هذه الظروف بـ (ly)، ومن الأمثلة على هذه الظروف:

well حسنا، simply ببساطة، slowly ببطء، silently بصمت
carefully بعناية، happily بسعادة، kindly بلطف، fluently بطلاقة

a- Ahmed speaks German fluently. يتكلم احمد الألمانية بطلاقة. How does Ahmed speak German? Fluently.

كيف يتكلم احمد اللغة الالمانية؟ بطلاقة.

2- ظروف الزمان Adverbs of Time

هي الظروف التي تدل على زمن حدوث الفعل أو العمل ونسأل عن هذه الظروف بكلمة (متى When)، وتأتي ظروف الزمان على عدة أشكال منها:

أ- شبه جملة ظرفية (Prepositional Phrase)، مثل:

In (1990/the last century/ winter/ the morning/ six months/ a moment...)

On (Friday/ 12 March 1985/ my birthday/ Sundays/ Christmas day...)

At (4 o'clock/sunset/ midnight/ night/ the weekend/ present...)

For (three days/ two hours/ a while/ a long time/ six months ...)

During (the night/ the First World War/ the afternoon/the summer ...)

ب- عبارة ظرفية (Adverbial Clause).

وهي الجملة التي تبدأ بأداة زمنية ظرفية، مثل:

When, while, unless, if, as soon as, before, after, until, till, etc.

1- When Ali was walking, he saw a car accident. .

عندما كان علي يمشي شاهد حادث سيارة.

2- I will meet the manager as soon as he arrives.

سأقابل المدير عندما يصل.

ج- ظرف (Adverb).

وهي كلمة زمنية تبيِّن زمن حدوث الفعل، مثل:

yesterday يوم أمس،tomorrow غدا،now الآن،today اليوم،always دائما

yet حتى الآن، soon حالا، recently حديثا، مؤخرا، monthly شهريا

1- I will go to Amman tomorrow. سأذهب إلى عمان غدا.

2- I bought a dictionary yesterday. اشتريت قاموسا البارحة.

د- شبه جملة اسمية (Noun Phrase)، مثل:

next week الأسبوع القادم، last year السنة الماضية، every day كل يوم

three days ago قبل ثلاثة أيام ، this evening هذا المساء

1- I visited my friend a week ago. زُرتُ صديقي قَبْلَ إسبوع.

2- He graduated from college last year.

تَخرّجَ مِنْ الكليّةِ السَنَة الماضية.

3- ظروف المكان **Adverbs of Place**

هي الظروف التي تدل على مكان حدوث الفعل او العمل ونسأل عن هذه الظروف بكلمة (where) ومن الأمثلة على هذه الظروف:

فوق up ، في in ، هناك there ، هنا here ، فوق above ، خلف behind قبل before ،تحت under ،تحت around ،حول across ،عبر on ،فوق down

1- I live in Amman. أين تعيش يا احمد؟ أعيش في عمان.
Where do you live, Ahmed? In Amman.
2- The book is on the table. الكتاب فوق الطاولة.
Where is the book? On the table. أين الكتاب؟

4- ظروف التكرار **Adverbs of Frequency**

هي الظروف التي تدل عدد مرات حدوث الفعل أو العمل، ونسأل عن هذه الظروف بكلمة(كم عدد المرات How many) ومن الأمثلة على هذه الظروف:

every dayكل يوم،sometimes أحيانا، occasionallyأحيانا،usuallyعادة
كل صباح always دائما rarelyبشكل نادر،often غالبا،generally عموما،seldom نادرا
once a day مرة كل يوم،every morning

1- He gets up at 6 o'clock <u>every day</u>. يستيقظ الساعة السادسة كل يوم
2- It <u>always</u> rains in winter. تمطر دائما في الشتاء.
3- She visits her uncle <u>twice a week</u>. تزور عمها مرتين في الأسبوع.

5 - ظروف الدرجة Adverbs of Degree

هي الظروف التي تبين درجة المشقة أو الجهد الذي يتم بذله لإنجاز العمل أو الفعل ونسأل عن هذه الظروف بكلمة (How much)، ومن الأمثلة على هذه الظروف:

فقط just، كثيرا much، جدا too، تماما completely ، نوعا ما rather فقط only،تقريبا almost،تماما quite،جدا extremely،حقا really جزئيا partly،كثيرا greatly،بشدة deeply،كليا entirely ،كافي enough
جدا very، حتما،قطعا absolutely

1- This house is <u>very</u> beautiful. هذا البيت جميل جدا.
2- We <u>really</u> enjoyed cheering our team. لقد استمتعنا حقاً في تشجيع فريقنا.
3- She was <u>quite</u> honest in her speech. لقد كانت صادقة تماما في كلامها.

6- الظروف الاستفهامية Interrogative Adverbs

هي نفسها أدوات السؤال مثل:(أين where، متى when، ماذا what، لماذا why) :

1- Where do you do, Rami? أين تعمل يا رامي؟
2- What is your name? ما اسمك؟
3- When did you meet the boss? متى قابلت الرئيس؟

7- ظروف الوصل Relative Adverbs

هي نفسها الأسماء الموصولة مثل: (**that, who, whom, which, why, etc**)

1- This is the man <u>whom</u> I met in Amman.
هذا هو الرجل الذي قابلته في عمان.
2- He is the man <u>who</u> gave you the money. انه الرجل الذي أعطاك النقود.
3- She is the woman <u>whose</u> husband died. إنها المرأة التي توفي زوجها.

Adverbs of Certainty 8- ظروف اليقين

هي الظروف التي تدل على درجات التأكد، مثل:

مطلقا never، بالتأكيد surely، دون شك undoubtedly، ربما perhaps
على الأغلب، ربما probably، ربما possibly، بوضوح obviously
بلا شك، بالتأكيد unquestionably، بوضوح clearly، بكل تأكيد definitely
أبدا ever

1- I have <u>never</u> seen a car like it. لم أشاهد سيارة مثلها.
2- They <u>certainty</u> went to the theatre. من المؤكد انهم ذهبوا إلى المسرح.
3- Mohammed is <u>definitely</u> the last of prophets.
سيدنا محمد بلا شك آخر الانبياء.

Position of Adverbs رابعا: موقع الظروف

1- غالبا تقع ظروف المكان في نهاية الجملة، مثل:

1- My father worked <u>here</u>. عمل والدي هنا.
2- Ahmed studies <u>in the library</u>. يدرس احمد في المكتبة.

2- تقع ظروف الحال أول الجملة أو في نهايتها ، مثل:

1- The farmer lived <u>happily</u>. عاش الفلاح بسعادة.
2- <u>Silently</u> the students read the lesson. قرأ الطلاب الدرس بصمت.

3- تقع ظروف الزمان أول الجملة أو في نهايتها، مثل:

1- <u>Tomorrow</u> I will meet the manager. غدا سأقابل المدير
(لاحظ أن ظرف الزمان (tomorrow) جاء في بداية الجملة).

2- I visited my uncle <u>yesterday</u>. زرت عمي البارحة.
(لاحظ أن ظرف الزمان (yesterday) جاء في نهاية الجملة).

4- تقع ظروف التكرار قبل الفعل الرئيسي وبعد الفعل المساعد، مثل:

1- He <u>always</u> says the truth. هو دائما يقول الحقيقة.

(لاحظ أن ظرف التكرار (always) جاء قبل الفعل الرئيسي).

2- She is <u>rarely</u> late. نادرا ما تأتي متأخرا.

(لاحظ أن ظرف التكرار (rarely) جاء بعد الفعل المساعد).

5- إذا كان الفعل مكون من كلمتين أو اكثر، يكون مكان الظرف بعد الفعل الأول، مثل:

1- My friends have <u>just</u> arrived from London.

وَصل أصدقائي مِنْ لندن للتو.

2- He doesn't <u>usually</u> go to such places.

لا يَذْهبُ عادةً إلى مثل هذه الأماكنِ.

3- Your car has <u>probably</u> been stolen. ربما قد سُرقت سيارتك.

6- هناك ظروف يمكن استعمالها في بداية الجملة، مثل:

generallyعموما، actually في الواقع، really حقا، perhaps ربما

definitely بكل تأكيد ، fortunately لحسن الحظ ، eventually أخيرا

unfortunately لسوء الحظ ، occasionally أحيانا، probably من المحتمل

naturallyبالطبع ، personally شخصيا ، nevertheless مع ذلك

1- Generally speaking, he is considered to be a good teacher.

بشكل عام هو يعتبر طبيبا جيدا.

2- Fortunately the traffic wasn't too bad so I managed to get to the meeting on time.

لحسن الحظ ان حركة المرور لم تكن سيئة لذا تمكن من الوصول الى الاجتماع في الوقت المناسب.

3- Perhaps he isn't coming. ربما انه سوف ياتي.

4- Personally, I think that nurses deserve more money.

في رائي انا/ شخصياً، أعتقد تلك الممرضاتِ يَستحققنَ مالَ أكثرَ.

5- Eventually, he managed to persuade his parents to let him buy a motor bike.

اخيرا تمكن من اقناع والديه ان يشتروا له دراجة نارية.

Order of Adverbs   خامساً: ترتيب الظروف

1. إذا وجد في الجملة اكثر من ظرف يجب إتباع الترتيب التالي:

أولا: ظرف الحال The Adverb of Manner.   ثانيا: طرف المكان The

Adverb of Place.   ثالثا: ظرف الزمان The Adverb of

Time.

Subject	Verb	Manner	Place	Time
Ali	studied	hard	at school	last year
We	slept	well	at home	last night
She	was studying	hard	in her room	all night.
We	were working	happily	in Amman	yesterday.

2- إذا كان في الجملة اكثر من ظرف مكان ، فإننا نضع الظرف الذي يمثل الوحدة الأقصر قبل الظرف الذي يمثل الوحدة الأطول، مثل:

I live in <u>a house</u> <u>in the city</u>.   أعيش في بيت في المدينة.

3- إذا كان في الجملة اكثر من ظرف زمان ، فإننا نضع الظرف الذي يمثل الوحدة الأقصر قبل الظرف الذي يمثل الوحدة الأطول، فمثلا يأتي الصباح أو المساء قبل اليوم و اليوم قبل الشهر والشهر قبل السنة ... وهكذا. مثل:

We traveled <u>at 4 o'clock</u> <u>in the morning</u> <u>yesterday</u>.

سافرنا السّاعة الرّابعة صباحا يومِ أمس.

Prepositions | حروف الجر

Use of Prepositions | استعمال حروف الجر

حرف (In)

1. يستعمل مع الأشهر، السنوات، الفصول، القرون، والفترات الزمنية، كما في الأمثلة التالية :

---

in March / in October / in 1982 / in winter / in summer
in the 19th century / in the twentieth century / in the evening(s)
in the 1990s / in the morning(s) / in the middle ages
in the afternoon(s) / in the past / in (the) future / in time.

1- In Jordan most people don't work on Fridays

في الأردن معظم الناس لا يعملون أيام الجمع .

2- The sun rises in the morning.   تشرق الشمس في الصباح.

3- My father was born in 1977.   وُلد أبي عام 1977.

2. يستعمل مع الدول و المدن الكبيرة ، كقولنا :

---

in America   in Jordan   in Iraq   in Damascus   in Amman

1- I have lived in Syria for three years. لقد عشت في سوريا لمدة ثلاث سنوات.   2- We watched several beautiful buildings when we were in London.

شاهدنا عدة بنايات جميلة عندما كنا في لندن.

3- There are more than fifteen universities in Jordan.

يوجد أكثر من خمسة عشر جامعة في الأردن.

3. يستعمل مع الزمن المستقبل لنعبر عن فترة زمنية معينة بمعنى (خلال) ، كقولنا :

1- My brother will be here in a year.   سيكون أخي هنا خلال سنة.

2- I will be ready in two hours.   سأكون مستعدا خلال ساعتين.

3-They will get married in seven months.   سيتزوجون خلال سبعة شهور.

حرف (At)

1. يستعمل للدلالة على الوقت، كقولنا :

1- Adnan gets up at 7:00 o'clock. يستيقظ عدنان الساعة السابعة تماما.
2- I have my breakfast at eight o'clock. . أتناول فطوري في تمام الساعة الثامنة.
3- We arrived home at 6:30. وصلنا البيت الساعة السادسة والنصف.

2. يستعمل مع أجزاء معينة من النهار ، كقولنا :

at dawn	**at noon**	**at night**	**at dusk**

1- We visit each other at night. نزور بعضنا في الليل.
2- Cocks crow at down. تصيح الديوك عند الفجر.
3- The sun is very hot at noon. الشمس حارة جدا عند الظهر.

حرف (On)

1. يستعمل مع أيام الأسبوع والتواريخ، كقولنا :

1- I will be at home on Friday. سأكون في البيت يوم الجمعة.
2- The first man walked on the moon on 21 July 1969
أول إنسان مشى على القمر في الحادي عشر من تموز عام 1969..
3- We have been invited to a party on 16 January
لقد دُعينا للحفلة في السادس عشر من كانون الثاني..
4- My birthday is on the tenth of October.
عيد ميلادي في التاسع من تشرين الأول.

2. يستعمل بمعنى(على)، كقولنا :

1- Put the flowers on the table. ضع الأزهار على الطاولة.
2- We sat on the floor. نجلس على ارض الغرفة.
3- There is a mark on your shirt. هناك علامة على قميصك.

حرف (In front of)

- تأتي بمعنى (أمام)، كقولنا :

1- Don't sit in front of the television. لا تجلس أمام التلفاز

2- The book was open in front of him. كان الكتاب مفتوحا أمامه.

3- Park your car in front of the house. صفّ سيارتك أمام البيت.

حرف (Next to)

- تأتي بمعنى (بجانب، بعد)، مثل :

1- Sami always sits next to me. يجلس سامي دائما بجانبي.

2- Next to English I think my favorite subject is history

موضوعي المفضّل بعد الإنجليزية هو التاريخ.

حرف (By)

1- يستعمل مع المبني للمجهول بمعنى (من قِبل)، كقولنا :

1- The football match was watched by thousands of people.

اولوف من الناس شاهدوا مباراة كرة القدم.

2- The new hospital was opened by my father.

افتتح أبي المستشفى الجديد.

3- All the body functions are controlled by the mind. .

يتحكم العقل بجميع وظائف الجسم

2- يستعمل بمعنى (قرب، بجانب)، كقولنا :

1- Come and sit by me. تعال واجلس بقربي.

2- They stood by the table جلسوا بجانب الطاولة.

3- The bell is by the door. الجرس بجانب الباب.

3- تستعمل مع الوقت وتعني (بحلول بداية ذلك الوقت)، كقولنا :

1- By October we shall have finished painting the house.

بحلول تشرين الأول سوف نكون قد انهينا دهان البيت.

2- He will have been in Amman by the beginning of next summer.

سوف يكون في عمان بحلول بداية الصيف القادم.

حرف (With)

1. تستعمل للدلالة على الواسطة التي تم بها حدوث الفعل ، كقولنا :

1- I opened the door with the key.   فتحت الباب بالمفتاح.
2- Please write with pen.   اكتب بقلم الحبر من فضلك.
3- These photographs were taken with a good camera.

تم أخذ هذه الصور بواسطة كاميرا جيدة.

2. تستعمل بمعنى (مع)، كقولنا :

1- I will go with you.   سوف اذهب معك.
2- We left the keys with the neighbors.   تركنا المفاتيح مع الجيران.
3- I live with my parents.   أعيش مع والديّ.

3. تستعمل بمعنى (ذو، له)، كقولنا:

1- I saw a girl with black hair.   رأيت بنتا ذات شعر الأسود.
2- The child with blue eyes is my brother.   الطفل ذو العيون الزرقاء هو أخي.
3- He has a house with a garden   يمتلك بيتا له حديقة.

حرف (From)

- يستعمل بمعنى (من)، كقولنا:

1- He studies from six till eight o'clock.   يدرس من السادسة وحتى الثامنة.
2- Where did he come from?   من أين جاء؟
3- I traveled from London to New York   سافرت من لندن إلى نيويورك.

حرف (To)

1. تستعمل بمعنى (إلى، لـ)، كقولنا :

1- My father goes to work by bus   أبي يذهب إلى العمل بالباص.
2- I gave the book to Ahmed.   أعطيت الكتاب لاحمد.

2. تستعمل للدلالة على الزمان والمكان ، مثل :

1- I traveled from Amman to Syria.   سافرت من عمان إلى سوريا
2- Samia usually works from 7 o'clock to 10 o'clock

تعمل سامية عادة من الساعة السابعة إلى العاشرة..

3. تستعمل للإخبار عن الوقت بمعنى (إلا)، كقولنا :

1- It is ten to four. الساعة الرابعة إلا عشر دقائق.

2- It's fifteen to ten. الساعة العاشرة إلا خمس عشر دقيقة.

4. تستعمل بمعنى (لِ ، من أجل)، كقولنا :

1- He went to Amman to meet his friend. ذهب إلى عمان ليقابل صديقة.

2- I want some money to buy this book.. اريد بعض النقود لاشتري هذا الكتاب.

حرف (For)

1. تستعمل بمعنى (لـ ، لأجل)، كقولنا :

1- There is a letter for you. يوجد رسالة لك.

2- Is that flat for sale? هل تلك الشقة من اجل البيع؟

2. تستعمل لتحديد المدة الزمنية بمعنى (لمدة)، كقولنا :

1- I have lived in Amman for three years. لقد عشت في عمان لمدة ثلاث سنوات.

2- I haven't seen him for three months. لم أره لمدة ثلاثة شهور.

3. تستعمل بمعنى (بسعر)، مثل :

1- I bought this car for 3000 JD. اشتريت هذه السيارة بسعر ثلاث آلاف دينار.

حرف (About)

1. يستعمل بمعنى (حول)، كقولنا:

1- Ayman runs about the garden every day. يركض ايمن حول الحديقة كل يوم.

2. تستعمل بمعنى (عن، بشأن)، مثل:

1- They are talking about you. يتحدثون عنك.

3. تستعمل بمعنى (تقريبا، حوالي)، كقولنا :

1- I saw Khalid about two hours ago. رأيت خالد قبل ساعتين تقريبا.

حرف (Of)

1. يستعمل كأداة إضافة، كقولنا :

1- The results of the exam were good. نتائج الامتحان كانت جيدة.

2- The roof of the cave had collapsed. كان سقف الكهف قد انهار.

2. تستعمل بمعنى (ذو، من)، كقولنا :

1- She is dressing a coat of many colors. تلبس معطف ذو عدة ألوان.
2- This table is made of wood هذه الطاولة مصنوعة من الخشب..

3. تستعمل للتعبير عن الجزء من الكل، كقولنا :

1- Half of the cake was eaten before lunch. أُكلت نصف الكعكة قبل الغداء.
2- Three of the houses were stolen last night.

حرف (Between)

- وتعني بين شخصين أو شيئين، كقولنا :

1- Ahmed sat between Ali and Sameer. جلس احمد بين علي وسمير
2- The office is located between the school and the mosque.

يقع المكتب بين المدرسة والمسجد.

حرف (Among)

- وتعني بين أكثر من شخصين أو شيئين ، مثل :

1- I saw Mohammed sitting among the crowd. رأيت محمد جالسا بين الحشد
2- He divided his money among his children.. قسّم نقوده بين أطفاله

حرف (Beside)

وتعني (بجانب، قرب) مثل :

1- Mona likes to sit beside her father. تحب منى أن تجلس بجانب والدها.
2- He used to keep his bag beside him. تعود أن يُبقي حقيبته بجانبه.

حرف (Below)

- وتعني (تحت، أسفل، دون، أدناه)، كقولنا :

1- Don't write below this line. لا تكتب تحت السطر
2- Children below ten years old. الأطفال دون سن العاشرة.
3- For further explanation of this point, please see below.

لمزيد من الاستفسارات انظر أدناه.

حرف (Behind)

وتعني (خلف)، مثل :

1- There is a small garden behind the house. يوجد حديقة صغيرة خلف البيت.
2- Look behind you, Ahmed. انظر خلفك يا احمد.

حرف (Under)

- وتعني (تحت، دون)، مثل :

1- The cat is asleep under the table. القطه نائمة تحت الطاولة.
2- Children under sixteen years of age. الأطفال دون سن السادسة عشرة.

حرف (During)

- تستخدم للزمان بمعنى (خلال، أثناء، طوال)، كقولنا :

1- The weather gets cold during winter. يصبح الطقس باردا خلال الشتاء
2- We go swimming during the summer holidays.
نذهب للسباحة أثناء العطل الصيفية.
3- I visit my friends during my holiday. ازور أصدقائي أثناء عطلتي.
4- This man suffered from loneliness during his childhood.
عانى هذا الرجل من الوحدة أثناء طفولته.

حرف (Above)

- وتعني (فوق، أعلاه)، كقولنا :

1- Don't write above the line. لا تكتب فوق السطر.
2- The student's name is mentioned above.. اسم الطالب مذكور فوق

حرف (Against)

- وتعني (ضد، بعكس)، كقولنا :

1- Our team has qualified to play against the winning team.
لقد تأهل فريقنا الوطني ليلعب ضد الفريق الفائز.
2- The man swam against the current. سبح الرجل بعكس التيار.

حرف (Along)

- وتعني (على طول، بمحاذاة)، مثل :

1- I walked along the road. سرت على طول الطريق

2- The ship was sailing along the beach..كانت السفينة تبحر بمحاذاة الشاطئ

حرف (After)

- تأتي بمعنى (بعد، خلف، وراء)، مثل :

1- After doing my work, I went home..بعد انتهاء عملي ذهبت إلى البيت

2- I will phone you after 6 o'clock..سوف اتصل بك بعد الساعة السادسة

3- The cat is running after the mouse. تركض القطة وراء الفأر.

حرف (Before)

- تأتي بمعنى (قبل، أمام)، كقولنا :

1- You can call me any time before 10 o'clock.

يمكنك أن تتصل بي في أي وقت قبل العاشرة.

2- Ahmed came before Ali. جاء احمد قبل علي.

3- The accused stood before the judge. وقف المتهم أمام القاضي.

حرف (Into)

تأتي بمعنى (الى، الى داخل، نحو) وتستعمل عند الانتقال من مكان الى اخر:

1- Ali was in the room then he went into the living room.

عليٌ كَانَ فِي الغرفةِ ثمّ دَخلَ غرفةَ الجلوس.

2- My mother went into the kitchen..ذهبت أمي إلى المطبخ

3- The boy is running into the tree.يركض الولد نحو الشجرة

حرف (Near)

- تأتي بمعنى (قرب)، كقولنا :

1- The man parked his car near the house..أوقف الرجل سيارته قرب البيت

2- I don't like to sit near the window. لا احب أن اجلس قرب الشباك.

حرف (Within)

- تأتي بمعنى (خلال، ضمن، في داخل)، مثل :

1- The manager will come within 10 minutes

سوف يأتي المدير خلال عشرة دقائق..

2- Live within your income.   عش ضمن دخلك.

3- The men are within the house.   الرجال داخل البيت

4- The anger was still there deep within her.   الغضب لا يزال عميق في داخلها.

حرف (Without)

- تأتي بمعنى (دون، من غير، بلا)، كقولنا :

1- My mother drinks his coffee without milk   أمي تشرب القهوة بدون حليب.

2- He left without saying goodbye.   غادر من غير أن يقول وداعا.

3- Man can`t live without water.   لا يستطيع الإنسان أن يعيش بلا ماء.

حرف (Up)

- تأتي بمعنى (أعلى ، فوق)، كقولنا :

1- The monkey climbed up the tree.   تسلق القرد فوق الشجرة

2- Our friend was waiting up the hill. كان صديقنا ينتظر أعلى التلة.

حرف (Down)

- تأتي بمعنى (أسفل ، على طول)، كقولنا :

1- He went down the hill   ذهب اسفل التلة.

2- Go down this road.. اذهب على طول هذا الشارع.

حرف (Over)

- تأتي بمعنى (فوق، على، أكثر من، فما فوق، حول، من أعلى)، مثل:

1- The cat climbed over the wall.   تسلقت القطة فوق الشجرة.

2- There is a label over the bottle.   يوجد لصيقة على الزجاجة.

3- I lived in England for over ten years.   عشت في لندن لاكثر من 10 سنوات.

4- This is suitable for children aged 10 and over.

هذا مناسب للاطفال بعمر عشرة سنوات فما فوق.

حرف (Since)

- تستعمل بمعنى(منذ) عند الإشارة إلى وقوع الفعل في نقطة أو فترة محددة في الماضي حتى الآن، مثل :

1- He has been abroad since January.　　لقد كان في الخارج منذ شهر كانون الثاني.
2- They have lived in London since 1992.

حرف (Through)

- تأتي بمعنى (خلال، عبر، بواسطة)، مثل :

1- We drove through the center of London.
2- You can look through this telescope.　تستطيع ان تنظر عبر التلسكوب.
3- He got the money through the bank　حصل على النقود بواسطة البنك..

حرف (Until/ till)

- تأتي بمعنى (حتى، إلى), مثل:

1- My friend waited for me until/till I finished..انتظرني صديقي حتى انتهيت
2- We won't leave home until/till he comes.　لن نغادر البيت حتى يأتي.
3- The bank is open until/till 3 o'clock.

يبقى البنك مفتوحا إلى/حتى الساعة الثالثة.

Position of Prepositions　　　　　　موقع حروف الجر

1- **يقع حرف الجر قبل الاسم أو الضمير، مثل:**

1- You have to stay <u>at</u> home.　　يجب أن تبقى في البيت
2- This library is rich <u>in</u> books.　هذه المكتبة غنية بالكتب.
3- Ali will leave <u>for</u> Paris next week..سيغادر علي إلى باريس الأسبوع القادم.
4- I am ashamed <u>of</u> myself.　أنا خجلان من نفسي.
5- You can go <u>with</u> me.　تستطيع أن تذهب معي.
6- My father is proud <u>of</u> my success.　أبي فخور بنجاحي .

2- **يقع حرف الجر بعد الفعل مباشرة، مثل:**

1- My brother is looking <u>for</u> a flat these days...أخي يبحث عن شقه هذه الأيام.
2- Our trip will set off <u>at</u> 4 o'clock this morning. .

سوف تبدأ رحلتنا الساعة الرابعة هذا الصباح.

3- Look <u>at</u> the plane, Ahmed.　انظر إلى الطائرة يا احمد.
4- I deal <u>with</u> people honestly.　أتعامل مع الناس بصدق

3- يقع حرف الجر قبل أداة الاستفهام، مثل:

1- With whom did you go yesterday? مع من ذهبت يوم أمس؟
2- In which country was he born? في أية مدينة ولد؟
3- From whom did you borrow the book? مِن منْ استعرت الكتاب؟
4- From where did you come? مِن أين جئت؟
5- To whom did she give the letter? لمن أعطت الرسالة؟
6- With what did your mother cut meat? بماذا تقطع أمك اللحمة؟
7- In which drawer do you put the pens? في أي جرار تضع الأقلام؟

ويصح أن نضع حرف الجر في نهاية السؤال كقولنا:

1- Where did you come from?
2- Whom did you give the letter to?
3- What did your mother cut it with?
4- Which drawer do you put the pens in?

4- يقع حرف الجر قبل ضمائر الوصل (whom, which, where,)، مثل:

1- This is the university from which I graduated.
2- Jordan is the country from where I come every day.
3- This is the person with whom I came.
4- Did you see the purse in which I put the money?.

ويمكن أن نضع حرف الجر في الجمل السابقة في آخر الجملة، مثل:

1- This is the university which I graduated from.
2- Jordan is the country where I come every day from.
3- This is the person whom I came with.
4- Did you see the purse which I put the money in?.

5- يقع حرف الجر في نهاية الجملة إذا كانت الجملة في صيغة المبني للمجهول، مثل:

1- This teacher is relied on. هذا المدرس يُعتمد عليه.
2- This is an important question that must be focused on..
هذا سؤال مهم يجب أن يُركز عليه.

Verbs, adjectives and idioms with prepositions
الافعال والصفات والمصطلحات مع احرف الجر

1- حرف الجر (with).

collide with يتصادم مع	live with يعيش مع
polite with مؤدب مع	come with يأتي مع
familiar with عليم بـ	fight with يقاتل ضد
begin with يبدأ بـ	pleased with مسرور من
interfere with يتدخل في	friendly with محب لـ
mix with يخلط مع	furnish with يجهز، يؤثث بـ
provide with يزود بـ	charged with متهم بـ
agree with يوافق على	loaded with مُحَمّل بـ
angry with (sb) غضبان على	with confidence بثقة
satisfied with راضٍ عن	with pleasure بسرور
shake with يهتز من	with the help of بمساعدة
tremble with يرتجف من	travel with يسافر مع
ill with مريض بـ	endowed with موهوب بـ
write with (بالقلم) يكتب	covered with مغطى بـ
acquaint with	with black hair ذو شعر اسود
يطّلع على/على معرفه بـ	with the pen بقلم الحبر
with the knife بالسكين	with care بعناية
with cold بسبب البرد	busy with مشغول بـ
argue with يتجادل مع	compare with يقارن مع
cooperate with يتعاون مع	compete with يتنافس مع
consult with يتشاور مع	content with مقتنع بـ
correspond with يتراسل مع	cover with يغطي بـ
deal with يتعامل مع	crowded with مزدحم بـ
delighted with مسرور من	cut with يقطع بـ
disagree with لا يوافق على	fill with يملا بـ
supply with يزود بـ	talk with يتكلم مع

2- حرف الجر (at):

aim at يهدف إلى	amazed at مندهش لـ
joke at يسخر من	fire at يطلق النار على
point at يشير إلى، نحو	at night في الليل
expert at خبير في	at noon عند الظهر
at once حالا،فورا	at dawn عند الفجر
at present في الوقت الحاضر	at midday عند الظهر
at leisure في وقت الفراغ	at sunset عند غروب الشمس
at the beginning في البداية	at sunrise عند شروق الشمس
angry at غاضب على	at the age of عن عمر
at the end of في نهاية	at (the) university في الجامعة
at least على الأقل	at (the) school في المدرسة
at most على الأكثر،على الأغلب	at home في البيت
at a high price بسعرٍ عالٍ	at work في العمل
at a low price بسعرٍ منخفض	at college في الكلية
at first sight من النظرة الأولى	at midnight في منتصف الليل
at a high speed بسرعة عالية	at Charismas في عيد الميلاد
at a low speed بسرعة منخفضة	at supper عند العشاء
at weekend في عطله نهاية الأسبوع	at breakfast عند الفطور
at war في الحرب	at lunch عند الغداء
at the same time في نفس الوقت	at Ramadan في رمضان
at the bottom في اسفل	at the office في المكتب
at the back of في خلف	at the airport في المطار
at the invitation of بدعوة من	at the hotel في الفندق
at the party في الحفلة	at sea في البحر
at the meeting في الاجتماع	at a speed على سرعة
at a temperature of عند درجة حرارة	at the station في المحطة
at Al-Razi street عند شارع الرازي	at the cinema في السينما
at reception في مكتب الاستقبال	at 15 في سن الخامسة عشرة
at a football match في مباراة كرة قدم	at the theatre في المسرح
at Ali's house عند، في بيت علي	at a glance. بلمحة
at ease. بارتياح، باطمئنان	at peace.بسلام
at fault.مذنب	at a profit.بربح، بفائدة
at a loss.مرتبك، متردد، متحير	at random.بشكل عشوائي
at liberty.حر	at any rate.مهما تكن الظروف
at length.مطولا، بإسهاب	at a guess.تخمينا
at large.حر	at the hair salon في صالون الحلاقة
at the bookstore .في المكتبة	at the toy storeفي محل الألعاب
at the conference في المؤتمر	skilful at ماهر في
at the fair في المعرض	

laugh at يضحك على	surprised at مندهش من
look at ينظر إلي	astonished at مندهش ل
smile at يبتسم ل	bark at ينبح على
throw at يرمي على	sad at حزين على
good at جيد في	slow at بطيء في
pleased at (sth) مسرور من	stare at يحدق في
arrive at يصل إلى (مكان صغير)	at lunchtime عند وقت الغداء
bad at سيء في	at al-Adha Eid في عيد الأضحى
buy at يشتري بـ (سعر عال)	at this moment في هذه اللحظة
cruel at قاسي مع	at the bus stop عند موقف الباص
shout at يصرخ على	at the door عند الباب
at best.في احسن الأحوال	at the top of في أعلى
at all costs.مهما كلف الأمر	at the church في الكنيسة
at the crossroad عند تقاطع الطرق	at the shop في البقالة
at all بالمرة، أبدا.	at the restaurant في المطعم
at the bus stationفي محطة الحافلات	at the front of أمام
at an auction بالمزاد العلني	at 2 o'clock في تمام الساعة الثانية
at the page of. في صفحة	at the village في القرية
by taxi بالتاكسي	by mistake بالخطا
by bus بالباص	by accident بالصدفة

3- حرف الجر(**by**) :

by sea بحرا	by hand باليد
by plane بالطائرة	by telephone بالتلفون
by helicopter بالهيلكوبتر	by electricity على الكهرباء
by car بالسيارة	by the meter بالمتر
by air جوا	by the day باليوم
by ship بالسفينة	by the month بالشهر
by train بالقطار	by the year بالسنة
by boat بالقارب	by the way بالمناسبة
by bicycle بالدراجة الهوائية	by Ahmed من قبل احمد
by rail بالقطار	by the manager من قبل المدير
by cheque بواسطة شيك	by the dozen بالدزينة
by October بحلول تشرين الأول	by farlo إلى حد ماء
by 10 per cent بمقدار عشرة بالمائة	by order تبعا للتعليمات.
by birth.بالمولد، بالأصل	by force.بالقوة
by luck.بالحظ	by mail بالبريد
by marriage.عن طريق الزواج	by and large.على العموم

by means of.بواسطة	by and by .عما قريب
by 10 o'clockقبل العاشرة	by me قربي
tired by (تعب من(الحركة	by the sea قرب البحر
catch by (يمسك من (الذراع	by the table بجانب الطاولة
step by step خطوة خطوة	by all accounts.بإجماع الآراء
side by side جنبا إلى جنب	by appointment.عن طريق موعد
by chance بالصدفة	by auction.بالمزاد العلني
by all means بكل الوسائل	by invitation.بدعوة
by nightfall بحلول الظلام	by law.بالقانون
by heart عن ظهر قلب	by land برا
one by one بالدور،كل على حدة	by road بالبر، بواسطة السيارة

4- حرف الجر (in):

believe in يؤمن بـ	in the morning في الصباح
come in ادخل	in the evening في المساء
get in يصل، يدخل	in the afternoon عند الظهر
interested in مهتم بـ	in charge of مسؤول عن
involved in مهتم بـ	in front of أمام
in general بشكل عام	in the back of خلف
in fact في الحقيقة	in honor of على شرف
in time في الوقت المناسب	in memory of في ذكرى
in order to لكي، من اجل	in need of بحاجة إلى
in order that لكي، من اجل	in search of باحثا عن
in my opinion حسب رائي	in the direction of باتجاه
in words بالكلمات	in the middle of في وسط
in figures بالأرقام	in prison في السجن
in block letters بأحرف كبيرة	in hospital في المستشفى
in the sun في الشمس	in bed في السرير
in the rain في المطر	in Germany في ألمانيا
in the mountains في الجبال	in the shade في الظل
in the room في الغرفة	in the dark في الظلام
in the box في الصندوق	in confidence .بثقة
in the sea في البحر	in a circle بشكل دائرة
in the garden في الحديقة	in Italian بالإيطالي
in August في آب	in painting في الرسم
in the army في الجيش	in school في المدرسة
in collage في الكلية	keep in touch.يبقى على اتصال
in return.في المقابل	in uniform.في الزي الرسمي

in a row. على التوالي	in use. مستخدم
in ruins. مهدم، محطم	in vain. بلا جدوى
in safety. بسلامة، بأمان	in view of نظرا لـ على ضوء
in season. في آوانة/ موسمه	in a loud/ low voice
in short. باختصار	بصوت مرتفع / منخفض.
in the suburbs. في الضواحي	in the park. في الحديقة
in good/ bad taste. بنكهة جيدة	in pairs. بأزواج
in the news.. في الأخبار	in pain. في ألم، وجع.
in a good/ bad mood	in other words. بعبارة أخرى
مزاج جيد، سيئ.	in order of/ to. لكي، حتى.
in moderation. باعتدال	in the open air في الهواء الطلق.
in luxury. في رفاهية	in oils. مرسوم بالألوان الزيتية
in the long run. على المدى البعيد	in a nutshell. باختصار
in favor of لـ. مؤيد	in and out يأتي ويذهب
in fashion. على الموضة	in doubt. في شَك
in existence. في الوجود	in detail. بالتفصيل
in exchange for. مقابل، عوضا عن	in demand مطلوب بكثرة
in cash نقدا	in aid of لـ إعانة
take part in يشترك في	in danger. في خطر
in good/ bad condition	in the center. في المركز
بحالة جيدة / سيئة.	in extremis في الحالات الطارئة
in comparison with مقارنة مع	in your face أمامك
in common.. خصائص مشتركة	in that من حيث
succeed in ينجح في	rich in غني بـ
employ in يتوظف في	trust in يثق في
fail in يفشل في	write in(بالحبر) يكتب
help in يساعد في	share in يشارك في
in the picture في الصورة	participate in يشترك في
in the mirror في المرآة	weak in ضعيف في
in the world في العالم	in love with على علاقة حب مع
in the street في الشارع	in the newspaper في الجريدة
in the sky في السماء	in the photograph في الصورة
in the river في النهر	in your mouth في فمك
in his pocket في جيبه	in Africa في أفريقيا
arrive in(مكان كبير) يصل إلى	in hand. في اليد، مسيطر علية.
in person. شخصيا	in fun. على سبيل المزاح
in your face. أمامك	in focus. واضح
in place of. عوضا عن/ بدلا من	in the flesh. حيا
in politics. في السياسة	in flames. مشتعل
in theory. من حيث الفكرة	in control of. مسيطر
in practice. بالممارسة، متمرن	in with على علاقة جيدة مع

in principle. من حيث المبدأ	in a hurry. مستعجل
in progress. جاري، مستمر	in the hope of املا أن، على أمل أن
in a queue. في صف، طابور	in honor of على شرف(فلان)
in reality. في الحقيقة	in good/ bad health
in length/ width	
في الطول / العرض.	بصحة جيدة / سيئة
in ink/ pencil/ pen	
في الحبر، بقلم الرصاص/ قلم الحبر.	

5- حرف الجر (on):

go on يستمر	on the door على الباب
on time على الوقت بالضبط	on the wall على الحائط
on a horseback على ظهر الحصان	on the map على الخارطة
on foot على الأقدام	on the chair على الكرسي
on charismas day في يوم عيد ميلاد	on the horse على الحصان
on a bicycle على الدراجة	on the page على الصفحة
on the right على، إلى اليمنى	on the move كثير التنقل
on the left على، إلى اليد اليسرى	on Friday يوم الجمعة
on a vacation في عطلة	on his nose على انفه
on a picnic في نزهة	on the ceiling على السقف
في عطلة في الطول / العرض.	on the floor على الأرض
on the whole. إجمالا	on the grass على العشب
on my way to في طريقي إلى	on the beach على الشاطئ
on the occasion of بمناسبة	on the shirt على القميص
on and on باستمرار	on the bottle على القنينة
on the television على التلفاز	on business في عمل
on the phone على، بالتليفون	on a trip في رحلة
on the table على الطاولة	on the bus بالباص
on the ground على الأرض	on the train بالقطار
on a island على جزيرة	on the plane في/ بالطائرة
on Sunday في يوم الأحد	on the ship على السفينة
on the farm في المزرعة	on the list على القائمة
on the motorcycle على الدراجة	on the back of على ظهر
on the river Thames على نهر التايمز	on the front of على أمام
on the fourth of July الرابع من تموز	on the news. على الأخبار
on condition that بشرط أن	on the outskirt في الضواحي
on a tour. في جولة	on page. على صفحة

on demand.عند الطلب	on parade في طابور عسكري
on a diet يتبع نظام غذائيا معين	on the pavement.على الرصيف
on duty..في الخدمة/ العمل	on a platform.على المنصة
on earth.على الأرض	on principle.وفقا للمبدأ
on edge.متوتر الأعصاب	on the radio.على الراديو
on an expedition.في رحلة استكشافية	on sale.متوفر في الأسواق
on fire.مشتعل	on schedule.حسب الموعد
on the 4th floor.في الطابق الرابع	on sight.بمجرد الاطلاع
on horseback.على ظهر الحصان	on this street في الشارع
on impulse.فجأة	on the screen.على الشاشة
on the increase.في ازدياد	on the sofa.على الكنبة
on a journey.في رحلة	on good termsعلى علاقات حسنة
on loan.معار	on credit بالديْن
on the market.في السوق	on board على ظهر السفينة الطائرة
on the road.مسافر، على سفر	live on يعيش على
on and off .على نحو متقطع	concentrate on يركز على
on a cruiseفي جولة بحرية	comment on يعلق على
insist on يصر على	keen on مولع بـ
revenge on ينتقم من	oblige on يجبر على
depend on يعتمد على	intent on يصمم على
turn...on يشعل	impress on يؤثر على
base on يعتمد على	congratulate on يهنئ على
keep on يستمر	take pity on(sb) يشفق على
spend on يصرف على	dependent on معتمد على
on purpose عمدا	economize on يخفف في،يقتصد
on the first floor في الطابق الاول	rely on يعتمد على
on Eid-Fitr Dayفي يوم عيد الفطر	come on تعال
on the weekend في نهاية الأسبوع	waste on يسرف، يبدد على
on account of بسبب	on the whole أجمالا
on the agenda على جدول الأعمال	on (the) air.يبث، يذيع
on one's birthday. على عيد ميلاد	on approval.تحت التجربة
on the border.على الحدود	on arrival.الشخص الوافد/ القادم
on call جاهز للطلب، تحت الاستدعاء	on average.في المعدل
on the coast.على الساحل	on bail.كفالة مالية
on no condition.بتاتا، إطلاقا	on balance.عموما
on the contraryعلى العكس	on behalf of.نيابة عن

6- حرف الجر (from):

obtain from يمتنع عن	from work من العمل
separate from يفصل عن	from London من لندن
deviate from ينحرف عن	from the tenth floor من الطابق العاشر
tired from تعب من	from 1990 من عام 1990
deduce from يستنتج من	from Ahmed من احمد
resulting from ناتج عن	from my father من أبي
finish from ينتهي من	from the top of من أعلى
hear from (sb) يسمع من	from now on من الآن فصاعدا
different from مختلف عن	from 2 o'clock من الساعة الثانية تماما
far from بعيد عن	resign from يستقيل من
escape from يهرب من	recover from يشفى من
profit from يستفيد من	dismiss from يطرد من
prevent from يمنع من	protect from يحمي من
suffer from يعاني من	distinguish from يميز عن
borrow from يستقرض من	keep away from يبتعد عن
receive (sth) from يستلم من	rescue from ينقذ من

7- حرف الجر (of)

fear of خوف من	get out of يخرج من
proud of فخور بـ	come out of يخرج من
remind of يذكر بـ	guilty of مذنب لـ
accused of متهم بـ	make fun of يضحك على
accuse of يتهم بـ	take care of يعتني بـ
afraid of خائف من	think of يفكر بـ
approve of يوافق على	dream of يحلم بـ
ashamed of خجلان من	fond of معجب بـ مولع بـ
complain of يشكو من	full of مملوء بـ
consist of يتكون من	jealous of غيران على
die of يموت من (الجوع،العطش)	glad of سعيد بـ
empty of فارغ من	get rid of يتخلص من
sure of متأكد من	cure of يشفى من
tired of تعب من	south of جنوب
scared of خائف من	north of شمال
dispose of يتخلص من	the city of Amman مدينة عمّان
frightened of خائف من	of course طبعا، بالطبع
on behalf of نيابة عن	by means of بواسطة

in behalf of على شرف	of course not بالطبع لا
aware of مدرك لـ	an account of تقرير عن
boast of يتفاخر بـ	certain of متأكد من
kind of شفوق على	compose of يتألف من
despair of يائس من	composed of مؤلف من
warn of يحذر من	made of مصنوع من
confident of واثق من	capable of قادر على
repent of يندم على	incapable of عاجز عن
rob of يسرق من	ignorant of جاهل في
by reason of بسبب	hear of (sth) يسمع بـ

8- حرف الجر (for):

thankful for (sth) شاكر لـ	prepare for يستعد لـ
leave for يغادر إلى	ready for مستعد لـ
easy for سهل لـ	famous for مشهور بـ
enough for كاف لـ	sell ... for يبيع بـ
feel pity for يشفق على	for sale للبيع
fit for مناسب لـ	for ever للابد
apply for يقدم طلبا لـ	go for يهاجم
get ready for يتهيأ لـ	for rent للإيجار
hope for يأمل بـ	for all على الرغم من
spend for يصرف على	for ten miles مسافة عشرة أميال
pay for يدفع الثمن	for two years لمدة سنتين
look for يبحث عن	last for ever يدوم للابد
sing for يغني لـ	inclined for ميال لـ
read for يقرا لـ	late for متأخر عن
anxious for متلهف على	for the sake of...من اجل
For ages.لمدة طويلة	for short. باختصار
for breakfast/ lunch .للفطور/ الغداء	for love من اجل الحب
for granted. مسلم بأنه صحيح	for keeps إلى الأبد
for hire.للإيجار	write to (sb) يكتب لـ
for a walk.في نزهة	apologize for يعتذر لاجل
responsible for مسؤول عن	long for يشتاق لـ
search for يبحث عن	ask for يطلب
sorry for متأسف على	remedy for دواء لـ
suitable for مناسب لـ	grateful for (sth) شاكر لـ
blame for يلوم على	a cheque for... شيك بقيمه
buy...for يشتري بـ	

care for (sb) يعتني بـ	for certain.بالتأكيد
wait for ينتظر	for fun.للتسلية
fear for يخاف على	for your birthday
for all/ for good إلى الأبد	بمناسبة عيد ميلادك
for the time being.في الوقت الحالي	for a while لمدة قصيرة

9- حرف الجر (out).

out of debt.غير مديون	out of the ordinary.غير عادي
out of doors.في الهواء الطلق	out of place في غير محله
out of fashion.انتهت موضته	out of practice غير متمرن
out of focus.غير واضح	out of print.نفدت طبعته
out of hand.خارج عن السيطرة	out of the question مستحيل
out of luck.غير محظوظ	out of reach بعيد المنال
out of order.معطّل	out of season.في غير موسمه
out of work.بلا عمل	out of sight بعيد عن الأنظار
out of tune.من غير انسجام	out of danger.بعيد عن الخطر
out of breath.منقطع النفس	out of date قديم الموضة، باطل المفعول
out of character لا ينسجم مع شخصيته	out of step.غير منتظم
out of condition.سيئ الصحة	out of stock.غير متوفر في السوق
out of control.فاقد السيطرة	out of turn.بغير الترتيب الصحيح
	out of use لا يعد مستعملا

10- حرف الجر (to).

introduce (sb) to (sb) يعرّف على	similar to مشابه لـ
award to يمنح لـ	belong to يخص
attend to يهتم بـ	throw to يرمي إلى
attribute to يعود سببه إلى	listen to يصغي إلى
blind to أعمى عن	subscribe to يشترك في (جريدة،مجلة)
accustomed to متعود على	look forward to ينظر بأمل لـ
married to متزوج من	write to يكتب لـ
be used to متعود على	instruct to يرشد إلى
faithful to مخلص لـ	advise to ينصح على
related to مرتبط بـ	send to يرسل إلى
superior to متفوق على	pass to يمرر إلى
equal to مساو لـ	give to يعطي إلى
grateful to (sb) شاكر لـ	to me لي
thankful to (sb) شاكر لـ	in order to لكي
lie to يكذب على	to school إلى المدرسة
exposed to معرّض لـ	to bed إلى النوم
get to يصل إلى	to work إلى العمل
eager to متلهف لـ	to university إلى الجامعة
prefer to يفضل أن	to prison إلى السجن
stop to يتوقف لـ	to hospital إلى المستشفى
talk to يتكلم مع	invite to يدعو إلى
invitation to sth /sb دعوه لـ	in accordance to طبقا لـ
prefer... to يفضل على	with reference to بالإشارة إلى
surrender to يستسلم لـ	with regard to بالنسبة لـ
turn to يدور إلى	close to قريب من
useful to مفيد لـ	معرضexposed to
reply to يجيب على	to church إلى الكنيسة
respond to يستجيب لـ	native to ينتمي إلى
submit to يستسلم/ يخضع لـ	obedient to مطيع لـ
contrary to على العكس من	object to يعترض على
kind to لطيف مع	occur to يحدث لـ
lend to يعير لـ	oppose to يعترض على
engaged to مخطوبة لـ	

11- الأفعال والصفات والمصطلحات مع باقي أحرف الجر:

translate into يترجم إلى	worried about قلق بشان
divide into ينقسم إلى	uneasy about قلق بشان
branch into يتفرع إلى	doubtful about (sth) شاك في
convert into يحُول، يتحوّل إلى	right about على حق في
off the map.ليس على الخارطة	care about (sth) يهتم بـ
off the peg.ملابس جاهزة	off the record.ليس للحفظ
under age.قاصر	without delayبدون تأخير
under arrest.معتقل	without failحتما، بالتأكيد
under control.تحت السيطرة	within minutes.خلال دقائق
under discussion.تحت الدراسة	off the point غير متعلق بالموضوع
off the wall سخيف	under pressure.بقوة عظيمة
rebel against يثور على	under repair.تحت التصليح
fight against يقاتل ضد	under the weather.مريض
struggle against يجاهد ضد	against the law.ضد القانون
vote against يصوّت ضد	off limits ممنوع
off the air.توقف البث	off duty.خارج عملة
off color.مريض، متوعك	into pieces.إلى قطع

Exercise

-Choose the correct preposition from brackets.

اختر حرف الجر المناسب من بين الأقواس:

1. Students don't go to school------ Friday. (at, in, on, of)
2. I always go to school ----- foot.(by, with, for, on)
3. My mother cut meat ------- a knife. (in. with, by, at).
4. He arrives home ------ 9 o'clock. (on, in, at, to)
5. The house is ------- fire. (about, with, from, on)
6. Ali was born ------ 1988. (of, by, in, for)
7. Sami is Jordanian. He comes ------ Jordan.(up, within, near, from)
8. Some people drink tea ------- sugar. (without, about, of, in)
9. Children were playing ------ the trees. (between, among, in, with)
10. I enjoy reading stories ------- night. (in, at, of, on)
11. I stayed in London ------ a week. (for, into, at, in)
12. He sent her a present ------ her birthday. (with, on, in, by)
13. The customers came ------- the shop. (into, against, with, from)
14. I sat ------- the window. (to, about, by, of)
15. He gives much money ------ the poor. (to, over, through, of)

16. I went to America ------ holiday. (in, on, at, with)

17. What is his feeling ------his mother ?(within, beside, towards, of)

18. He left home --------- telling me. (up, in, with, without)

19. There are some trees ----------the hotel. (in front of, to, from, of)

20. He began to feel ill ------- the exam. (during, by, round, of)

- Fill in the blanks with the suitable preposition.

املأ الفراغات بحرف الجر المناسب:

1. The prices will go up ------- April.

2. There is somebody --------- the door.

3. There is a beautiful film ---------- television.

4. I prefer to travel -------- ship.

5. Let's talk ---------- something else.

6. There is a small village ---------- the hills.

7. The boy was hiding --------- the tree.

8. Fishermen would like to live --------- the sea.

9. The thief was caught ------------ the police.

10. This is a letter ------------ my brother.

11. I bought this book --------- one dinar.

12. I went to school --------- my brother.

13. My parents will come ---------- 15 minutes.

14. He fall in love -------- a nice girl.

15. He sat ------- his father and mother.

Conjunctions and Sentence Connectors
احرف العطف وروابط الجمل

تستعمل حروف العطف وروابط الجمل في اللغة الانجليزية للربط بين الكلمات أو الجمل أو العبارات، وفيما يلي أهم هذه الروابط:

	And
المعنى والاستخدام	تعني (و) وتستخدم للربط بين كلمتين أو جملتين.
أمثلة	1- Water and food are necessary for Man. الماء والغذاء ضروريان للإنسان. 2- Ahmed and I will rent the flat. أنا واحمد سوف نستأجر الشقة. 3- I like my father and mother a lot. احب أبي وأمي كثيرا. 4- I shall buy bread and you will buy fruit. سأشتري خبزا وأنت ستشتري فاكهة 5- My father ate and slept early.

	But
المعنى.	لكن، إلا أن.
أمثلة	1- I wrote the lesson <u>but</u> Ahmed did not أنا كتبت الدرس ولكن احمد لم يكتب. 2- Ali hasn't got a car <u>but</u> his sister has. علي لا يمتلك سيارة لكن أخته تملك. 3- The weather will be sunny <u>but</u> cold. سيكون الجو مشمسا ولكن باردا. 4- Ahmed has been learning English for three years but he doesn't speak it very well. يتعلم احمد اللغة الإنجليزية منذ ثلاثة سنوات إلا انه لا يتكلمها بشكل جيد.

	Or
المعنى.	**أو، أم، وإلا .**
أمثلة	1- Would you like to sit here or next to the window? هل تحب أن تجلس هنا أو بجانب النافذة؟ 2- Are you interested or not?هل انت مهتما ام لا؟ 3- You can play football, tennis or basketball. تستطيع أن تلعب كرة قدم, تنس، أو كرة سلة. 4- Don't drive so fast or you'll have an accident! لا تسوق بسرعة وإلا سوف تعمل حادثا. 5- Would you like to drink tea <u>or</u> coffee? هل تحب أن تشرب شاي أم قهوة؟ 6- Are you a student <u>or</u> not? هل أنت طالب أم لا؟ 7- Do you prefer to study history, English <u>or</u> music? هل تفضل أن تدرس التاريخ، اللغة الإنجليزية أم الموسيقى؟

	However
المعنى .	وتعني إلا أن، مع ذلك، مهما، على أية حال ، و تستخدم لربط جملتين متناقضتين في المعنى.
أمثلة	1- Our school team played well; however, they didn't win the game. لعب فريق مدرستنا جيدا إلا انهم لم يربحوا المباراة. 2-The jacket was very expensive; however, I bought it. كان الجاكيت غاليا ومع ذلك اشتريته. 3- He studied hard; however, he didn't get high grades. درس بجد ومع ذلك لم يحصل على درجات عالية.

Meanwhile

المعنى .	في نفس الوقت، في هذه الأثناء.
أمثلة	1- Ahmed was playing football; meanwhile, his brother was reading a story. كان احمد يلعب كرة قدم وبنفس الوقت كان أخاه يقرا قصة. 2- Mona was watering the plants. Ali, meanwhile, was making the bed. كانت منى تسقي النباتات، وفي هذه الأثناء كان علي يرتِّب السرير.

Even so, Nevertheless

المعنى والاستخدام.	وتعني ومع ذلك، بالرغم من ذلك، وتستخدم لربط جملتين متناقضتين، وتستعمل في وسط الجملة فقط.
أمثلة	1- She didn't study hard for the exam. Nevertheless she passed. لم تدرس بجد ومع ذلك نجحت. 2- It was raining heavily; nevertheless, we enjoyed our time. كانت السماء تمطر بغزارة ومع ذلك استمتعنا بوقتنا. 3- They were very tired; nevertheless, they went on working. كانوا متعبين جدا ومع ذلك استمروا في العمل. 4- There are a lot of spelling mistakes; even so it's a good essay. كان هناك الكثير من الأخطاء ومع ذلك فهي مقاله جيده. 5- He seems nice. Even so, I don't trust him. 6- Ahmed hadn't eaten for days. Even so, he looked strong. لم يأكل احمد لعدة أيام ومع ذلك فانه يبدو قويا.

Indeed

المعنى	وتعني حقا، بالتأكيد، في الواقع، في الحقيقة.
أمثلة	1- I was very pleased indeed to hear from you. كنت حقا مسروراً لاسمع منك. 2- You were good in the exam, indeed, the teacher said so. كنت جيدا في الامتحان، في الواقع المعلم قال ذلك.

Either… or

المعنى	وتعني إما هذا أو ذاك.
أمثلة	1- You can either have tea or coffee. يمكنك أن تتناول إما شاي أو قهوة. 2- If you want ice-cream you can have either coffee or lemon. إذا تريد آيس كر يم يمكنك أن تأخذها إما على قهوة أو ليمون. 3- You can either come with me or stay here. يمكن أن تأتي معي أو تبقى هنا.

Neither … nor

المعنى	لا هذا ولا ذاك.
أمثلة	1- I can neither drink nor eat now. لا استطيع أن اشرب ولا أكل الآن. 2- He is busy. He can come neither Sunday nor Monday. هو مشغول.لا يستطع أن يأتي الأحد ولا الاثنين. 3- You have to eat neither apples nor bananas. يجب عليك أن لا تتناول لا تفاح ولا موز.

Not only … but also

المعنى	وتعني ليس هذا فحسب ... وإنما ذلك أيضا.
أمثلة	1- He goes there not only in winter, but also in summer. يذهب هناك ليس فقط بالشتاء وإنما أيضا بالصيف. 2- The place was not only cold, but also damp. لم يكن المكان باردا فحسب وإنما رطبا أيضا. 3- Not only Ahmed was there, but also Ali. ليس فقط احمد كان موجود وإنما علي أيضا. 4- Not only her parents but also her brothers and sisters live in Palestine. ليس فقط أبويها ولكن أيضاً إخوتها وأخواتها يَعِيشونَ في فلسطين. 5- The new models aren't only less expensive but also more efficient.

On the contrary

على العكس، تستخدم في الوسط للربط بين جملة منفية وأخرى مثبتة.	لمعنى
1- Ali isn't rich; on the contrary, he is poor. علي ليس غنيا، على العكس فهو فقير. 2- Our neighbors aren't noisy; on the contrary, they are quiet. جيرانا ليسو مزعجين، بل على العكس هم هادئون.	مثلة

On the other hand

ومن ناحية أخرى، تستخدم للربط بين جملتين مثبتتين.	لمعنى
1- You can go to Syria by bus; on the other hand, you can travel by air. يمكنك أن تذهب إلى سوريا بالباص ومن ناحية أخرى يمكن أن تسافر جوا. 2- Ahmed can speak English; on the other hand, he can speak French. يستطيع احمد الن يتكلم الانجليزية ومن ناحية اخرى يستطيع ان يتكلم الفرنسية.	مثلة

In spite of

بالرغم من، تستخدم للربط بين جملتين متناقضتين، ويجوز استخدامها في أول أو وسط الجملة، ويأتي بعدها شبه جملة اسمية لا تحتوي على فعل إطلاقا.	لمعنى
1- The match was played in spite of the awful weather. لُعبت المباراة بالرغم من الطقس السيء. 2- In spite of all her hard work, she failed her exam. 3- In spite of all the difficulties, I think he will succeed. بالرغم من الصعوبات اعتقد إنه سوف تنجح.	مثلة

ملاحظة: يتم تكوين شبة الجملة الاسمية (*Noun Phrase*) بأحد الطرق التالية:

-1 **ضمير ملكية + اسم** : *Her success, his illness, their ability*
-2 **ضمير ملكية + صفة + اسم**: *your long hair, his bad mark*
-3 **صفة + اسم** : *good boy, cold weather, tall man*
-4 **اسم** : *car, boy, rain*

Despite

المعنى	وتعني رغم، بالرغم من، تستخدم للربط بين جملتين متناقضتين، ويجوز استخدامها في أول أو وسط الجملة، ويأتي بعدها شبه جملة اسمية لا تحتوي على فعل إطلاقا.
أمثلة	1- Ahmed kept on working despite the difficult circumstances. استمر احمد بالعمل رغم الظروف الصعبة. 2- Despite his poverty, he enjoys his life. بالرغم من فقره فهو يتمتع بحياته. 3- Despite his poverty, he didn't ask any one to help him. بالرغم من فقره لم يطلب من أحد أن يساعده. 4- Despite his illness, he came to the meeting. رغم انه مريض جاء إلى الاجتماع.

Though

المعنى	مع أن، رغم.
أمثلة	1- Though I don't agree with him, I think he's honest. رغم أنني لا أوافقه اعتقد انه صادق. 2- Though I respect your point of view, I can't agree. رغم انني احترم وجهة نظرك لكني لا اتفق معك. 3- I like him. Though he makes me angry sometimes. انا احبه، مع الرغم انه يجعلني غاضبا أحيانا.

Although

رغم أن، تستخدم للربط بين جملتين متناقضتين ، ويجوز استعمالها في أول أو وسط الجملة .	لمعنى
1- Although Ahmed was tired, he stayed up to watch the match. رغم أن احمد كان متعبا، سهر ليشاهد المباراة . 2- Mona got the job although she didn't do well at the interview. حصلت منى على الوظيفة رغم أنها لم تؤدي جيدا في المقابلة. 3- Although the man was poor, he bought a car.	مثلة

So

لذلك، أيضا.	لمعنى
1- She felt very tired, so she went to bed early. شَعَرتْ بالتعب لذلك ذهبت للنوم باكرا. 2- We are going to the concert, and so are they. سوف نذهب الى الحفلة وايضا هم سيذهبون. 3- Mary traveled a lot, so she knows a lot about other countries. سافرت ماري كثيرا لذلك هي تعرف الكثير عن الدول. 4- I feel bored so I am going to my friend. أنا اشعر بالملل لذلك أنا ذاهب إلى صديقي. 5- She took pictures, and I did so. 6- Hasan likes to travel, and so does his brother. حسن يحب ان يسافر وايضا اخية.	مثلة

Because

لأن، وتستعمل في بداية أو وسط الجملة ويتبعها فاعل + فعل.	لمعنى
1- I finished early because I worked fast. أنهيت باكرا لأنني عملت بسرعة. 2- Because he was careless, he failed the exam. لانه كان مهملا رسب في الامتحان.	مثلة

	Because of -19
المعنى	بسبب، وتستعمل في بداية أو وسط الجملة ويتبعها شبه جملة اسمية.
أمثلة	1- We didn't go out because of the rain. لم نذهب إلى الخارج بسبب المطر. 2- Because of the bad weather they didn't play the match بسبب الطقس السيء لم يلعبوا المباراة . 3- He went to hospital because of his illness. ذهب إلى المستشفى بسبب مرضه. 4- Because of his carelessness, he failed the exam.

	Hence
المعنى	من هنا، لذلك، لهذا السبب، وتستخدم في وسط الجملة فقط ويتبعها شبه جملة اسمية
أمثلة	1- He didn't study hard, hence, the bad results. لم يدرس بجد لهذا السبب نتائجه كانت سيئة. 2- This man speaks three languages, hence, the good job. هذا الرجل يتكلم ثلاثة لغات ومن هنا الوظيفة الجيدة 3- Khalid lives in Britain, hence the fluency in English.

	Consequently
المعنى	وبالتالي، ونتيجة لذلك.
أمثلة	1- She didn't work hard enough, and consequently failed the exam. لم تعمل بجد وبالتالي رسبت في الامتحان. 2- He was ill, and consequently he went to see a doctor. كان مريضا وبالتالي/ ونتيجة لذلك ذهب إلى طبيب

Therefore

المعنى.	لذلك، لهذا السبب.
أمثلة	1- We are facing some difficulties; therefore, we have to solve them. نواجه بعض الصعوبات لذلك يجب أن نحلها 2- I was tired; therefore, I went to bed early. كنت متعبا لهذا السبب ذهبت إلى النوم باكرا.

Since

المعنى	نظرا ل ، لان، بما أن.
أمثلة	1- Since Ahmed is very ill, he can't come to the party. نظرا لان احمد مريض جدا فانه لا يستطيع المجيء إلى الحفلة. 2- Since he had not paid his bill, his electricity was cut off. لانه لم يدفع الفاتورة تم قطع الكهرباء عنه. 3- Ahmed stayed at home, since it was raining. بقي احمد في البيت لأنها كانت تمطر. 4- I lost the game since I didn't play well. خسرت المباراة لاني لم العب جيدا.

Otherwise

المعنى	وإلا.
أمثلة	1- You have to read hard; otherwise you won't pass the exams. يجب عليك أن تقرا بجد وإلا سوف لن تنجح في الامتحانات. 2- You must wake up early; otherwise you will miss the bus. يتوجب عليك أن تستيقظ باكرا وإلا سوف يفوتك الباص.

Furthermore, Moreover

المعنى	إضافة إلى ذلك.
أمثلة	1- This student is clever. Moreover he is polite. هذا الطالب ذكيا إضافة إلى ذلك انه مؤدب. 2- Children need love. Moreover they need care. يحتاج الأطفال إلى الحب إضافة إلى ذلك فهم يحتاجون إلى الرعاية. 3- The hotel was awful. Furthermore it was miles from the beach. كان الفندق جميلا وإضافة إلى ذلك كان على بعد أميال من الشاطئ.

What is more, Besides, In addition

المعنى.	وتعني إضافة إلى ذلك.
أمثلة	1- She speaks English. What is more, she speaks German and French. تتكلم الإنجليزية إضافة إلى ذلك تتكلم الألمانية والفرنسية. 2- There will be seven people coming to the library, besides you and Khalid. سوف ياتي سبعة اشخاص الى الحفلة بالاضافة الى انت وخالد. 3- Besides to literature, we have to study history and philosophy. بالإضافة إلى الأدب يجب علينا أن ندرس التاريخ والفلسفة. 4- It's too late to go out now. In addition, it's starting to rain. الوقت متاخر لنخرج الان، اضاقى الى ذلك بدا السماء تمطر. 5- Who was at the party besides Ahmed and Ali? من كان بالحفلة بالإضافة إلى احمد وعلي؟ 6-Besides the violin, he plays the piano and the flute. بالاضافة الى الكمان يستطيع ان يعزف على الفلوت.

As	
لمعنى	بينما، لان.
مثلة	1- The phone rang as I was reading. رن الهاتف بينما كنت اقرأ. 2- I didn't buy the jacket, as it was too expensive. لم اشتري الجاكيت لانه كان غالي جدا. 3- As I opened my eyes I heard a strange voice.
أ- So as to : وتعني من اجل، لكي:	1- We come to school so as to learn. نأتي للمدرسة لكي نتعلم. 2- I left for England so as to complete my study. غادرت إلى إنجلترا حتى اكمل دراستي.
ب- So that : وتعني من اجل، لكي، حتى:	1- We go to school so that we can learn. 2- She is staying here for six months so that she can improve her English. 3- She wore dark glasses so that nobody would recognize her. لبست نظارة سوداء حتى لا يتعرف عليها أحد. 4- Ahmed woke up early so that he could catch the bus. استيقظ احمد باكرا من اجل أن يلحق الباص
ج- As if As though وتعني كأن:	1- He behaved as if/ as though nothing had happened. تصرف وكان شيئا لم يحدث. 2- It looks as if/ as though it's going to rain. تبدوا وكأنها سوف تمطر.
د- As well وتعني أيضا:	1- I can speak English and French as well. أستطيع أن أتكلم الإنجليزية والفرنسية أيضا. 2- Can I come as well? هل باستطاعتي أن آتي أيضا

	As well as
أيضا، إضافة إلى ذلك.	المعنى
1- I have worked in Italy as well as in Japan. لقد عملت في إيطاليا وأيضا في اليابان. 2- She has a car as well as a motorbike. لديها سيارة وأيضا دراجة نارية. 3- She's clever as well as good-looking. هي ذكية بالإضافة إلى ذلك هي جميلة. 4- She sings as well as she plays the piano. تغني بالإضافة إلى ذلك تعزف على البيانو. 5- Both Ahmed and Ali as well as Mona are absent. 6- To reach your goal, you must plan and work as well as dream.	أمثلة

	In reality, As a matter of fact, In fact, Actually
وتعني في الحقيقة، في الواقع	المعنى
1- How much were the carrots?' Well, in fact, I forgot to buy them. كم كان ثمن الجزر؟ في الواقع أنني نسيت أن اشتري. 2- I hope you passed the exam.' No, as a mater of fact, I didn't. · 3- How was the party?' Well, actually, we didn't go. كيف كانت الحفلة؟ حسنا، في الحقيقة إننا لم نذهب. 4- Was the concert nice?' Yes, in reality, it was terrific. هل كانت الحفلة جميلة؟ نعم، في الحقيقة كانت رائعة.	أمثلة

	According to
وتعني طبقا ل حسب	المعنى
1- According to Mary, it's a good film. 2- According to the timetable, the train gets in at 8:30. طبقا للجدول يصل القطار الساعة 8:30 سيحدد الراتب حسب 3- The salary will be fixed according to experience. الخبرة.	أمثلة

As/so long as

المعنى .	وتعني طالما.
أمثلة	1- As long as you are with me I feel happy. طالما أنت معي فأنا اشعر بالسعادة. 2- I'll remember that day as long as I live. سوف أتتذكر ذلك اليوم طالما أعيش. 3- You can drive my car as/so long as you drive carefully. بإمكانك أن تسوق سيارتي طالما تسوق بحذر. 4- I will tell the truth as long as I am alive. سأقول الحقيقة طالما أنى على قيد الحياة.

As soon as

المعنى	حالما، عندما
أمثلة	1- I'll write to you as soon as I have time. سوف اكتب لك حالما يتوفر معي وقت. 2- We began the lesson as soon as the teacher entered. بدأنا الدرس عندما دخل المدرس. 3- The wedding started as soon as the groom entered the hall. بدأ الزفاف حالما دخل العريس القاعة.

On condition that, Provided that, Providing that

المعنى	شريطة أن، على شرط.
أمثلة	1- I will come with you provided that you give me a lift home. سآتي معك بشرط أن توصلني إلى البيت. 2- You can borrow my bike providing that you bring it back. يمكنك أن تستعير دراجتي شريطة أن تعيدها.

المعنى
After بعد Before، قبلWhile بينما، أثناء.

أمثلة
1- He went out after I had finished my sentence.
ذهبت للخارج بعد ما أنهيت الجملة.
2- Before beginning the book, he spent five years on research.
3- After I had finished school, I went to America.
4- He wrote his first book after returning from England
.
كتب كتابه الأول بعد عودته من لندن.
5- I'll give you a call after I arrive. سأتصل بك بعد ما اصل.
6- After I left school, I went to Italy.
بعد ما تركت المدرسة ذهبت إلى إيطاليا.
7- I'll telephone you before I come.
8- While they were playing cards, somebody broke into the house.
بينما كانوا يلعبون الشدة(ورق اللعب) اقتحم شخصا البيت.
9- While you were reading the paper, I was working.
بينما كنت تقرا الجريدة أنا كنت اعمل.
10- While reading the book, I noticed some mistakes.
أثناء قراءة الكتاب لاحظت بعض الأخطاء.

If إذا، لو، أن Unless ما لم، إلا إذا

المعنى	
أمثلة	1- If you see him, give him this letter. إذا رأيته أعطه الرسالة. 2- I'll come and see you if I have enough time tomorrow. سآتي لاراك غدا إذا كان عندي وقت كاف. . 3- Unless something happens, I will see you next week. ما لم يحدث شيء سأراك غدا. 4- Come tomorrow unless I phone.

Incidentally, By the way

المعنى	بالمناسبة، على فكرة.
أمثلة	1- I was talking to Ahmed yesterday. Oh, by the way, he sends you his regards. كنت أتحدث مع احمد البارحة.أوه بالمناسبة هو يرسل لك تحياته. 2- 'Lovely sunset.' 'Yes, isn't it? Oh, incidentally, what happened to that bike I lent you?' 3- Incidentally, that restaurant you told me about is excellent. على فكره المطعم الذي أخبرتني عنه جيدا. 4- Oh, by the way, I saw your father yesterday. أه بالمناسبة أنا رأيت أبوك يوم أمس.

Exercises

-Choose the correct answer in brackets.

1- Ahmed didn't study well ……….. he was very ill.

(because, because of, despite).

2- The weather was rainy, ………… I went out.

(if, although, nevertheless).

3- We won't pass the exam …………. we work hard.

(if, unless, so, because)

4- ………… Ahmed and Ali are friends, they don't visit each other.

(Despite, Although, Because)

5- ………… his good experience, he didn't pass the test.

(Despite, As, Although).

6- ……….. the headmaster arrived, I met him.

(So that, As soon as, Otherwise).

7- He woke up late ……… he missed the bus.

(so, in spite of, so as to).

8- Friendship isn't bad; ………………., it's good.

(therefore, on the contrary, so).

9- He studied hard; ……………, he didn't pass the exam.

(provided that, meanwhile, however).

10- The meeting was delayed ………… the bad weather.

(because, because of, nevertheless)

- Combine the following pairs of simple sentences using the words in brackets.

اربط الجمل البسيطة التالية باستخدام الكلمات الموجودة بين الاقواس.

1- He had his breakfast. He went out. (and)

2- I won't go to Amman. You give me some money. (unless)

3- The questions were simple. I didn't answer them. (although)

4- He studied hard. He failed the exam. (but).

6- Study hard. You won't get high grades. (otherwise)

7- I didn't know how to get to the school. I asked someone. (so)

8- My father didn't visit his friend. It was raining heavily. (because).

9- Ahmed stayed at home. He was very tired.(since).

10- To succeed in exams you should prepare your lessons. You should study daily. (in addition)

Verb to be فعل الكينونة

Form of verb to be اولا: شكل فعل الكينونة

Pronoun	V1	V2	V3	Pronoun	V1	V2	V3
I	am	was	been	we	are	were	been
you	are	were	been	you	are	were	been
he, she, it	is	was	been	they	are	were	been

Use of verb to be ثانيا: استعمال فعل الكينونة

يستخدم فعل الكينونة (Be) كفعل مساعد (Auxiliary Verb) ، وأيضا كفعل رئيسي (Main Verb) وفيما يلي أهم استخداماته:

1- يستعمل فعل الكينونة لتكوين الأزمنة المستمرة في الكلام المبني للمعلوم كما يلي:

1- They are fixing the computer now. يصلحون الكمبيوتر الآن.

2- We were watching TV when the bell rang.

كنا نشاهد التلفاز عندما رن الجرس.

3- He will be waiting for me at the airport. سيكون منتظرني في المطار

2- يستعمل فعل الكينونة مع المبني للمجهول، مثل:

1- This house was built in 1990. بُني هذا البيت عام 1990

2- Palms are grown in Iraq. تُزرع أشجار النخيل في العراق.

3- The project will be completed next month.

سيتم إنهاء المشروع الشهر القادم.

3- يستعمل فعل الكينونة كفعل عادي(تام)، عندما يعطي معلومات عن شيء أو شخص، مثل:

1- Ahmed is a firefighter. احمد رجل إطفاء.

2- Reem is a secretary. تعمل ريم سكرتيرة.

3- Ail is at the bookshop. علي موجود في المكتبة.

4- The students were in the class. كان الطلاب في الصف.

4- يســتعمـل فعـل الكينونة مع كلمة (There) وتأتي بمعنى (يوجد، هناك)، وغالبا تدل على وجود شخص أو شيء، مثل:

1- There is a man at the door. يوجد رجل عند الباب.
2- There are two answers to this question. هناك إجابتين لهذا السؤال.
3- There was a strange man at home. كان هناك رجل غريب في البيت.
4- Is there enough time? هل يوجد وقت كافٍ؟

5- يستعمل فعل الكينونة مع المصدر لإعطاء تعليمات وإبلاغ أمور هامة بصيغة الإجبار،مثل:

1- Khalid is to stay at home. يجب أن يبقى خالد في البيت.
2- You are to sleep early. يجب عليك أن تنام مبكرا.

6- يستعمل فعل الكينونه مع (About, Just about) للتعبير عن عمل سوف يحدث في المستقبل القريب ، مثل:

1- They are about to leave home. على وشك أن يغادروا البيت.
2- They were just about to leave home. كادوا أن يغادروا المنزل.

7- يستعمل فعل الكينونة كفعل تام مع (It is) للتعبير عن التاريخ ،المسافة، الزمن، الطقس ،السعر ،الارتفاع ،العرض ،العمق ،العمر ،الحجم، مثل:

1- What date is it? It's March 9.
2- How far is it from Amman to Aqaba? It's 350 miles.
3- What time is it? It's 10 o'clock.
4- It is a rainy day.
5- How much is it? It's 15 dinars.
6- How high is this tree? It's three meters high.
7- How wide is this building? It's 20 meters wide.
8- How deep is that pool? It's 3 meters deep.
9- How old are you, Ahmed? I am 15 years old.
10- What is the size of your waist? It is 30 inches.

8- يستعمل فعل الكينونة قبل الأسماء والصفات والظروف وأحرف الجر، مثل:

1- Muhammad is a prophet محمدٌ نبيٌ
2- He was a soldier. كان جندياً.
3- Ibrahim is happy. إبراهيم سعيد.
4- Those students are clever. هؤلاء الطلاب أذكياء.
5- Ahmed was here. كان احمد هنا.
6- She is very beautiful. إنها جميلة جداً.
7- I am always proud of myself. أنا دائما فخورا بنفسي .
8- Ali is from Jordan. علي من الأردن.

Exercises

- Choose the correct word in the brackets.

اختر الإجابة الصحيحة من بين الأقواس:

1- I (am, is, are) doing the dishes now.

2- Climbing mountains (is, are, am) hard.

3- There (is, am, are) books on the table.

4- Ali as well as Ahmed (is, am, are) friends.

5- It (is, am, are) a sunny day.

6- There (is, am, are) blood on your shirt.

7- One of my friends (is, are, am) Lebanese.

8- They (was, were, is) sleeping in the room.

9- (Is, Am, Are) Syria bigger than Iraq?.

10- Where (are, is, am) the boys?

11- A fly (is, are, am) an insect.

12- There (were, was, is) a lot of girls at the party.

13- (Is, Are, Am) you Sami's sister?

14- I (am not, isn't, aren't) from Amman.

15- Thirty dinars (is, am, are) enough.

16- We (was, were, are) at the cinema last night.

17- The pants (is, are, am) in the washing machine.

18-My sister's house (is, am, are) next to the mosque.

19- My shoes (is, am, are) big.

20- My brother's jeans (is, am, are) a bit too tight.

- Fill in the blanks with (is, am, or are):

: (is, am, are) املأ الفراغات بـ

1- Our house ---- wide.

2- Ali and Mona ---- brothers.

3- Cars ---- faster than Lorries.

4- There ---- two letters for you.

5- Where ---- your father?

6- ---- the doctor in his office?

7- I ---- afraid of darkness.

8- ---- there any apples in the refrigerator.?

9- I ---- a student from Cairo.

10- Life ---- sweet.

11. ---- you Jordanian?

12- There ---- a car in the parking.

Verb to have   فعل التملك

Form of verb to have   اولا: شكل فعل التملك

Pronoun	V1	V2	V3	Pronoun	V1	V2	V3
I	have	had	had	we	have	had	had
you	have	had	had	you	have	had	had
he, she, it	has	had	had	they	have	had	had

Use of verb to have   ثانيا: استعمال فعل التملك

يستخدم فعل التملك (have) كفعل ناقص (مساعد) وفي هذه الحالة لا يكون له معنى، وأيضا كفعل تام (عادي) بمعنى (يملك، يتناول، يأخذ...) وعندما يستعمل كفعل تام فأنه يأخذ جميع أشكال الفعل وهي(المجرد: have، والمفرد: has، الماضي: had، المستمر: having،التام: had) وفيما يلي أهم استخداماته:

أ. يستعمل فعل التملك كفعل ناقص وذلك في الحالات التالية:

1- مع المضارع التام (Present Perfect) بمعنى (لقد)، مثل:

1- Ali has gone to the shop.   لقد ذهب علي إلى البقالة.

2- They have slept in the hotel.   لقد ناموا في الفندق.

2- مع الماضي التام(Past Perfect) مثل:

1- I had met my friend before he entered to class

كنت قد قابلت صديقي قبل أن دخل الصف.

2- Mona had left when I called her.   كانت منى قد غادرت عندما اتصلت بها.

3- مع المضارع التام المستمر(Present Perfect Continuous)، مثل:

1- It has been raining since 9 o'clock   ما زالت تمطر منذ الساعة التاسعة.

2- I have been playing football since 4 o'clock

لا أزال العب كرة قدم منذ الساعة الرابعة.

4. مع الماضي التام المستمر (Past Perfect Continuous)، مثل:

1- He had been reading when his friend came.

كان يدرس عندما جاء صديقه.

2- My father had been living in Paris before he moved to London.

كان والدي يعيش في باريس قبل أن تحرك إلى لندن.

5- يستعمل فعل التملك كفعل ناقص وذلك حسب القاعدة التالية:

{ Verb to have (has, have, had) + Object + Past Participle.}

نستعمل هذه القاعدة عندما نوكِّل شخصا آخر بالقيام بعمل ما لنا، مثل:

1- I had my hair cut. قصصت شعري.

(لاحظ أن الذي قام بعملية قص الشعر هو شخص آخر)

أما إذا أراد الشخص أن يقص شعره بنفسه فيقول: I had cut my hair.

2- She had her car repaired. أصلحت سيارتها.

3- Ahmed had his eyes tested. أجرى احمد فحصا لعيونه.

6- يستعمل فعل التملك كفعل ناقص وذلك حسب القاعدة التالية:

{Verb to have(has, have, had)+Object+ Present Participle(V + ing)}

1- He has me washing the car every day. يجعلني اغسل السيارة كل يوم.

2- I will have her ironing my clothes quickly. سأجعلها تكوي ملابسي بسرعة.

3- They had Rami singing a song. جعلوا رامي يغني أغنية.

7- يستعمل فعل التملك مع المصدر للتعبير عن الإلزام (Obligation)، مثل:

1- I have to leave home. يتوجب عليّ أن أغادر البيت.

2- You have to attend today's meeting.

يتوجب عليك أن تحضر اجتماع اليوم.

3- Nour had to go to work by bus because her car broke down.

توجب على نور أن تذهب إلى العمل بالباص لان سيارتها تعطلت.

4- He has to see the headmaster after finishing the lesson.

يتوجب عليه أن يرى المدير بعد انتهاء الدرس.

ب. يستعمل فعل التملك كفعل تام (Full Verb) وذلك في الحالات التالية:

1- يستعمل فعل التملك قبل الاسم للدلالة على الملكية(Possession) بمعنى(يملك ، لديه، عنده ،به، بها)،مثل:

1- Sara has a new car تمتلك سارة سيارة جديدة.

2- He has two children, a boy and a girl. لديه طفلان،ولد وبنت.

3- I have too much time. عندي وقت كثير.

4- The room has two beds. الغرفة بها سريرين.

2- يستعمل فعل التملك بمعنى (يتناول، يأخذ، يقوم بـ يصاب بـ ،يواجه، يمضي) ، مثل:

2- The guests .1- My father has his lunch at 2 o'clock. يتناول أبي الغداء الساعة الثانية.
are having dinner in the garden now.

يتناول الضيوف العشاء في الحديقة الآن

3- My brother had (got) a hot bath. اخذ أخي حماما ساخنا.

4- We are having a meeting next week. سنقوم باجتماع الأسبوع القادم.

5- People have (got) flu in winter يصاب الناس بالأنفلونزا في فصل الشتاء.

6- At the beginning I had a lot of problems. في البِداية أنا كَانَ عِنْدي الكثير مِنْ المشاكلِ

7- I had a good time with my friends. أمضيت وقتا جيدا مع أصدقائي.

Exercise

- Fill in the blanks with (have or has):

املأ الفراغات بـ (has أو have) :

1- That man …….. a lot of money.

2- I …….. three children.

3- Those men …….. a lot of things in common.

4- The house……….. three rooms.

5- She ………. beautiful eyes.

Verb to do فعل العمل

Form of verb to do أولا: شكل فعل العمل

Pronoun	V1	V2	V3	Pronoun	V1	V2	V3
I	do	did	done	we	do	did	done
you	do	did	done	you	do	did	done
he, she, it	does	did	done	they	do	did	done

ثانيا: استعمال فعل العمل Use of verb to do

يستخدم فعل العمل (do) كفعل ناقص (مساعد) وفي هذه الحالة لا يكون له معنى، وأيضا كفعل تام (عادي) بمعنى (يعمل، ينجز،يؤدي الماضي: did، المستمر: doing، التام: done). وفيما يلي أهم استخداماته:

1. يستعمل(do, does) في الزمن المضارع البسيط لتشكيل حالتي الاستفهام والنفي،بحيث نستعمل(do) مع الضمائر (they, I, you, we) وأما (does) نستعملها مع (he, she, it)مثل:

1- Do you speak English? هل تتكلم الإنجليزية؟
2- Does Malik swim well? هل يسبح مالك جيداً؟

2. يستعمل(did) مع جميع الضمائر في الزمن الماضي البسيط لتشكيل حالتي الاستفهام والنفي، مثل:

1- Did he go to school yesterday? هل ذهب إلى المدرسة البارحة؟
2- Ahmed didn't treat us kindly. لم يعاملنا احمد بلطف.

3. يستعمل فعل العمل كفعل رئيسي بمعنى (يفعل، يؤدي، ينجز) وذلك مع:

أ- الزمن المضارع:

1- I do my duty everyday. اعمل واجبي كل يوم.
2- Ayman does his homework daily. يعمل ايمن واجبه البيتي يوميا.

ب- الزمن الماضي:

1- They did their project last year. عملوا مشروعهم السنة الماضية.
2- Anas did his work faithfully. أدّى انس عمله بإخلاص.

ج- اسم المفعول (التصريف الثالث للفعل):

1- We have done our job lately. لقد أدينا عملنا مؤخراً.
2- Mona has just done her work . لقد عملت منى واجبها للتو .

4. يستعمل أفعال العمل للتوكيد(Emphasis) وذالك في الحالات التالية:

أ- التأكيد على دعوة شخص ما (*Invitation*)، مثل:

-Do come for having dinner with me..تعال لتناول العشاء معي

ب- التأكيد لطلب شيء بأدب من شخص ما(***Polite Request***)، مثل:

-Do open your book, please. افتح كتابك رجاءا

ج- التأكيد لاعطاء أمر ما\(*Command/ Imperative*)، مثل:

- Do stop talking, children.   توقفوا عن التكلم يا أطفال

د- التأكيد لإزالة الشك عند المستمع (*Doubt*)، مثل:

1- I do prepare my lessons.   احضّر دروسي.

2- He does go to school daily.   يذهب إلى المدرسة كل يوم.

3- I did told him at the meeting.   أخبرته في الاجتماع.

5- يستعمل فعل العمل مع الأسئلة الذيلية(*Question Tag*)، مثل:

1- They don't pass the exam, do they? No, they don't.

2- The sun rises in the morning, doesn't it? Yes, it does.

6- يستعمل فعل العمل مع أسئلة (*Wh- Questions*)، مثل:

1- What did you buy? Some books.

2- How often do you visit your grandmothers? Once a week.

Exercise

Choose the correct answer in brackets:

1- I ……….. like this kind of stories. (don't, doesn't).

2- ……… you speak English well? (Do, Does)

3- ……… she study every day? (Do, Does).

4- This man ………… have a car. (don't, doesn't).

5- They ………….. eat meat. (don't, doesn't).

6- How long …... it take to Petra? (does, do).

7- How often ……..you visit your friend in Argentina?. (do, does).

Verb Form أشكال الفعل

<u>هناك أربعة أشكال للفعل في اللغة الإنجليزية و هي:</u>

أ- الفعل المجرد (التصريف الأول للفعل) ***Base Form*** وهو أساس الفعل والذي تشتق منه جميع التصاريف اللغوية ويرمز له بـ (*V*)، مثل:

read يقرأ	**eat** يأكل	**go** يذهب
study يدرس	**walk** يمشي	**sleep** ينام

- نستخدم الفعل المجرد (**Base Form**) في الحالات التالية:

1- يستخدم مع الزمن المضارع البسيط (**The Simple Present Tense**) بشرط أن يكون الفاعل جمعاً أو أحد الضمائر التالية (**I, we, you, they**)، كقولنا:

1- The students <u>go</u> to school every day. يذهب الطلاب إلى المدرسة كل يوم.
2- I <u>clean</u> my car daily. انظف سيارتي يوميا.
3- They speak English fluently. يتكلمون اللغة الإنجليزية بطلاقة.

2- يستخدم مع جمل الأمر (**Imperative Sentences**)، مثل:

1- <u>Read</u> hard to pass ادرس بجد لكي تنجح.
2- <u>Respect</u> your parents. احترم والديك.
3- Don't <u>smoke</u>, Ahmed. لا تدخن يا احمد.
4- <u>Get</u> out of here! اخرج من هنا!

3- يستخدم بعد الافعال الناقصة (**Modal Verbs**)، ونذكر منها:

(Can, could, shall, should, may, might, will, would, must, has to, have to, had to, etc)

1- We <u>could go</u> to Amman. يمكن أن نذهب إلى عمان.
2- I <u>can play</u> the piano. أستطيع العزف على آلة البيانو.
3- <u>I must leave</u> home immediately يجب أن أغادر البيت فورا.

4- يستخدم بعد (to) لتكوين المصدر (to + verb / base)، مثل:

1- He decided <u>to invite</u> them to the party. قرر أن يدعوهم للحفلة.

2- I want <u>to buy</u> that house. أريد أن اشتري ذلك البيت.

3- We like <u>to pray</u> in the mosque. نحب أن نصلي في المسجد.

5- يستخدم مع الأفعال (يجبر make، يجعل have) كما في القاعدة التالية:

{S + have, make, let, + Obj + V ... }

1- The mother made her daughter <u>clean</u> the room..

أجبرت الام ابنتها على تنظيف الغرفة.

2- I had my friend <u>drive</u> me to school. جعلت صديقي يوصلني إلى المدرسة.

3- My father let me <u>buy</u> the book.

6- في حالة النفي بعد (not)، مثل:

1- He doesn't <u>want</u> to go with you. لا يريد أن يذهب معكم.

2- I can not <u>swim</u> well لا أستطيع السباحة جيداً

3- I would rather no speak.

4- You had better not go alone.

7- مع الأسئلة التي تبدأ بفعل مساعد مثل (do, does, did)، مثل:

1- Do you <u>sleep</u> early? هل تنام مبكرا.

2- Did Ahmed <u>bring</u> the book? هل احضر احمد الكتاب؟

3- Does he <u>watch</u> T.V daily? هل يشاهد التلفاز يوميا؟

8- بعد (had better, would rather, would sooner)، مثل:

1- You'd better <u>go</u> to bed. من الأفضل ان تذهب الى النوم.

2- I would rather <u>eat</u> at home. افضل ان اكل في البيت.

3- I would rather <u>have</u> a Pepsi than a beer. افضل ان اشرب بيبسي من البيرة.

4- We had better <u>check</u> the schedule. من الأفضل ان نتحقق من الجدول.

ب- الفعل المجرد مضافا إليه (*s*-) أو (*es*-) وذلك إذا كان الفاعل مفردا أو أحد ضمائر الشخص الثالث (ضمائر المفرد الغائب)(*he, she, it*)، كقولنا:

1- Ali <u>visits</u> his uncle every week. يزور علي عمه كل أسبوع.

2. Reem often <u>watches</u> T.V at night. غالبا ما تشاهد ريم التلفاز في الليل.

3. It always <u>rains</u> in the winter. تمطر دائما في فصل الشتاء.

ج- الفعل المجرد مضافا إليه (*-ing*): هو الذي يتم تشكيله بإضافة (*-ing*) إلى الفعل الحاضر أو التصريف الأول للفعل(المصدر) مثل:

coming قادِم	visiting زائِر	thinking مُفَكر
playing لاعِب	sleeping نائِم	developing مُتطور

- نستخدم الفعل المجرد مضافا أليه (-ing) في الحالات التالية:

أ- في حالة الاستمرارية بعد الأفعال المساعدة التالية (is, am, are, was, were) لتشكيل المضارع المستمر وأيضا الماضي المستمر، مثل:

1- Hassan is looking for a job now. يبحث حسان عن وظيفة الآن.

3- They are playing football now. يلعبون كرة قدم الآن.

2- I am reading an exiting story at this moment.

أقرأ قصة ممتعة في هذه اللحظة.

3- Amer was having tea at 4 o'clock.

كان عامر يتناول الشاي في الساعة الرابعة

4- We were sleeping when the robbery happened.

ب- إذا جاء كاسم مصدر (Gerund) وهو فعل مجرد مضافا إليه (-ing) ويستخدم في الحالات التالية مثل:

1- في بداية الجملة كفاعل، مثل:

1- Cleaning the kitchen is hard work. تنظيف المطبخ عمل صعب.

2- Running is very useful. الجري مفيد جداً.

3- Sleeping is necessary for the body. النوم ضروري للجسم.

2- بعد حروف الجر، مثل:

1- I thanked her for cleaning the room. شكرتها لتنظيف الغرفة.

2- I traveled without seeing my friend. سافرت من غير رؤية صديقي

3- He became rich by working hard. اصبح غنيا لانه عمل بجد.

3- بعد أفعال معينة ،مثل: ينهي finish، يعتبرconsider ، يشتاق إلى miss يساند،يؤيد support ، يهرب escape يفسر explain، يتطلبinvolve ، يتجنب avoid ينكر deny، يقر admit ، يفهم understand، يندم regret ،يتخيل imagine ، يكره dislike

1- We have to avoid looking at the sun directly .

يجب أن نتجنب النظر إلى الشمس بشكل مباشر.

2- I dislike going to such places. اكره الذهاب إلى هذه الأماكن.

3- I have finished writing the report. لقد أنهيت كتابة التقرير

4- بعد (waste, spend)، مثل:

1- You waste too much time <u>watching</u> TV..أضعت وقتا كثيرا في مشاهدة التلفاز.
2- I spent ten days <u>writing</u> the research paper.

قضيت عشرة أيام في كتابة الورقة البحثية.

5- بعد فعل الكينونة (Verb To Be)، مثل:

1- This story is interesting.   هذه القصة ممتعة.
2- Those children are annoying.   هؤلاء الأطفال مزعجون.

6. يستخدم مع أفعال الحواس والشعور(see,hear,feel,smell,watch,notice,observe)
وأيضا مع الأفعال (find, stop, catch, taste) بحيث يأتي بعد هذه الأفعال مفعول به
(object) ثم فعل مضارع ينتهي بـ (ing-)، مثل:

1- They saw us going to school.
2- We heard him reading loudly.
3- He sees me playing football every day.
4- They watched us running quickly.
5- I found my sister crying in her room.
6- I caught the man stealing from the shop.
7- Can you stop the car making that noise?

ويمكن أيضا أن يتبع أفعال الحواس (see, watch, notice, hear, observe, feel, listen) مفعول به يليه
التصريف الأول دون أية زيادة، مثل:

1- They saw us go to school.
2- They watched us run quickly.
3- We heard him read loudly.

7. تستخدم بعد الأفعال (go, come) التي يتبعها أفعال نشاط بدني، مثل:

1- I will go shopping tomorrow.   سأذهب للتسوق غداً.
2- They will come playing with me next Friday. .

سيأتون للعب معي يوم الجمعة القادم
3- I will go swimming tonight.   سوف اذهب للسباحة الليلة.

د- الفعل المجرد مضافا إليه (*d*-) أو (*ed*-) وهو التصريف الثاني للفعل المضارع، مثل:

moved	**cleaned**	**opened**
visited	**studied**	**played**

- **نستخدم الفعل المجرد مضافا أليه (d-) أو (ed-) في الحالات التالية:**

أ- مع الأفعال المنتظمة وذلك في الزمن الماضي البسيط، مثل:

1- I visited my friend yesterday. زرت صديقي يوم أمس

2- They watched us run.quickly شاهدونا نركض بسرعة

3- Mona delayed the flight due to the rain.

أجّلت منى الرحلة بسبب المطر

ب- بعد الأفعال المساعدة التالية (has, have, had) لتكوين المضارع التام والماضي التام،مثل:

1- I have lived in Amman for seven years.

سكنت في عمان لمدة سبع سنوات.

2- He has already watched this film. لقد شاهد هذا الفيلم من قبل.

3- I had cleaned my room before my friends came.

كنت قد نظفت غرفتي قبل أن جاء أصدقائي.

ج- بعد الأفعال المساعدة التالية: (is, am, are, was, were, be, been, being) لتكوين المبني للمجهول، مثل:

1- The book was printed in many languages. طبع الكتاب بعدة لغات.

2- I am reminded by my father every day. أنا اذكَرُ مِن قِبل أبي كُلّ يوم

3- I am being visited by my friend these days.

أُزار من قبل صديقي هذه الأيام

4-The patients have been examined by the doctor. .

لقد تم فحص المرضى من قبل الدكتور.

5-The report has to be delivered by us today.

التقرير يجب أن يُسلم من قبلنا اليوم.

6-The house is cleaned by Mona every day.

يُنظف البيت من قبل منى كل يوم.

7-The marks were distributed by the teacher yesterday.

وُزعت العلامات من قبل المعلم البارحة.

د- يستعمل اسم المفعول (Past Participle) كصفة وذلك:

1- قبل الاسم الموصوف، مثل:

1- The broken widow.   الشباك المكسور
2- The opened door.   الباب المفتوح

2- بعد فعل الكينونة (Verb to be)، مثل:

1- I am tired today.   أنا متعب اليوم.
2- This driver is disabled.   هذا السائق مقعد.

Exercises

- Choose the correct answer in brackets.

1- Listen! The baby ……………..
(is crying, are crying, was crying).

2- I ……….. my lessons well yesterday.
(prepare, prepared, prepares).

3- Macbeth was ……….. by Shakespeare.
(write, wrote, written).

4- My brother …………. in London for three years.
(have lived, has lived, to live).

5- My father …………. three languages fluently.
(speaks, to speak, speak)

6- Don't ……… too silly.
(be, to be, being).

7- ……….. these questions carefully.
(Answering, Answer, Answered).

8- You can ………. by plane.
(goes, to go, go).

9- She doesn't ……….. the piano well.
(playing, plays, play).

10- The teacher finished……….... the lesson.
(explain, explaining, to explain).

- Complete the following sentences with the correct form of the verb between brackets.

1- This man ……… ten dinars last week. (lose).
2- Children ………. tennis at the moment. (play).
3- I ………. my work yet. (not/ finish)
4- Our teacher …………. English well. (speak).
5- The baby …………. when we came. (sleep).

Modal Verbs الأفعال الناقصة

.Can .1

وتعني يستطيع، يقدر، وتستعمل كما يلي:

أ- للتعبير عن القدرة (Ability)، مثل:

I can speak English. أستطيع أن أتكلم الإنجليزية.

ب- للتعبير عن السماح والإذن (Permission) والطلب (Request) ، مثل:

You can use my pen. تستطيع أن تستعمل قلمي.

Can I use the phone? هل أستطيع أن استعمل التلفون.

ج- للتعبير عن عدم القدرة (مع النفي)، مثل:

I can't speak French. لا أستطيع أن أتكلم الفرنسية.

د- للتعبير عن الاحتمالية (Possibility)، مثل:

He can be at home. (90 % certain)

هـ- للتعبير عن المنع (Prohibition)، مثل:

You can't wear jeans at work. (you aren't allowed to).

Could .2

وهي صيغة الماضي من (Can) وتعني يستطيع، يقدر، يمكن، يُحتَمل، وتستعمل كما يلي:

أ- للتعبير عن القدرة (Ability) مع الماضي، مثل:

The girl could have gone to school.

من المحتمل أن البنت قد ذهبت إلى المدرسة.

ب- للتعبير عن السماح والطلب، مثل:

Could I open the window? هل أستطيع أن افتح الشباك؟

Could I use your phone? هل أستطيع أن استعمل هاتفك؟

ج- للتعبير عن الاحتمالية (Possibility) في الحاضر والماضي، مثل:

Ali could be at home.(50% certain, it's possible he is at home)

من الممكن/ يمكن أن يكون علي في البيت

Ahmed could have been angry.

يمكن/ يحتمل أن احمد قد كان غاضباً

د- للتعبير عن الانتقاد بسبب عمل لم يتم تنفيذه في الماضي،مثل:

They could have come yesterday. كان باستطاعتهم أن يأتوا أمس.(ولكن لم يأتوا).

I could have visited him. كان باستطاعتي أن أزوره.(ولكن لم أزره)

May.3

وتعني ربما،يستطيع أو من الممكن، وتستخدم كما يلي:

أ- للتعبير عن الرجاء والاستئذان والطلب، مثل:

May I use the phone? هل من الممكن أن استعمل التليفون؟

May I make a phone call, please? ممكن أن اجري مكالمة هاتفية؟

ب- للتعبير عن السماح، مثل:

You may borrow the pen. تستطيع أن تستعير القلم

ج- للتعبير عن الاحتمالية (Possibility)، مثل:

She may be teaching. (50% certain, it's possible that she is teaching)

د- للتعبير عن المنع (Prohibition)، مثل:

You may not talk during the test.

Might .4

وهي صيغة الماضي من(May) وتعني ربما، من المحتمل أو يمكن، وتستخدم كما يلي:

أ- للتعبير عن الاحتمالية (Possibility) في الحاضر والمستقبل، مثل:

You might need to come tomorrow.

(40% certain, perhaps you need to come tomorrow)

Ayad might be at home. من المحتمل/يمكن أن يكون اياد في البيت

My friend might come tomorrow. من المحتمل أن يأتي صديقي غدا

ب- للتعبير عن الاحتمال في الماضي، مثل:

The boy might have gone to school من المحتمل أن الولد قد ذهب إلى المدرسة

ج- للتعبير عن الإذن (Permission)، مثل:

Might I smoke, Salim? هل يمكن أن أدخن يا سالم؟.

Might I bring my friend to the wedding?

د- للتعبير عن الطلب (Request)، مثل:

Might I borrow your pen? هل يمكن ان استعير قلمك الحبر؟

Will .5

وتعني سوف وتستخدم كما يلي:

أ- للتعبير عن الاستعداد والقدرة، مثل:

I will carry this box for you. سأحمل هذا الصندوق لك.

ب- للتعبير عن التأكيد المطلق، مثل:

I will come tomorrow. سوف آتي غدا.

ج- لتقديم دعوة (Invitation) ، مثل:

Will you have lunch? هل ترغب أن تتناول الغداء؟

د- للتعبير عن الطلب (Request)، مثل:

Will you give me a hand?

Would .6

وهي صيغة الماضي من (Will) وتعني يستطيع، يرغب، سوف أو يمكن، وتستخدم كما يلي:

أ- للتعبير عن طلب شيء بلطف (Polite Request)، مثل:

Would you mind opening the door? هل من الممكن أن تفتح الباب؟

ب- للتعبير عن الدعوة، مثل:

Would you like to come with us? هل ترغب أن تأتي معنا؟

ج- للتعبير عن التفضيل مع (Would rather) و (Would like)، مثل:

Mona would rather study history than mathematics.

تفضل/تحبذ منى دراسة/أن تدرس التاريخ عن الرياضيات.

I would like to (prefer to) stay at home than go to Amman.

افضل/أحبذ البقاء/أن أبقى في البيت على الذهاب /أن اذهب إلى عمان.

Shall .7

وتعني سوف وتستخدم كما يلي:

أ- للتعبير عن الاقتراح، مثل:

Shall we begin now? هل لنا أن نبدأ الآن؟

ب- تستخدم لطلب النصيحة، مثل:

Where shall I sleep? أين سأنام ؟

Which shirt shall I dress? أي قميص سألبس؟

Should .8

وهي صيغة الماضي من (Shall) وتعني ينبغي، يجب وتستخدم كما يلي:

أ- تستخدم لاعطاء النصيحة (Advice) ، مثل:

You should go to the dentist. ينبغي أن تذهب إلى طبيب الأسنان. You should try to make more of an effort.

ب- للتعبير عن التأنيب والانتقاد (Criticism) نتيجة لعدم القيام بعمل كان من المفترض عمله ولكن لم يتم هذا العمل.

I should have invited Samer to the party last week.

كان ينبغي أن أدعو سامر إلى الحفلة الأسبوع الماضي.

Ahmed should not have left the door open.

كان ينبغي على احمد أن لا يترك الباب مفتوحا.

ج- تستخدم لتقديم اقتراحات (Suggestions)، مثل:

What should we do this night? ماذا يمكننا أن نعمل هذه الليلة؟

Must .9

وتعني يجب،لا بد وتستخدم كما يلي:

أ- للتعبير عن الوجوب والإلزام (Necessity) ، مثل:

We must sleep early. يجب علينا أن ننام باكرا.

I must return these books soon.

ب- للتعبير عن المنع، مثل:

You must not leave your houses at night.

يجب عليكم ألا تغادروا منازلكم في الليل.

You mustn't walk on the grass. (It's forbidden).

ج- تستخدم للتعبير عن الاستنتاج أو الاستدلال، مثل:

I can not find my book. I must have left it at home.

لم استطع إيجاد كتابي،لا بد/ من المؤكد أنني قد تركته في البيت.

د- للتعبير عن الإجبار (Obligation)، مثل:

I must get more exercise.

Have to .10

وتعني يجب، يتوجب وتستخدم كما يلي:

أ- للتعبير عن الوجوب مع الحاضر والمستقبل، مثل:

I have to be home early.   يتوجب عليّ أن اصل البيت مبكراً.

ب- للتعبير عن الوجوب مع الماضي، مثل:

He had to go to school.   كان يجب عليه أن يذهب إلى المدرسة.

ج- للتعبير عن عدم الوجوب مع الحاضر والمستقبل، مثل:

I don't have to go with him today.   لا يتوجب عليّ أن اذهب معه اليوم.

د- للتعبير عن عدم الوجوب مع الماضي، مثل:

I didn't have to go with him yesterday. لم يكن واجبا عليّ أن اذهب معه البارحة.

Ought to .11

وتعني ينبغي أن، عليك أن، يحسن أن، وتستخدم كما يلي:

أ-   للتعبير عن النصيحة، مثل:

You ought to study harder in this semester.

ينبغي أن تدرس بجد اكثر في هذا الفصل.

ب- للتعبير عن التأنيب نتيجة لعدم القيام بعمل كان من المفترض عمله ولكن لم يتم هذا العمل.

You ought to have come to the meeting.. كان ينبغي عليك أن تأتي إلى الاجتماع

You ought to have helped the man. .

كان ينبغي عليهم أن يساعدوا الرجل.

ج- للتعبير عن الاحتمالية (Probability)، مثل:

She ought to be in Canada by now.
(90% certain, she will probably be in Canada).

Had better .12

وتعني يستحسن، يجدر أن أو من الأفضل أن، وتستخدم للتعبير عن النصيحة، مثل:

You had better take money with you. يستحسن أن تأخذ نقود معك.
You had better drive carefully. من الأفضل أن تسوق بحرص
You had better not go alone. يجدر بك ان لا تذهب وحيدا.

الافعال الظرفية Phrasal Verbs

اولا: تعريف الافعال الظرفية Definition of Phrasal Verbs

تعرَّف الافعال الظرفية أو الافعال المركبة بانها افعال متبوعة بحرف جر أو اداة ظرفية، مثل:
go back يعود، go on يستمر، get across يشرح، take off يقلع
set out ينطلق، get over يتغلب على، turn on يفتح،يشعل

ثانيا: معاني الأفعال الظرفية Meanings of Phrasal Verbs

1- معنى حرفي Literal Meaning

أي انه يوجد لكل من الفعل وحرف الجر أو الأداة الظرفية معنى حرفي، مثل:
live on يعيش على، depend on يعتمد على،succeed in ينجح في

2- معنى غير حرفي Non-literal Meaning

أي انه لا يوجد معنى حرفي لكل من الفعل وحرف الجر أو الأداة الظرفية، مثل:

get across يشرح، go for يهاجم، carry on يستمر، go with يناسب

ثالثا: أنواع الأفعال الظرفية Kinds of Phrasal Verbs

1- أفعال غير قابلة للانفصال.

وهي الأفعال التي لا يمكن للمفعول به أن يفصل فعلها عن الأداة الظرفية أو حرف الجر ، ويتبعها المفعول به سواء كان اسما أو ضميرا ومن الأمثلة على هذه الأفعال التي لا يمكن فصلها ما يلي:

get on يركب	go through ينجز، يتم
get over يتغلب على	go under يغرق، يفلس
get up يستيقظ،ينهض	go with يرافق، يناسب
get by يتدبر الأمر	go without يبقى دون
get through يكمل،ينجز	come back يعود
get into يبدأ، يدخل في	come through ينجو من

1- I got over my problems. تغلبت على مشاكلي.

2- He came through a heart attack last week.

نجا من سقطة قلبية الأسبوع الماضي

3- Ahmed went against his father's opinion yesterday.

خالف احمد رأي أبوه البارحة.

(لاحظ أن المفعول به في الجمل السابقة جاء بعد الأفعال الظرفية).

فلا يجوز أن نقول:

1- I got my problems over.

2- He came a heart attack through last week.

3- Ahmed went his father's opinion against.

2- أفعال قابلة للانفصال .

وهي الأفعال التي يمكن للمفعول به أن يفصل فعلها عن الأداة الظرفية أو حرف الجر، فإذا كان المفعول به اسما فأنه يتوسطها أو يتبعها، أما إذا كان الاسم ضميرا مثل (her, him, them us, it, you) فانه يتوسطها فقط، وأهم هذه الأفعال التي يمكن فصلها ما يلي:

1- Put on : to place clothes on your body.   يرتدي، يلبس

1- Mary *put on* her coat and left the room.

ارتدت ماري معطفها وغادرت الغرفة.

2- *Put* your hat *on* before you leave the house.

البس قبعتك قبل أن تغادر البيت.

2- Take off : to remove.   ينزع، يخلع.

1- John *took off* his jacket as he entered the office.

خلع جون الجاكيت عندما دخل المكتب.

2- *Take* your sweater *off*. The room is very warm.

اخلع سترتك ، الغرفة دافئة.

3- Turn on: to start or cause to function.   يشعل (النور)، يفتح.

1- Please *turn on* the light. It's too dark in here.

من فضلك أشعل النور، إنها مظلمة هنا.

2- Do you know who *turned* the air conditioner *on*?

هل تعرف من فتح مكيف الهواء؟

4- Turn off/ switch off/ shut off: to cause to stop functioning.   يطفئ.

1- Please *turn off* the light when you leave the room.

أطفئ النور عندما تغادر الغرفة.

2- Are you really listening to the radio, or should I *turn it off*?

5- Get up/ wake up : arise, to make someone arise.   يستيقظ، يوقظ.

1- She *gets up* at seven o'clock every morning.

تستيقظ الساعة السابعة تماما كل صباح.

2- At what time should we *get* the children *up* tomorrow?

في أي وقت ينبغي أن أوقظ الأطفال غدا؟

3- My alarm o'clock *wakes* me *up* at the same time every day.

يوقظني المنبه في نفس الوقت غدا

6- Try on: to wear clothes, to check the style or fit before buying..يقيس أو يجرب ثوبا

1- He *tried on* several suits before he picked out a blue one.

قاس بدلات عديدة قبل أن يختار البدلة الزرقاء.

2- Why don't you *try* these shoes *on* next? لما لا تجرَب هذا الحذاء؟

7- Get back: to return. يعود، يرجع.

1- Mr. John *got back* from his business trip to Chicago this morning.

رجع السيد جون من رحلة عمل إلى شيكاغو هذا الصباح.

2- Could you *get* the children *back* home by five o'clock?

هل بإمكانك أن ترجّع الأطفال الساعة الخامسة؟

8- Put off: to postpone. يؤجّل.

1- Many students *put off* doing their assignment until the last minute. اجَّلَ الطلاب عمل الوظيفة حتى الدقيقة الأخيرة.

2- Let's *put* the party *off* until next weekend, okay?

دعنا نؤجل الحفلة حتى نهاية الأسبوع؟

9- Put out: to extinguish. يطفئ النار.

1- The fire fighters worked hard to *put* the fire *out*.

عمل رجال الإطفاء بجد ليطفئوا النار.

2- No smoking is allowed in here. Please *put out* your cigarette.

التدخين ممنوع هنا، الرجاء أن تطفئ سيجارتك.

10- Keep away from: to stay at a distance, to avoid يبتعد عن، يتجنب

1- Please be sure to *keep* the children *away from* the street!

تأكد أن تبعد الأطفال عن الشارع.

2- It's important for your health to *keep away from* dangerous drugs. من المهم أن تبتعد عن المخدرات من اجل صحتك.

11- Do over: to revise, to do again. **يراجع، يعيد مرة أخرى.**

1- You'd better *do* the letter *over* because it is written so poorly.

2- He made so many mistakes in his homework that the teacher made him *do* it *over*

عمل أخطاء كثيرة في واجبه البيتي فاجبره المعلم أن يعيدها مرة أخرى.

12- Give up: to stop trying, to stop a bad habit, surrender. **يقلع عن، يتوقف، يستسلم.**

1- I'm sure that you can accomplish this task. Don't *give up* yet!

أنا متأكد انك تستطيع ان تنجز هذه المهمة، لا تستسلم..

2- If you *give up* smoking now, you can certainly live a longer life.

لو تقلع عن التدخين الآن يمكنك أن تعيش حياة أطول.

3- The soldiers *gave* themselves *up* in the face of stronger enemy forces. استسلم الجنود في وجه الأعداء الأقوياء.

13- Fill in: to write answers in, to inform. **يملا الفراغ ، يبلغ.**

1- You should be careful to *fill* the blanks *in* the registration form correctly

ينبغي أن تملأ الفراغات بعناية في نموذج التسجيل.

2- She was absent from the meeting, so I'd better *fill* her *in*.

كانت غائبة عن الاجتماع لذلك ينبغي أن ابلغها.

14- Keep in mind/ bear in mind: to remember, not to forget. **يتذكر، يبقي في ذهنه**

1- Please *keep in mind* that you promised to call him around noon.

تذكر انك وعدت أن تتصل به عند الظهر.

2- I didn't know that Ahmed doesn't like vegetables. We should *bear* that *in mind* next time we invite him for dinner.

15- Take on: to employ, to hire.	يوظّف، يأخذ على عاتقه.

1- That factory is *taking* a lot of new employees *on* for its new production line.

يوظف المصنع العديد من الموظفين الجدد لخط إنتاجه الجديد.

2- Would you be willing to *take on* the task of organizing the next company picnic?

هل تأخذ على عاتقك تنظيم رحلة الشركة القادمة.

Exercises

-Choose the correct answer in brackets.

1- Our uncle always ……….. us on Friday evening.

(calls on, sets up, goes with out).

2- I can't do it because it goes ………. my principles.

(away, down, against).

3- I have …….. my difficulties by patience.

(got in, got over, got by).

4- I could not get ……… the bus because it was full.

(into, on, off)

5- I will join you as soon as I **get thorough** my work.

The underlined phrasal verb means …………

(start, finish, give).

- Choose the appropriate idiomatic expression to substitute for the itilized word or words in each sentence below.

1- His alarm clock is always set for six o'clock. He *arises* at the same time every day.

(puts on, gets up, turns off).

2- She *telephoned* her friend to tell him about the meeting.

(took off, turned on, called up).

3- Be sure to *switch off* the light before you leave your office.

(take off, turn off, put on).

4- *Remove* your jacket and sit down for a few minutes.

(Take off, Turn on, Get on).

Transitive and Intransitive Verbs
الفعل اللازم والفعل المتعدي

The intransitive Verb	اولا: الفعل اللازم

هو الفعل الذي لا يحتاج الى مفعول به لاتمام معنى الجملة، مثل:

1- Ahmed walks carefully.

2- The teacher speaks

3- Ali is swimming.

The transitive verb	ثانيا: الفعل المتعدي

هو الفعل الذي يحتاج الى مفعولا به او مفعولين لاتمام معنى الجملة، مثل:

1- I ate an apple.

2- I gave my sister a present.

3- She cleans the room.

ثالثا: هناك بعض الافعال تاتي كافعال لازمة ومتعدية في نفس الوقت وذلك حسب استعمالها في الجملة، مثل:

1- Open

  a- The window opened.   (لازم)

  b- The man opened the window.   (متعدٍ)

2- Stop

a- The car stopped.   (لازم)

b- The man stopped the car.   (متعدٍ)

3- Fly

a- The bird is flying.   (لازم)

b- Ahmed is flying the plane   (متعدٍ)

Relative Pronouns	**ضمائر الوصل**

تستعمل ضمائر الوصل لوصل جملتين(جملة رئيسية وأخرى ثانوية) تتحدثان عن نفس الشيء في جملة واحدة ، كما في المثال التالي:

a- I saw the man.   (Main Clause جملة رئيسية)
b- The man helped me.   (Subordinate Clause جملة ثانوية)

تصبح الجملة:

⟶ I saw the man <u>who helped me</u>.

(relative clause الجملة الموصولة)

✓ **مكونات الجملة الموصولة:**
تتكون الجملة الموصولة في اللغة الإنجليزية من العناصر التالية:

1. الجملة الرئيسية. (I saw).
2. الاسم الموصوف. (the man).
3. ضمير الوصل. (who).
4. الجملة الثانوية. (helped me).

- **ضمائر الوصل :**

ضمير الوصل	المعنى	الاستخدام
who	الذي، التي، اللذان، اللتان، الذين، اللواتي.	تستخدم عوضاً عن الفاعل العاقل .
which	الذي، التي، الذين، اللواتي، اللتين، اللذان.	تستخدم عوضا عن الفاعل غير العاقل.
whose	الذي له، الذين لهم، اللواتي لهن، التي لها.	تستخدم للعاقل والغير عاقل في حالة الملكية.
whom	الذي، التي، اللذين، اللواتي.	تستخدم بدلا من المفعول به العاقل.
where	حيث.	تستخدم للدلالة على مكان حدوث العمل.
when	عندما، الوقت الذي.	تستخدم للدلالة على زمن حدوث العمل.
what	ما، ماذا، الشيء الذي.	تستخدم بدلا من جملة the thing that.
that	الذي، التي، اللذين،اللذان، اللواتي.	تستخدم بدلا من الفاعل والمفعول به (عاقل وغير عاقل).
why	لماذا.	تستخدم للدلالة على سبب حدوث العمل.

وفيما يلي شرحا مفصلا لضمائر الوصل:

	Who -1
المعنى	الذي، التي، اللذان، اللتان، الذين، اللواتي.
الاستخدام	تستخدم للفاعل العاقل سواء كان مفردا أو جمعا، مذكرا أو مؤنثاً، بدلا من (he, she, they).
القاعدة	تكملة الجملة + فعل + who + فاعل عاقل.
ملاحظات	1. يأتي بعد (who) فعل. 2. يمكن أن نستخدم بدلا منها (that).

- أمثلة :

1- <u>Samer</u> is the player. <u>He</u> scored the winning goal.

➡️   Samer is the player who scored the winning goal.

سامر هو اللاعب الذي سجل الهدف الفائز.(لاحظ حذفنا (he) ووضعنا (who) منعاً للتكرار).

2- I saw the girl who/that got the first prize in memorizing the holly Koran   رأيت

البنت التي حصلت على الجائزة الأولى في حفظ القرآن الكريم.

3- I like teachers who/that teach hard.   4- I saw the   أحب المعلمين الذين يدرسون بجد.

children who/that were swimming in the river.

رأيت الأطفال الذين كانوا يسبحون في النهر.

	Which .2
المعنى	الذي، التي، الذين، اللواتي، اللتين، اللذان.
الاستخدام	تستخدم للفاعل غير العاقل سواء كان مفردا أو جمعا، مذكرا أو مؤنثاً بدلا من (it, they).
القاعدة	1- تكملة الجملة + فعل + فاعل + which + فاعل غير عاقل 2- تكملة الجملة + فعل + which + فاعل غير عاقل
ملاحظات	1. يمكن أن نستخدم بدلا منها (that). 2. يجوز حذف (which) من الجملة. 3. يمكن أن يأتي قبل (which) حرف جر مثل: (from, in, on, with, for, at, by)

- I have read <u>the letter</u>. Ali sent <u>it</u> for me.

➡️   I have read the letter which/that Ali sent to me.

لقد قرأت الرسالة التي ارسلها لي علي. (لاحظ حذفنا (it) ووضعنا (which) منعا للتكرار).

- This is <u>the dog</u>. <u>It</u> ate the meat last night.

→   This is the dog which ate the meat last night

1- Have you seen the book which/that Rami lost?

هل رأيت الكتاب الذي اضاعه رامي.

2- Are those the books Fadi bought yesterday?

هل هذه الكتب التي اشتراها فادي البارحة؟. (لاحظ اننا حذفنا ضمير الوصل (which) من الجملة)

3- The book from which I prepaered the poem is very useful .

الكتاب الذي حضّرت منه القصيده مفيد جدا.(لاحظ استعمال حرف الجر from قبل which).

ويجوز استعمال حرف الجر في نهاية الجملة التابعة(الثانوية)، كقولنا.

4- The book I prepaered the poem from is very useful
5- The music which we listened to last night was good.

ملاحظة: الجملة الموصولة يمكن ان تشتمل على (Noun + of which) وفي هذه الحالة فانها تحمل
معنى (whose)،مثل:

- I bought a magazine <u>whose</u> title is Contemparory Architectual Styles.

يمكن ان نستبدل (whose) بـ (Noun + of which)، فتصبح الجملة:

I bought a magazine, <u>the title of which</u> is Contemparory Architectual Styles.

ملاحظة: يمكن ان نستخدم (which) لتحديد الجملة كاملة، لاحظ الامثلة:
- Ali was late, <u>which</u> surprised me.

نلاحظ ان ضمير الوصل (which) يشير الى الجملة كاملة "Ali was late".

- Ahmed isn't at home yet, <u>which</u> worries me.
- They let us stay, <u>which</u> was kind of them.

	Whose -3
المعنى	الذي له، الذين لهم، اللواتي لهن، التي لها.
الاستخدام	تستخدم للعاقل والغير عاقل في حالة الملكية بدلا من (his, her, their, its, my, your, our, Ali's)
القاعدة	تكملة الجملة + فعل + اسم + whose + اسم عاقل أو غير عاقل
ملاحظات	يأتي بعد (whose) اسم.

- أمثلة:

- This is <u>the man</u>. <u>His</u> car was stolen yesterday.

　　This is the man whose car was stolen yesterday.

هذا هو الرجل الذي سرقت سيارته يوم أمس.(لاحظ حذفنا(his) ووضعنا (whose) منعا للتكرار.)

1- The widow is a woman whose husband is dead.

الأرملة هي امرأة التي مات عنها زوجها.

2- It is the school whose teachers are skilled.

إنها المدرسة التي معلميها ذوي خبرة.

3. Do you know the city whose streets are always clean?

هل تعرف المدينة التي دائماً شوارعها نظيفة؟

	Whom -4
المعنى	الذي، التي، اللذين، اللواتي.
الاستخدام	تستخدم للمفعول به العاقل بدلا من (him, them, her).
القاعدة	تكملة الجملة + فعل + فاعل + whom + فاعل عاقل
ملاحظات	1. يأتي بعد (whom) فاعل (ضمير) + فعل. 2. يمكن أن نستخدم بدلا منها (that). 3.يجوز حذف (whom) من الجملة. 4. يمكن أن يأتي قبل (whom) حرف جر مثل (from, in, on, with, for, at, by)

-　　أمثلة:

- These are <u>the authors</u>. We met <u>them</u> at the meeting.

　　These are the authors whom we met at the meeting.

هؤلاء المؤلفون اللذين قابلناهم في الاجتماع. (لاحظ إننا حذفنا (them) ووضعنا (whom) منعا للتكرار).

1- I went to the mosque in whom we prayed last week.

ذهبت إلى المسجد الذي صلينا فيه الأسبوع الماضي(لاحظ استعمال حرف الجر in قبل whom).

<u>ويجوز استعمال حرف الجر في نهاية الجملة التابعة(الثانوية)، كقولنا:</u>

2- I went to the mosque whom/that we prayed in last week.

3- This is the friend you can depend on .

هذا هو الصديق الذي تستطيع أن تعتمد عليه.

4- The student whom/that I taught was very clever.

الطالب الذي علمته كان ذكي جداً

5- The student to whom I gave the present was polite.

   (Or) The student whom/ that I gave the present to was polite.

الطالب التي لها أعطيت الهدية كان مؤدبا.(لاحظ مكان حرف الجر (to) في كلا الجملتين)

6- She is the woman about whom I told you.

هي المرأة التي أخبرتك عنها.

7- She is the woman whom I told you about.

8- They arrested six men, two of them are Swiss.

They arrested six men, two of whom are Swiss.

		Where -5
المعنى	حيث.	
الاستخدام	تستخدم للدلالة على مكان حدوث العمل.(city, town, village, building, store, etc.)	
القاعدة	فعل + فاعل + where + اسم مكان	
ملاحظات	لا يأتي بعد (where) فعل.	

- أمثلة :

- I like my city. The city I was born in it.

      → I like the city where I was born.

هذه هي المدينة حيث ولدت.(لاحظ إننا حذفنا (the city) ووضعنا (where) منعا للتكرار).

- This is the city. I was born in it.

      → This is the city where I was born.

لاحظ إننا ربطنا الجملتين عن طريق حذف حرف الجر (in) في الجملة الثانية. ونستطيع أن نبقي حرف الجر إذا أردنا استخدام ضمير الوصل (which) كما في المثال التالي:

This is the city which I was born in.

1- This is the village where my friend Ahmed lives.

هذه هي القرية حيث يعيش صديقي احمد..

2- This is the place where the crime happened.

هذا هو المكان الذي حدثت فيه الجريمة.

3- The building where he lives is very old.

البناية حيث يعيش قديمة جدا.

When -6	
المعنى	**عندما،الذي، الوقت الذي.**
الاستخدام	**the day, the time, the season, the occasion)للدلالة على زمن حدوث العمل (...**
القاعدة	**تكملة الجملة + فعل + فاعل + when + اسم زمان**

- أمثلة:

- I remember the day. The day I met her for the first time.

→ I remember the day when I met her for the first time.

أتذكر اليوم الذي قابلتها فيه للمرة الأولى.
(لاحظ أننا حذفنا (the day) ووضعنا (when) منعا للتكرار)

- I will never forget the day. I met you on that day.

→ I will never forget the day when I met you.

لاحظ إننا ربطنا الجملتين عن طريق حذف حرف الجر (on) في الجملة الثانية. ونستطيع أن نبقي حرف الجر إذا أردنا استخدام ضمير الوصل (which) كما في المثال التالي:

I will never forget the day which I met you on.

1- Spring is the season when the flowers bloom.

فصل الربيع هو الفصل الذي تتفتح فيه الأزهار.

2- 7: 30 is the time when my plane arrives.
3- Sunday is the day when she got married.
Or: Sunday is the day on which she got married.

What -7	
المعنى	ما، ماذا،الذي، الشيء الذي.
الاستخدام	يستخدم بدلا من جملة the thing that.
القاعدة	يمكن استخدام حرف جر قبل (what).

- أمثلة:

1- Tell me what you want. قل لي ماذا تريد.

2- Can you tell us what happened yesterday?

هل يمكنك أن تخبرنا ماذا حدث البارحة؟

3- This is a part of what you have gave me.

هذا جزء مما قد أعطيتني. (لاحظ استعمال حرف الجر of قبل what.)

4- I have listened what you were talking about .

لقد سمعت ما كنت تتحدث به.

Why -8	
المعنى	لماذا.
الاستخدام	تستخدم للدلالة على سبب حدوث العمل.
القاعدة	تكملة الجملة + فعل + فاعل + reason + why

- أمثلة:

1- I know the main reason why he is unhappy.

اعرف السبب الرئيسي لماذا هو غير سعيد.

2- I don't know the reason why he always comes late .

لا اعرف السبب لماذا يتأخر دائماً.

That -9	
المعنى	الذي، التي، اللذين،اللذان، اللواتي.
الاستخدام	- نستخدم (*that*) بدلا من ضمائر الوصل الأخرى في الحالات التالية : **أ- يمكن استعمال (that) بدلا من (who) في حالة الرفع في جمل التفضيل العليا (superlative) وتأتي بعدها ، مثل:** 1- This is the most exiting story that I ever read. . هذه هي القصة الأكثر متعة التي قرأتها في حياتي 2- Football is the best game that I ever played. . كرة القدم هي أفضل لعبة لعبتها على الإطلاق **ب- يمكن استعمال (that) بدلا من (whom) في حالة المفعول به، مثل:** - The man that (whom) we gave the money was one of the poor. كان الرجل الذي أعطيناه النقود واحدا من الفقراء. 2- Do you remember the man whom/that I gave the present? هل تذكر الرجل الذي أعطيته الهدية **ج- تستخدم (that) مع الجمل التي تبدأ بـ (was it, is it, it is, it was)، مثل:** 1- It is a great thing that you start to pray at the age of 7 years. انه لشيء عظيم أن تبدأ بالصلاة عند سن سبع سنين 2- Is it you that hit the child? **د - تستعمل (that) مع الكلمات التالية :** (one, anybody, nobody, somebody, someone, all, only, anything) 1- Ahmed is the only player that scored two goals in the match. احمد هو اللاعب الوحيد الذي سجل هدفين في المباراة. 2- We should thank anybody that helps us in this life. ينبغي أن نشكر أي شخص يساعدنا في هذه الحياة . 3- All that glitters is not gold. ما كل ما يلمع ذهباً. **هـ- بشكل عام يمكن استخدام ضمير الوصل (that) بدلا من جميع ضمائر الوصل الأخرى ما عدا (whose)، لاحظ الأمثلة:** 1-This is the room <u>where</u> I was born. . This is the room <u>that</u> I was born in. 2- This is the house <u>which</u> was broken in yesterday. This is the house <u>that</u> was broken in yesterday. 3- This is the doctor <u>whom</u> we visited last week. This is the doctor <u>that</u> we visited last week. 4- I will never forget the day <u>when</u> we got married. I will never forget the day <u>that</u> we got married

Kinds of Relative Clauses   أنواع الجمل الموصولة

تقسم الجمل الموصولة إلى قسمين هما:

1- جمل وصل محددة (Defining relative clauses): وهي الجمل التي تبدأ بأحد ضمائر الوصل وتعطي معلومات ضرورية لمعنى الجملة الرئيسية ، مثل:

People who hunt illegally should be punished.
The students who got high marks in the exams were happy.

(هذه الجملة تعني أن الطلاب الذين حصلوا على علامات عالية فقط كانوا سعداء أما البقية كانوا غير سعداء)

2- جمل وصل غير محددة (Non - defining relative clauses) :   وهي الجمل التي تبدأ بأحد ضمائر الوصل وتعطي معلومات إضافية غير ضرورية لمعنى الجملة الرئيسية وتقع بين فاصلتين (It's put between two commas) ، مثل:

Her mother, who is a kind woman, has helped her a lot.
The students, who got high marks in the exams, were happy.

(هذه الجملة تعني أن جميع الطلاب الذين حصلوا على علامات عالية كانوا سعداء سواء كانوا ناجحين أم لا، فلا يوجد تمييز بين اللذين نجحوا والذين لم ينجحوا).

Exercise
- Choose the suitable answer from those in brackets.

اختر الجواب الصحيح من بين الأقواس:

1- A playwright is a person …….. writes plays.
(which, who, whose).
2- A teacher is a person …….. job is to teach students.
(whom, who, whose).
3- The book ……….. I bought last week is interesting.
(which, how, who).
4- The apartment …….. Ahmed lives is mine.
(when, what, where).
5- The house …….. is surrounded by trees is ours.
(which, whom, who)
6- This is the man ……….. I told you about.
(whom, whose, which).

7- W.B Yeats is the poet ....was awarded the Noble Prize for literature.

(which, whom, who)

8- The man ......car was stolen is very sad.

(whom, whose, who).

9- The student .... I saw yesterday won the prize.

(whom, whose, which).

10- All the trees .... were here have been cut out.

(who, whose, that).

11- This is the reason........... she stopped writing.

(what, where, why).

12- The room .... he sleeps is that.

(when, why, where).

13- The man from............ we buy the newspapers has three children.

(whom, who, which).

14- The student .... the teacher dismissed is lazy.

(which, whose, whom).

15- The car .... colour is red belongs to us.

(whose, which, who).

16- The man .... car you bought is a friend of mine.

(whose, which, who).

17- The boy .... father is a teacher wrote this book.

(whose, which, who's).

18- She attended the meeting............. was held last week.

(whose, which, where).

19-7: 55 is the time .... my lesson begins.

(whose, when, where).

20-The house .... he lives is very expensive.

(whose, when, where).

- <u>Use relatives to combine the following sentences as</u> <u>in the example.</u>

اربط الجمل التالية باستعمال ضمير وصل مناسب

مثال:

The boy won the prize. He is my friend.

The boy who won the prize is my friend.

1- The man looks sad. His car was stolen.

2- The man is British. I met him yesterday.

3- The robbery happened last night. This is the place.

4- It is the most beautiful car. I have ever seen it.

English Tenses الازمنة في اللغة الانجليزية

❖ هناك ثلاثة أزمنة رئيسية في اللغة الإنجليزية وهي :

1- The Present tense الزمن الحاضر
2- The Past tense الزمن الماضي
3- The Future tense الزمن المستقبل

❖ الزمن الحاضر (المضارع) ويقسم إلى :

1- الزمن المضارع البسيط The simple present tense

أ- شكل المضارع البسيط Form of the Simple Present

- نضيف للفعل (s) إذا كان الفاعل (it, she, he) أو ما يقابلها من الأسماء.
- نضيف للفعل (es) إذا انتهى بـ :(o, s, ss, sh, ch, x, z)، أمثلة:

go: goes / fix : fixes / brush: brushes / bus: buses
express : expresses / watch: watches / buzz : buzzes

- نضيف للفعل (s) إذا انتهى بـ (y) وكان قبل حرف (y) أحد حروف العلة وهي (a, i, e, u, o) مثل:

say: says / buy: buys / play: plays

- نضيف للفعل(ies) إذا انتهى بـ (y) بشرط أن لا يسبقها أحد حروف العلة، مثل:

study: studies / carry: carries / marry: marries

ب- استعمال المضارع البسيط Use of the simple present

1- للدلالة على أعمال اعتيادية (Habitual Actions) يتم حدوثها بشكل متكرر، أمثلة:

1 - We always eat lunch at home. نحن دائما نتناول الغداء في البيت.
2- My father gets up at 7 o'clock every day.
يستيقظ أبي في تمام الساعة السابعة كل يوم.
3- I walk for three miles every morning. امشي مسافة ثلاثة أميال كل صباح.
4- I study for three hours every day. ادرس لمدة ثلاثة ساعات كل يوم.

2- للدلالة على حقائق علمية (Scientific Facts) ، أمثلة :

1- The sun rises in the morning.	تشرق الشمس في الصباح.
2- Wood floats on water.	يطفو الخشب فوق الماء.
3- Hens lay eggs.	يضع الدجاج بيضاً.
4- The sun rises in the east.	تشرق الشمس من الشرق.
5- Ferocious animals live on prey.	الحيوانات الشرسة تعيش على الفريسة.

3- للدلالة على أعمال سوف تحدث في المستقبل مخطط لها مسبقا، مثل:

1- My father leaves for Damascus tomorrow morning.

سيغادر أبي إلى دمشق غدا صباحا.

2- The party begins at 6 o'clock today.   سوف تبدا الحفلة الساعة السادسة اليوم.

4- يستعمل مع التعابير الزمنية التالية(while, when, as soon as)، مثل:

1- I will tell him the truth when he comes.   سأخبره الحقيقة عندما يصل.

2- She always gives me a call while I am having dinner.

3- My friends congratulated me on engagement as soon as I arrived.

ج- التعابير الزمنية للمضارع البسيط

Time expressions of the simple present

الدليل	المعنى	الدليل	المعنى
every (day, month...	كل(يوم، شهر...	usually	عادة
sometimes	أحيانا	never	لا، قطعا، أبدا
occasionally	أحيانا	frequently	بشكل متكرر
always	دائما	rarely	بشكل نادر
often	غالبا	generally	عموما
seldom	نادراً	once a day	مره كل يوم
daily, monthly..	يومياً، شهرياً ...	twice	مرتين
scarcely	نادراً	there times a day	ثلاثة مرات في اليوم
on Sundays	أيام الآحاد	from time to time	من وقت إلى آخر

1. Ali often comes late.   غالبا ما يأتي علي متأخرا.

2. We visit my uncle once a week.. نزور عمي مرة كل أسبوع.

3. It always rains in the winter. تمطر دائما في فصل الشتاء.
4. Children usually make a lot of noise at home.
5. We pray in the mosque daily. نصلي في المسجد يوميا.
6- He writes a letter to his friend from time to time.
7- I never drink wine. قطعا لا اشرب خمر.
8- The patient takes / has medicine three times a day.
9- My father flies to London frequently.
10- We play football on Fridays. نلعب كرة القدم أيام الجمع.

Negation of the simple present د- نفي المضارع البسيط

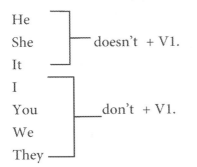

He
She — doesn't + V1.
It

I
You — don't + V1.
We
They

Examples:

1. They don't come to school every day..لا يأتون إلى المدرسة كل يوم
2. Snow doesn't fall in summer. لا يسقط الثلج في الصيف
3- The moon doesn't shine by itself.

Exercise

Use the simple present of the verb in parentheses.

1- Ahmed (wash) -------- his face everyday.
2- Every morning, the sun (shine) -------- in my bedroom window and (wake) ------- me up.
3- She always (eat) ---------- dinner with her family around six o'clock.
4- Ali usually (have) --------- lunch at the cafeteria.
5- The earth (revolve) ----------- around the sun.
6- The world (be) -------- round.
7- I (study) -------- for two hours every night.

The present continuous tense 2- الزمن المضارع المستمر

Form of the present continuous أ- شكل المضارع المستمر

He / She / It	is	V + ing.
I	am	
You / We / They	are	

Use of the Present Continuous ب- استعمال المضارع المستمر

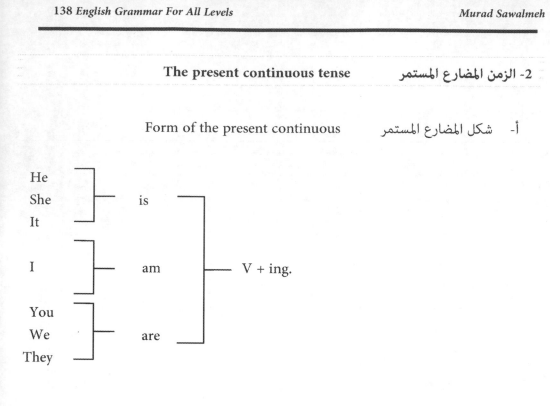

1- للدلالة على عمل يحدث الآن (أثناء وقت الكلام).

1- They are watching TV now يشاهدون التلفاز الآن.
2- What is she doing now? ماذا تفعل الآن؟
3- She is preparing tea at this moment. تعد الشاي في هذه اللحظة.

2- للدلالة على عمل سوف يحدث في المستقبل القريب مخطط له مسبقا، مثل:

1- I am visiting you tonight. سوف أزورك هذه الليلة

2- He is selling the car next week. سيبيع السيارة الأسبوع القادم

3- Ahmed is traveling to Qatar tomorrow. سوف يسافر احمد إلى قطر غدا.

ج- التعابير الزمنية للمضارع المستمر.

Time expressions of the Present Continuous

الدليل	المعنى	الدليل	المعنى
now	الآن	look!	انظر!
at the moment	هذه اللحظة	listen!	استمع!
nowadays	هذه الأيام	at this time	في هذا الوقت
these days	هذه الأيام	at the present time	في الوقت الحاضر
watch out !	احترس!	look out !	أحذر!
be quiet !	اهدأ!	hush!	اهدأ!

1. The people are standing at the bus stop now.
2. Our neighbor is thinking of expanding his shop these days.
3. Look! Children are playing football together.
4. I am reading the letter at this moment..أقرا الرسالة في هذه اللحظة

5- My brother is wearing a beautiful shirt. .يلبس أخي قميصا جميلا

6- My father is arriving home tonight. يصل أبي البيت الليلة.

7- Be quiet! The students are reading. اهدأ! الطلاب يدرسون.

8- Listen! Someone is crying at the moment..اسمع! شخص يبكي

Negation of the present continuous د- نفي المضارع المستمر

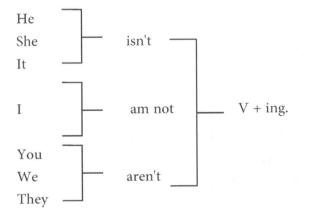

He / She / It — isn't

I — am not — V + ing.

You / We / They — aren't

Examples:

1. He isn't playing with his ball now. لا يلعب بكرته الآن.
2. I am not watching T.V these days. .أنا لا أشاهد التلفاز هذه الأيام

Exercise

Use the present continuous of the verb in parentheses.

1- Ali can't come to the phone because he (wash) --------- his hair.
2- Please be quiet. I (try) -------- to concentrate.
3- It (not/rain) ----------- right now.
4- John and Mary (talk) --------------- on the phone.
5- Look! It (snow) ------------- at the moment.

The present perfect tense 3- المضارع التام

Form of the present perfect أ- شكل المضارع التام

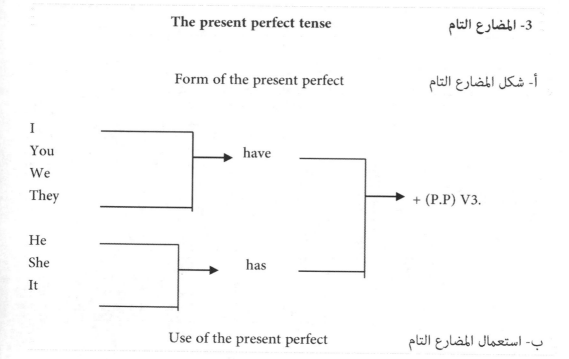

I / You / We / They → have
He / She / It → has
→ + (P.P) V3.

Use of the present perfect ب- استعمال المضارع التام

للدلالة على عمل ما قد بدا في الماضي وما زال مستمرا حتى الآن أو انتهى قبل قليل وآثاره الدالة عليه ما زالت ظاهره ويمكن تلمّسها.

1- I have lived in Amman for seven years..لقد سكنت في عمان منذ سبع سنوات
2- He has read three books so far. لقد قرأ ثلاثة كتب حتى الآن.
3- Have you ever read this novel? هل عمرك قرأت هذه الرواية؟
4- My brother has just finished writing the letter.

لقد انتهى اخي للتو من كتابة الرسالة.

ج- التعابير الزمنية للمضارع التام

Time expressions of the Present Perfect

الدليل	المعنى	الدليل	المعنى
since	منذ	lately	مؤخرا
for	لمدة	recently	حديثا
yet	بعد/ حتى الآن	at last	أخيرا
so far/up to now	حتى الآن	ever	أبدا
already	للتو، قبل قليل	just	للتو

1. He has taught English for five years.

2. I have lost my book recently. Can you help me look for it?

4. Have you ever been to London? Yes, I have (or) No, I haven't.

5. Have you written your homework, yet?

6- I have found my lost purse already.

7- The bus has just arrived..لقد وصل الباص للتو

8- Ali has been here since two hours. لقد كان هنا منذ ساعتين.

9- My brother has written a number of short stories lately.

10- Our team has won the match at last..لقد فاز فريقنا بالمباراة أخيرا

11- It has rained three times so far this morning.

12- Up to now, the teacher has given us three tests.

Negation of the present perfect   د- نفي المضارع التام

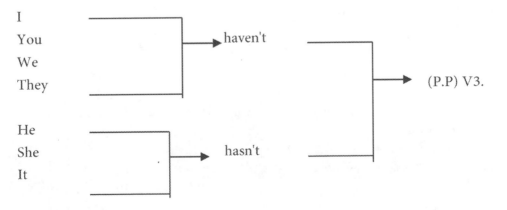

Examples :

1. He hasn't written to me since 2005.

2. I haven't seen my mother lately.

Exercise

Use the present perfect of the verb in parentheses.

1- We (take) ------ four tests so far this semester.
2- I (meet) ----- many people since I came to here in June.
3- I (know) ------------ him for ten years.
4- I (not/attend) -------- any parties since I came here.
5- Have you ever ------- to the Dead Sea? (be)

ملاحظات : 1- تستخدم التعابير الزمنية التالية (ever, yet) مع الأسئلة والنفي .

1. I haven't told them about the accident yet.
2. Have you ever bought a car?

2- (for) تستخدم عند وقوع الفعل من نقطة محددة في الماضي حتى الآن ، ويتبعها كمية الزمن أو طول المدة من لحظة حدوث الفعل في الماضي حتى الآن :

For ⟶ **three hours, a month, ten minutes, eleven years, many years, about two days, a long time, three months, an hour, etc.**

1- He was in prison for 20 years.
2- I am going away for a few days.
3- My father has worked as a teacher for about 15 years.

3- (since) تدل على أن عملا بدا في وقت محدد في الماضي وما زال مستمرا في الحدوث حتى وقتنا الحاضر، ويتبعها اسم الزمن:

Since ⟶ **7 o'clock, 1982, Sunday, April, lunchtime, January 3, 1982, yesterday, last month, the beginning of the semester, etc.**

1- I've been here since the end of June.
2- She hasn't seen since she married.
3- I've never taken a holiday since starting this job.
4- She has had a number of jobs since leaving university.
5- I haven't seen him since last Monday.

4- يعتبر الزمن المضارع التام من اكثر الأزمنة استعمالا وبشكل خاص في الإذاعة والصحافة والحوارات.

3- المضارع التام المستمر

The present perfect continuous tense

ا- شكل المضارع التام المستمر

Form of the present perfect continuous

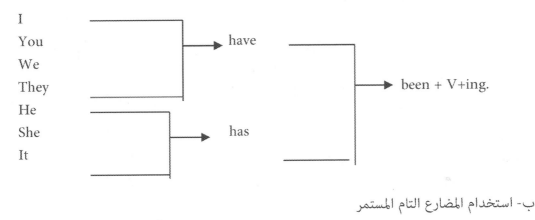

I / You / We / They → have

He / She / It → has

have / has → been + V+ing.

ب- استخدام المضارع التام المستمر

Use of the present perfect continuous

للدلالة على عمل بدا في الماضي ولا يزال مستمرا حتى الآن.

1- I have been working as a teacher for three years.
2- It has been raining since 9 o'clock
3- He has been sleeping in his room for five hours.
4- The workers have been building this school all this year.

ج- التعابير الزمنية مع المضارع التام المستمر

Time expressions of the present perfect continuous

الدليل	المعنى
since	منذ
for	لمدة
all this (evening , morning ...	طيلة هذا المساء الصباح...
all (time, day... ...	طوال الوقت، اليوم ...

1. We have been living in London since 1988.

2. My sister has been fixing the computer all day.

3. He has been reading a book for two hours.

4. The children have been watching a cartoon since two hours.

5- The team has been playing since 4 o'clock. يلعب الفريق منذ الساعة الرابعة

6- He has been having breakfast since half an hour..

يتناول الفطور منذ نصف ساعة

7- They have been learning English since three years.

يتعلموا الإنجليزية منذ ثلاث سنوات.

8- Ahmed has been reading all day and he hasn't finished yet. .

يقرا احمد طوال اليوم ولم ينته بعد.

9- My father has been waiting for an hour, but nobody has come yet.

ينتظر أبي منذ ساعة ولم يصل أحد بعد.

10- He has been teaching his son Italian since two months. .

يعلم ابنه الإيطالية منذ شهرين.

د- نفي المضارع التام المستمر

Negation of the present perfect continuous

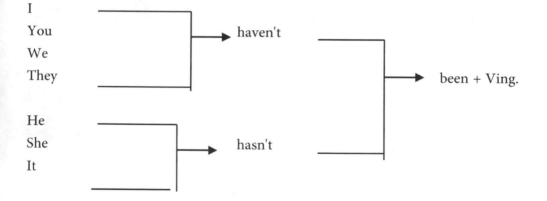

Examples:

1. I haven't been sleeping at home all this month.

2. He hasn't been writing letters since last October

ملاحظة : هناك أفعال عديدة تقبل الاستمرارية يمكن استعمالها في الزمن المضارع التام أو المضارع التام المستمر وهي :

(wait, stay, work, live, study, want, sleep, lie, stand, rain, learn   look, expect, rest, snow, sit, talk, etc).

1. I have been waiting for the dentist for three hours.

انتظر بطبيب الأسنان منذ ثلاث ساعات.

2. It has been snowing since 8 o'clock. تثلج منذ الساعة الثامنة.

3. Mona has been sitting in the waiting room since 9 o'clock.

تجلس منى في غرفة الانتظار منذ الساعة التاسعة.

4. The children have been swimming for three hours.

يسبح الأطفال منذ ثلاث ساعات.

5- He and I have been living in this country since 1995.

هو وأنا نعيش في هذا البلد منذ عام 1995.

Exercise

Use the present perfect continuous of the verb in parentheses.

1- He (work) ----------- at the same store for ten years.

2- I (sit) --------------- here since two hours.

3- Ahmed (talk) -------------- for an hour.

4- Ahmed and I (study) ----------- for three hours.

❖ الزمن الماضي، ويقسم إلى :

The simple past

1- الماضي البسيط

Form of the Simple Past

أ- شكل الماضي البسيط

يتركّب هذا الزمن من فاعل وفعل في التصريف الثاني (V2) سواء كان الفاعل مفردا أو جمعا.

$$S + V2$$

● يأتي الفعل ماضيا على عدة أشكال :

1. الفعل المنتظم (Regular Verb): بإضافة (d) أو (ed) إلى الفعل .

watch: watched   play: played   listen: listened

2. الفعل الشاذ (Irregular Verbs) : يتغيّر شكل الفعل عند تحويله للماضي.

come: came   meet: met   drink: drank

3. الفعل الثابت (Unchanged Verbs) : لا يتغير شكل الفعل عند تحويله للماضي.

put : put   cut: cut   set: set

Use of the simple past ب- استعمال الماضي البسيط

1. للدلالة على عمل بدأ وانتهى في الماضي دون تحديد زمن حدوثه.

1- I bought this car from Germany. اشتريت هذه السيارة من ألمانيا.
2- When did you visit Ibrahim? متى زرت إبراهيم؟

2. للدلالة على عمل بدأ وانتهى في الماضي مع تحديد زمن حدوثه.

1- I saw my friend yesterday. رأيت صديقي البارحة.
2- He sent a letter to his friend last week.
أرسل رسالة لصديقة الأسبوع الماضي.

3. للدلالة على عمل اعتيادي في الزمن الماضي.

1- He always visited his grandfather when he was a child.
كان دائما يزور جده عندما كان طفلا.
2- I often wrote articles in the newspaper. كنت غالبا اكتب مقالات في الجريدة

ج- التعابير الزمنية للماضي البسيط

Time expressions of the Simple Past

الدليل	المعنى	الدليل	المعنى
yesterday	البارحة	once	مرة
Last (week ...	الأسبوع الماضي	in the previous day	الأسبوع الماضي
ago	قبل	for a long time	لفترة طويلة
in 1990	سنة 1990	the day before	اليوم السابق
before two days	قبل يومين	in the past	في الزمن الماضي

1. I once met my uncle at school. أنا مرة قابلت عمي في المدرسة.
2. We enjoyed the party so much yesterday. استمتعنا بالحفلة كثيرا أمس.
3- She went on a holiday last month. ذهبت في عطلة الأسبوع الماضي.
4. My father visited New York in 1992. زار أبي نيويورك عام 1992.
5. We bought a car three week ago. اشترينا سيارة قبل ثلاثة أسابيع.
7- They were here before an hour. كانوا هنا قبل ساعة.
6- They worked in this factory for a long time
عملت في هذا المصنع لفترة طويلة.
8- Newton discovered gravity in the past. اكتشف نيوتن الجاذبية الأرضية.
9- We took the photographs in the previous week.

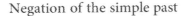

Negation of the simple past   د- نفي الماضي البسيط

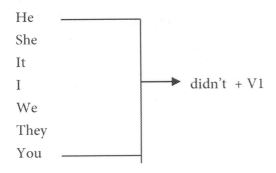

He
She
It
I   ⟶   didn't + V1
We
They
You

Example

1. I didn't invite him to the party.

2. My friend didn't have enough money to buy a car .

Exercise

Use the simple past of the verb in parentheses.

1- I (walk) ---------- to school yesterday.

2- He (buy) -------- a new car three days ago.

3- They (sleep) ----------- for seven hours last night.

4- Ahmed (stay) -------- in bed yesterday morning.

5- We (eat) -------- dinner at the restaurant last night.

6- I didn't have any money yesterday, so my friend (give) -------- me five dinars.

7- I (not/visit) ------------ my friend last week.

8- A: (you, go) ----------to class yesterday?

   B: No, I didn't. I (stay) ------ at home because I (feel/not) ------ good.

9- A: Did Mary (study) ------- last night?

   B: No, she didn't. She (watch) ------- TV.

10- My father (give) ------- me a lift yesterday.

The past continuous tense   2- الماضي المستمر

Form of the past continuous   أ- شكل الماضي المستمر

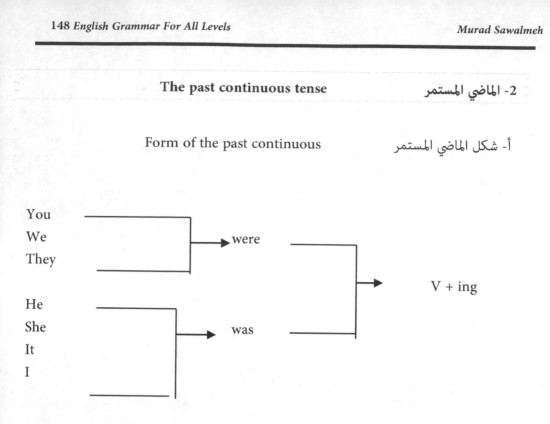

You
We
They
→ were

He
She
It
I
→ was

V + ing

Use of the past continuous   ب- استعمال الماضي المستمر

1. **للدلالة على عمل حدث في الزمن الماضي واستمر لفترة معينه في الماضي دون تحديد زمن حدوثه.**

1- They were playing football.
2- My mother was cooking dinner.

2. **للدلالة على عمل كان مستمرا لبعض الوقت في الماضي مع تحديد زمن حدوثه.**

1-We were having lunch at 3 o'clock.
2- I was reading at the library an hour ago.

3 - للدلالة على حدث كان مستمرا عندما حصل حدث آخر في الماضي   (الفعلين حدثا في نفس اللحظة).

1- We were watching TV when my brother called.
2- While it was raining, he left the house.
3- As our family were having breakfast, someone knocked at the door.

ج- التعابير الزمنية للماضي المستمر

Time expressions of the past continuous

الدليل	المعنى
when	عندما
while	بينما
as	بينما

1. My sister was reading a book in bed when I came.

كانت أختي تقرا كتابا في السرير عندما جئت.

2. We had tea while our children were playing tennis.

تناولنا الشاي بينما كان الأطفال يلعبون التنس.

3. As the boys were going to school, it rained heavily.

بينما كان الاولاد ذاهبين الى المدرسة امطرت السماء بغزارة.

4. When I arrived, my mother was preparing lunch

عندما وصلت كانت أمي تحضِّر الغداء.

5- My brother was sleeping when I entered home.

كان أخي نائما عندما دخلت البيت.

6- He saw us as we were running around the garden.

رَآنا بينما نحن كُنّا نَرْكضُ حول الحديقةِ.

Negation of the past continuous د- نفي الماضي المستمر

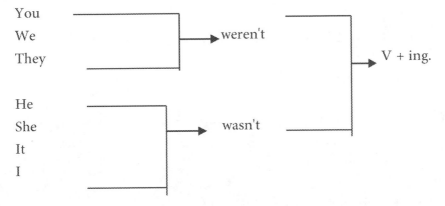

You / We / They → weren't → V + ing.

He / She / It / I → wasn't → V + ing.

Example:

1. I wasn't reading when my friend phoned.
2. We weren't sleeping when my father arrived.

Exercise

Use the past continuous of the verb in parentheses.

1- I (work) ----------- when the phone rang.

2-Sally was eating dinner when someone (knock) ------- at the door.

3- My friend's parents (call) ------ him while we were watching TV.

4- While my father (read) ---------- the story, he fell asleep.

5- A: What's wrong with your foot?

 B: I (step) -------- on a bee while I (run) ------ barefoot through the grass.

6- I was walking down the street when it (begin) ------ to rain.

7- I (stand) --------- under a tree when it began to rain.

8- While he (walk) ------ to class, he saw Mr.Ali.

10- He was studying for a history exam when the lights (go out) --------.

The past perfect   3- الزمن الماضي التام

Form of the past perfect   أ- شكل الماضي التام

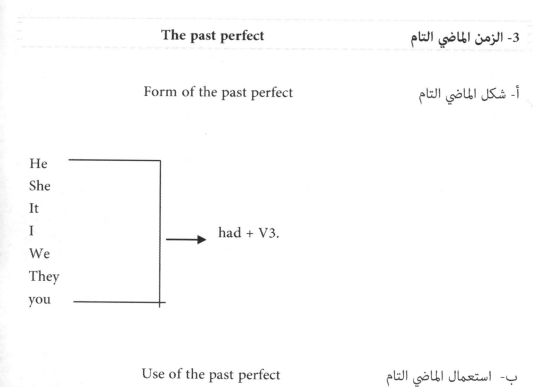

He
She
It
I
We
They
you

had + V3.

Use of the past perfect   ب- استعمال الماضي التام

يستخدم هذا الزمن للتعبير عن حصول فعلين في الماضي أحدهما وقع قبل الآخر، الفعل الذي حدث أولا يسمى
الفعل الماضي التام، أما الفعل الثاني فيسمى الماضي البسيط .

1- I had met my friend before he came to class.

2- The man saw a doctor after he had felt sick.

ج- التعابير الزمنية للماضي التام

Time expressions of the past perfect

الدليل	المعنى	الدليل	المعنى
after	بعد	until/till	حتى
before	قبل	by the time	في الوقت
when	عندما	as soon as	حالما

1. I had met my friend before he came to class.

كنت قد قابلت صديقي قبل أن دخل إلى الصف.

2. Sameer saw a doctor after he had felt sick.

رأى سمير دكتورا بعد أن كان قد شعر بالمرض.

3. The rain had stopped by the time class was over.

كان المطر قد توقف عندما انتهت المحاضرة.

4. When my father had arrived, we phoned him.

عندما كان أبي قد وصل ، اتصلت معه.

5. The boy refused to leave until he had taken money.

رفض الولد أن يغادر حتى اخذ النقود.

6. As soon as the teacher entered the class, the students had stopped talking.

حالما دَخلَ المعلّمَ الصفَ، تَوقّفَ الطلابُ عن الكَلام.

7- The student had read the lesson before he solved the questions.

كان الطالبُ قد قَرأَ الدرسَ قَبْلَ أَنْ حَلَّ الأسئلةَ.

8- The mother cried after she had watched her lost son's picture. .

بكت ألام بعد أن شاهدت صورة ابنها المفقود.

Negation of the past perfect د- نفي الماضي التام

He
She
It
I
We
They
you

→ hadn't + V3.

Exercise

Use the past perfect of the verb in parentheses.

1- Ahmed (leave) ---------- when we got there.
2- After the gests had left, I (go) -------- to bed.
3- When the team .... the championship, it got the cup.(win)
4- The farmer........... the plant after he had sowed it.(water)

The past perfect continuious 4- الماضي التام المستمر

1- شكل الماضي التام المستمر

Form of the past perfect continuous

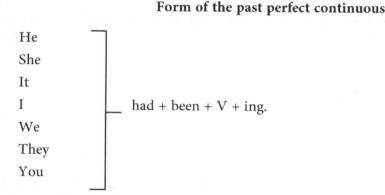

He
She
It
I
We
They
You

} had + been + V + ing.

ب- استعمال الماضي التام المستمر

Use of the past perfect continuous

يستحدم هذا الزمن للتعبير عن حدوث فعل كان مستمرا في الماضي خلال مدة محددة .

1- My father had been living in Paris before he moved to London

أبي كَانَ يَعِيشُ فِي باريس قَبْلَ أَنْ إنتقلَ إلى لندن.

2 - I had been trying to mend the car when the boy fell down.

أنا كُنْتُ أُحاوِلُ تَصليح السيارةِ عندما الولدِ نَزَلَ

ج- التعابير الزمنية الماضي التام المستمر

Time expressions of the past perfect continuous

غالبا تستخدم مع هذا الزمن التعابير الزمنية التالية : (بعد after)، (قبل before)
(عندما when)، شرط أن يكون الفعل في الشق الآخر ماضيا.

1. When I looked out the window, it had been raining.

عندما نظرت من النافذة كانت السماء تمطر.

2- The students had been playing football in the school.

كان الطلاب يلعبون كرة القدم في المدرسة.

3. The patient had been waiting in the room before the doctor examined him.

4- The student had been reading for three hours before the date of the exam came.

ظل الطالب يدرس ثلاث ساعات قبل أن يأتي موعد الامتحان.

5- The audience had been cheering his team after it scored the first goal.

د- نفي الماضي التام المستمر

Negation of the past perfect continuous

He
She
It
I
We
They
you

→ hadn't + been + V + ing.

Exercise

Use the past perfect continuous of the verb in parentheses.

1- The police (look) ------------ for the criminal for two years before they caught him.

2- The patient (wait) --------- in the emergency room for almost an hour before a doctor finally treated him.

❖ الزمن المستقبل : ويقسم إلى:

The simple future tense 1- المستقبل البسيط

Form of the Simple Future أ- شكل المستقبل البسيط

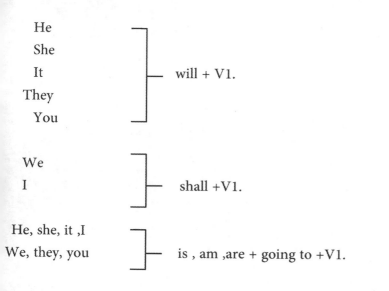

He
She
It
They
You
— will + V1.

We
I
— shall +V1.

He, she, it ,I
We, they, you
— is , am ,are + going to +V1.

Use of the simple future ب- استعمال المستقيل البسيط

يستخدم هذا الزمن للتعبير عن فعل سوف يحدث في المستقبل القريب.

1- He will visit him next week.
2- I am going to paint my apartment this evening.

ج- التعابير الزمنية للمستقبل البسيط

Time expressions of the simple future

الدليل	المعنى	الدليل	المعنى
tomorrow	غدا	next (week, month...	الأسبوع القادم....
tonight	الليلة	after (2 hours, 3 days...	بعد ساعتين....
later	فيما بعد	at (night, 5 o'clock ...	في الليل....
soon	قريبا	in the next /coming day	اليوم القادم
in the future	في المستقبل	the day after tomorrow	اليوم الذي بعد غد
this (evening.	هذا المساء....	2009	عام 2009

1. My sister will graduate from college next year.

2. Tom and Mary will get married soon.

3. I will complete my higher studies in the future.

4. This evening our team will win the match.

سيربح فريقنا المباراة هذا المساء.

5. He will finish his work the coming week. سينهي عملة الأسبوع القادم.

6- There will be a football match on T.V tonight.

7- I am going to the barber to have my hair cut.

8- They are going to grow trees in the field.

9- She is going to meet her friend at the library on Sunday.

10- I will turn the radio off because I don't like listening to music.

سأطفئ الراديو لأنني لا احب الاستماع إلى الموسيقى.

Negation of the simple future   د- نفي المستقبل البسيط

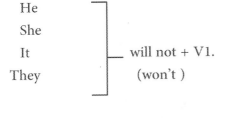

He
She
It
They
    — will not + V1.
        (won't)

We
I
    — shall not +V1.
        (shan't)

Examples :

1. The student won't bring their English books tomorrow.

2. We won't attend the party next Sunday.

<u>ملاحظة: هناك فرق بين استعمال (*will*) و (*going to*) كما يلي:</u>

1- إذا أردنا أن نقوم بعمل ما في المستقبل وهذا العمل مخطط له من قبل فإننا نستعمل (going to)، مثل:

1- I am going to sing in the theatre tonight.

سوف اذهب لاغني في المسرح هذه الليلة.

2- He is going to meet the manager next week.

سيقابل المدير الأسبوع القادم

3- They are going to leave for Beirut tomorrow.

2- إذا أردنا أن نقوم بعمل ما في المستقبل وهذا العمل غير مخطط له من قبل فإننا نستعمل(will)، مثل:

1- I will send him a letter tomorrow.   سوف أرسل له رسالة غدا.
2- He will read the whole book.   سيقرأ الكتاب كاملا.
3- I will sleep in my brother's room tonight. .

سأنام في غرفة أخي هذه الليلة.

Exercise

Use the simple future of the verb in parentheses.

1- I (leave) ------ at nine next Monday.
2- Mona (be) ------ at the meeting tonight.
3- I ate lunch with Ali today, and I (eat) -------- lunch with him tomorrow too.

2- المستقبل المستمر   **The future continues tense**

Form of the future continuous   أ- شكل المستقبل المستمر

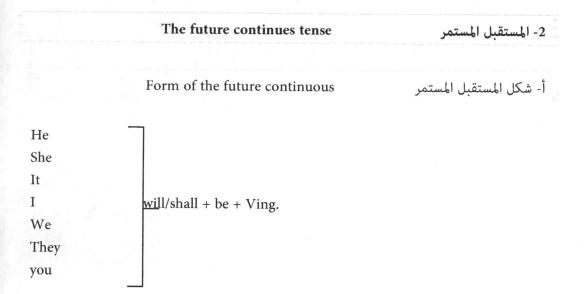

He
She
It
I
We
They
you

will/shall + be + Ving.

Use of the future continuous   ب- استعمال المستقبل المستمر

يستخدم هذا الزمن للتعبير عن فعل سوف يكون مستمرا في المستقبل .

1- I will be waiting for you tomorrow at this time.
2- The plane will be taking off tomorrow at 9:30.
3- At this time tomorrow, I will be sitting in class.
4- I'll be watching the football match in the stadium next week at 9:00.

ج- التعابير الزمنية للمستقبل المستمر

Time expressions of the future continuous

نفس الدلائل الظرفية للمستقبل البسيط ، لكن المستقبل المستمر يتبع بزمن محدد.

1. I will be writing my homework tomorrow at 7:30.
2. My brother will be painting his house tomorrow evening.
3. My father will be writing a letter all night tomorrow.
4. We will be playing football all tomorrow morning.
5. At the same time tomorrow we will be sitting for the exam.

Negation of the future continuous   د- نفي المستقبل المستمر

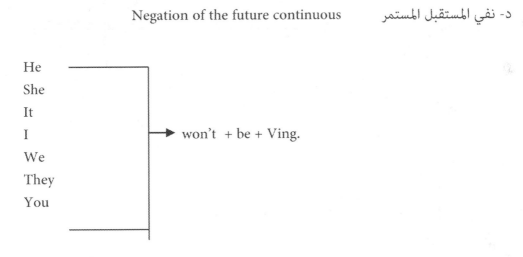

He
She
It
I
We
They
You

won't + be + Ving.

The future perfect tense   3- المستقبل التام

Form of the future perfect   أ- شكل المستقبل التام

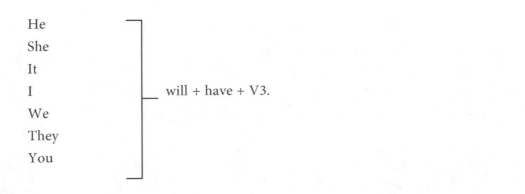

He
She
It
I
We
They
You

will + have + V3.

Use of the future perfect ب- استعمال المستقبل التام

يستخدم هذا الزمن للتعبير عن حدث أو فعل سيكون قد حدث وانتهى عند وقت محدد في المستقبل.

1- He will have graduated from university by the year 2009.
2- We will have finished school by next week
3- By tomorrow he will have completed the report.

ج- التعابير الزمنية للمستقبل التام.

Time expressions of the future perfect

نفس الدلائل الظرفية للمستقبل البسيط ولكن تكون مسبوقة بـ (by).

1. I will have finished my homework by 10 o'clock.
2. By 2008 my father will have bought a new car.
3. We will have learned more new words by next year.
4. By the year 2006 the government will have built more schools.
5- By the end of next year, I will have saved two thousand dinars.

Negation of the future perfect د- نفي المستقبل التام

He
She
It
I — will not + have + V3.
We
They
You

Examples:
1. He won't have written the articles by the end of this week.
2- I will not have finished my homework by the time I go out on a date tonight.

4- المستقبل التام المستمر

The future perfect continuous

أ- شكل المستقبل التام المستمر

Form of the future perfect continuous tens

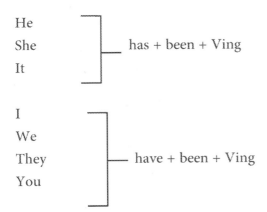

He She It	has + been + Ving
I We They You	have + been + Ving

ب- استعمال المستقبل التام المستمر

Use of the future perfect continuous tense

يستخدم هذا الزمن للتعبير عن حدث سيكون قد اصبح ماضيا بعد زمن معين في المستقبل.

1- By next Wednesday Ahmed will have been getting married for three years.

بحلول يوم الأربعاء سيكون قد مضى على زواج احمد ثلاث سنوات.

2- By the year 2010 we shall have been building a lot of hospitals.

بحلول عام 2010 سنكون قد بنينا العديد من المستشفيات.

3- By the time of world cup finals we will been established additional playfields.

في الوقت الذي تبدا فيه نهائيات كاس العالم سنكون قد أنشأنا ملاعب إضافية.

4- By next summer I will have been graduating for two years. .

بحلول الصيف القادم سيكون قد مضى على تخرجي سنتين.

5- By the end of next month he will have been traveling for a year

Additional exercises on English tenses
تمارين اضاقية على الازمنة

Complete each of the following items by using the correct form of the verb in bracket.

1. Laila …… tennis twice a day.(play).

2. Water …... at zero degree centigrade. (freeze)

3. My father…… me on my way home yesterday.(stop).

5. Our teacher …… his car last month. (sell)

6. My brother …… a job a week ago. (not/get)

7. Look! The man ….. his car.(wash).

8. Some boys …….. in the garden now.(run)

9. My uncle …… a book on literature these days.(write)

10. The guests …… the house when it was raining.(leave)

11. While my father…… in the garden, he hurt his hand.(work)

13. As the man ……in the street, the thief stole his purse(walk)

14. After he had finished his high studies, he…… back to his own country.(come)

15. The woman ……. before the doctor arrived. (die).

16. My sister ……. from university yet.(not/graduate)

17. The boys ……. football since 9:30.(play)

18. Last night I ………. thirty dinars on clothes. (spend).

19. Don't worry ! I ……. your brother tomorrow. (help)

20. My parents ……. their friend in Syria next summer. (visit)

21. I …… studying this book tonight. (not/finish).

22. I ……for you at the university tomorrow at 10:30.(wait).

23. By the next week we …… our final examinations. (finish)

24. I will come as soon as he ……. his work. (finish)

25. I saw my brother as soon as he …… home.(arrive)

26. Please be quiet ! I……. for my English exam. (study).

27. My father ……. a farmer before he became a driver.(be)

28. Water …… of Hydrogen and Oxygen.(consist)

29- We …….. in God. (believe).

30- Ahmed ……….. a big farm once. (own)

31- She just …………. her work. (finish).

32- Please go and answer the phone. It …………..(ring).

33- By tomorrow we ……… a letter from my brother. (receive)

34- We …….. lunch yet. (not/have).

35- Before my mother ……. the door, she had checked the window. (close).

The English Sentence	الجملة في اللغة الإنجليزية

The Sentence Construction   أولاً: تركيب الجملة

تتكون الجملة في اللغة الإنجليزية من الأجزاء التالية:

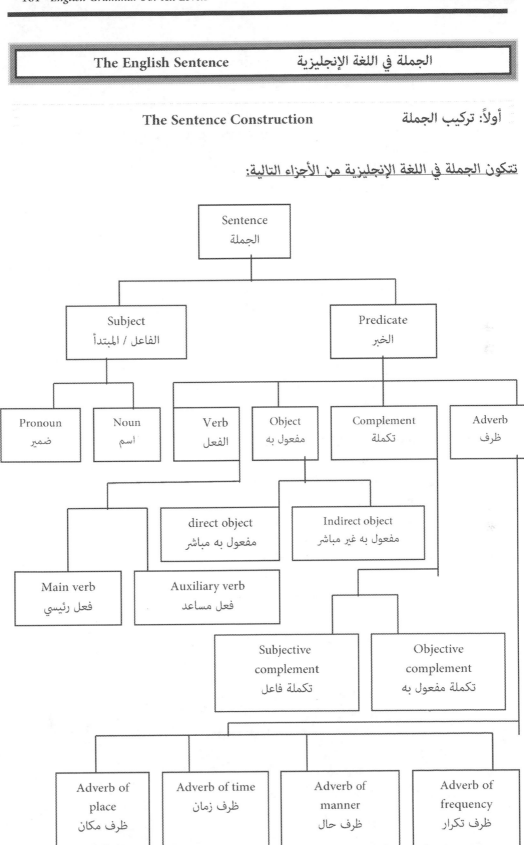

✓ **وفيما يلي بعض الملاحظات على هذه الأجزاء:**

ا- المبتدأ ***Subject*** : هو الشخص أو الشيء الذي يقوم بالفعل والذي تتحدث عنه الجملة ويقع عاده في أول الجملة.

- يأخذ المبتدأ في اللغة الإنجليزية أحد الأشكال التالية:

1- اسم Noun، مثل:

الرجل طويل. The man is tall.

يزورني صديقي كل يوم. My friend visits me every week.

2- ضمير Pronoun، مثل:

هو طالب. He is a student.

يلعبون كرة طائرة. They are playing volleyball.

3- مصدر Infinitive، مثل:

إن تدرس مفيد. To study is useful.

إن تمشي جيد. To walk is good.

4- جرند Gerund، مثل:

تسلق الجبال خطر. Climbing mountains is dangerous.

قراءة الكتب مفيدة Reading books is useful.

5- شبه جملة Phrase، مثل:

كيف تدرس مهم جداً. How to write is very important

أين نلتقي غير معروف. Where to meet is not known.

ب- الخبر *Predicate* : هو الشيء الذي يخبرنا عن الفاعل والذي يأتي بعد المبتدأ.

- يأخذ الخبر في اللغة الإنجليزية أحد الأشكال التالية:

1- فعل Verb ، مثل:
كان احمد يدرس.

Ahmed was studying.

2- فعل ومفعول به Verb and Object، مثل:

He bought a car.

3- فعل ومفعولين Verb and two Objects، مثل:

He gave me a book.

4- فعل وصفة Verb and Adjective ، مثل:

They are strong.

5- فعل وتتمة المبتدأ، مثل:

He is a doctor.

6- فعل ومفعول به وتتمة المفعول به، مثل:
انتخبوه رئيسا.

They elected him president.

7- فعل وظرف حال Verb and adverb of manner، مثل:

He came quickly.

8- فعل وظرف مكان Verb and Adverb of Place، مثل:

He is in Amman.

ج- المفعول به *Object* يقسم إلى قسمين هما:

1- مفعول به مباشر (Direct object) وهو المفعول به الوحيد في الجملة، مثل:

1- Mona cleaned the room.

لاحظ أن الجملة تحتوي على مفعول به مباشر وهو (the room).

2- مفعول به غير مباشر (Indirect object) وهذا يعني أن يكون هناك مفعولان في الجملة.

1- He gave the boy a prize.

لاحظ أن الجملة تحتوي على مفعولين (the boy) وهو مفعول به أول غير مباشر و (a prize) وهو مفعول به ثان مباشر.

د- تكملة *Complement* : وهي كلمة أو عدة كلمات متممة تجعل معنى الفعل مفهوما و تقسم إلى

قسمين هما:

1- تكملة فاعل (Subjective Complement) وهي الكلمة أو الكلمات المتممة التي تتعلق بالفاعل

وتأخذ الإشكال التالية:

- اسم Noun، مثل:

Ahmed is a teacher.

My son became a pilot.

- ضمير Pronoun، مثل:

It is he.

It was she.

- صفة Adjective، مثل:

Ali is happy.

Ibrahim seems worried.

- ظرف Adverb، مثل:

The man was here.

The children stayed at home.

- مصدر Infinitive، مثل:

The solider seems to die.

The film looks to start.

- اسم فعل Gerund، مثل:

I finished writing the essay.

He gave up smoking last year.

- اسم فاعل Present participle، مثل:

They are having lunch now.

It is drinking milk.

2- تكملة مفعول به (Objective Complement) وهي الكلمة أو الكلمات المتممة التي تتعلق

بالمفعول به، مثل

The teacher made the test difficult.

He painted his car green.

I gave the winner a prize.

The teacher regards Khalid an intelligent student.

My father named my brother Mohammed.

They called her Laila.

ثانيا: أنواع الجمل **Kinds of sentences**

هناك ثلاثة أنواع من الجمل في اللغة الإنجليزية هي :

1- الجملة البسيطة. **The Simple Sentence**

هي الجملة التي تتكون من جملة رئيسية واحدة تامة المعنى وتحتوي على مبتدأ وخبر وهذا الخبر يتكون من فعل ومفعول به.

1- Ali speaks English well.
2- Ahmed is an engineer.
3- My father works in a hospital.
4- The boy broke the window.

2- الجملة المركبة **The Compound Sentence**

هي الجملة التي تتكون من جملتين رئيسيتين أو أكثر، ولا يوجد بها جمل تابعة و يمكن الفصل بينهما وتدل كل منهما على معنى مستقل، ويتم ربطهما بأداة ربط مثل:

(or/ and/ so/ therefore/ as well as/ moreover/ otherwise/ both ...and / not only ... but also/ either ... or/ neither ... nor)

1- Ahmed is a farmer **but** his wife is a teacher.
(جملة تامة المعنى) (جملة تامة المعنى)
2- You can have tea, **or** you can have coffee.
3- He was tired **and** went to sleep.
4- He is ill, **therefore** he can't work..

ملاحظة: الجملة الرئيسية:هي جملة مستقلة (Independent clause) تحتوي على فعل وفاعل ومفعول به وتحمل معنى مفهوما وتاما.

The Complex Sentence 3. الجملة المعقدة

هي الجملة التي تتكون من جملة رئيسية واحدة و جملة تابعة واحدة أو أكثر، ويتم ربطهما بأدوات معينه مثل :

(Because/ if/ unless/ while/ before/ although/ when/ after/ though/in spite of/ whether/ since/ for/ as/ as soon as/ who/ whose/ that, etc)

1- He found his book which he lost yesterday.

جملة تابعة (غير تامة المعنى) جملة رئيسية (تامة المعنى)

2-The man was attacked before he went to his work.

3- Ahmed is very sad because his friend has died.

4- This is the teacher who teaches English.

5- I was walking when I fell down.

6- I will give you a gift if you get high grades.

ملاحظة: الجملة التابعة (subordinate clause) أو (dependent clause) هي جملة غير تامة المعنى ولا يمكن ان تعطي معنى كاملا ومفهوما فيما لو فصلت عن الجملة الرئيسية التي وردت فيها، فهي تشكّل جزءا من جملة، والجملة التابعة يتقدمها احد الروابط التالية:
(after,where,while,if,since,that,as,although,before,unless,)

Patterns of sentences ثالثا: أنماط الجمل

تأتي الجملة في اللغة الإنجليزية على أحد الأنماط التالية:

1- Subject + Verb:

a- Ahmed left. احمد غادر.

b- The student is writing. الطالب يكتب.

c- I am reading. أنا أقرا.

2- Subject + Verb + Object:

a- Ali bought a car. اشترى علي سيارة.

b- He ate the apple. أكل تفاحة.

c- The man hunted the gazelle..صاد الرجل غزالا

3- Subject + Verb + Indirect Object + Direct Object:

a- He gave me a book. أعطاني كتابا.

b- The teacher told us a story. اخبرنا المعلم قصة.

c- My father sent me a letter. أرسل لي والدي رسالة.

4- Subject + Verb + Adjective:

a- The students were here. كان الطلاب هنا.

b- The man is clever. الرجل ذكي.

c- He seems happy. يبدو سعيدا.

5- Subject + Verb + Subjective Complement:

a- The teacher became impatient. نفذ صبر المدرس.

b- My brother is a doctor. أخي طبيب.

c- He is a teacher. هو معلم.

6- Subject + Verb + Object + Objective Complement:

a- They have elected Ali president. لقد انتخبوه رئيسا.

b- They called him captain. ينادوه قبطانا.

c- The farmer painted the house blue..دهن المزارع البيت بالون الأزرق

d- The teacher considers Fatimah an intelligent student.

يعتبر المدرس فاطمة طالبة ذكية.

7- Subject + Verb + Adverb of Place:

a- He put the vase on the table. وضع المزهرية على الطاولة.

b- The students come to school every day.

يأتي الطلاب إلى المدرسة يوميا.

c- The guests are at home. أكل الضيوف في البيت.

8- Subject + Verb + Adverb of Manner:

a- He walked quickly. مشى بسرعة.

b- You wrote carefully. كتب بعناية.

c- She is running fast. تركض بسرعة.

9- Subject + Verb + Subject + Adverb of Place:

a- There is a man at the door. يوجد رجل عند الباب.

b- There are guests at home. يوجد ضيوف في البيت.

Exercises

- Combine the following pairs of simple sentences using the words in brackets.

1- He finished his work. He went out. (and)

2- Mona won't go to the party. Ali apologizes her. (unless)

3- The questions were difficult. I answered them. (although)

4- He studied hard. He failed. (but).

5- Ahmed is a doctor. Ali is a doctor. (both ... and)

6- Study hard. You won't get high marks. (otherwise)

7- I didn't know the school. I asked the man. (so)

8- I saw the player. He scored the winning goal. (who)

- Decide whether the following sentences are simple, compound or complex.

1- While I was walking down the street, it began to rain.

2- I listened carefully to him.

3- I will either call him or send him a letter.

4- I drank one cup of water every morning.

5- I visited Ahmed because he was very ill.

6- He went to the library and read some books.

7- My brother will buy a car if he has enough money.

8- I saw the man who won the car.

9- I help my mother in the house works.

10- He got up early but he didn't catch the bus.

The infinitive المصدر

Definition of the infinitive أولا: تعريف المصدر

هو الذي يتكون من الأداة المصدرية (to) والفعل أو بدون (to)، مثل:

to sleep ينام to buy يشتري to swim يسبح
to win يربح to sell يبيع to write يكتب

The use of the infinitive ثانيا: استخدام المصدر

1- يستخدم المصدر في بداية الجملة كفاعل (مبتدأ)، مثل:

1- To run is very useful. الجري مفيد جداً.
2- To pass needs hard work. لكي تنجح يجب عليك العمل بجد.
3- To exercise makes most people feel better.
4- To play football for Brazil is his favorite fantasy.

2- يستخدم المصدر بعد أفعال معينة ،مثل:

pretend يتظاهر بـ، permit يسمح، intend ينوي، wish يتمنى، want يريد
hope يتمنى، plan يخطط، expect يتوقع، manage تمكن، refuse يرفض
hesitate يتردد، promise يعد، compel يجبر، order يأمر، force يجبر
decide يقرر، agree يوافق، would like يحب ، appear يبدو، seem يبدو
try يحاول، determine يصمم، attempt يحاول

1- I decided to travel to C. قررت أن أسافر إلى كندا
2- Ahmed wishes to succeed يتمنى احمد أن ينجح.
3- I'm planning to go to London. أنا اخطط أن اذهب إلى لندن.
4- What time do you expect to get home?
5- My boss refused to give me a raise, so I quit.

3- يستخدم المصدر كمفعول به لحرف الجر (مجرورا بحرف الجر)، مثل:

1- The film is about to start. إن الفيلم على وشك البدء.
2- The students are about to finish the exam.
الطلاب على وشك أن ينهوا الامتحان.

4- يستخدم المصدر بعد الأفعال للدلالة على غاية أو هدف معين، مثل:

1- I study hard to succeed. ادرس بجد لكي انجح
2- We were created to worship God. خُلقنا لنعبد الله.
3- We go to school to learn. نذهب إلى المدرسة لكي نتعلم.
4- He came here to study English.
5- Ahmed borrowed my dictionary to look up the spelling of "science".

5- يستخدم المصدر بعد ضمائر الاستفهام التالية (when, how, where what)، مثل:

1- They agreed when to meet. اتفقوا متى يتقابلوا
2- Show me where to write the address. ارني أين اكتب العنوان
3- Do you know what to do? هل تعرف ماذا تفعل.
4- Please tell me how to get to the bus station?
5- Ahmed told us where to find it.

6- يستخدم المصدر بعد صفات معينة ، مثل:

willing مستعد، surprised مندهش، sad حزين، ready مستعد، sorry آسف
upset قلق، eager متلهف، encouraged متشجع، embarrassed محرج
، happy سعيد disappointed محبط، hesitant متردد pleased مسرور، glad سعيد
angry غضبان ، afraid خائف ، lucky محظوظ
فخور determined مصمم ، ashamed خجلان ، amazed مندهش
fortune محظوظ، careful حريص ، content مقتنع، proud
curious فضولي، anxious قلق، afraid خائف، مرتاح relieved
disappointed مخيَّب، prepared مستعد، shocked مصدوم

1- It's difficult to tell you the truth. من الصعب أن اخبرك الحقيقة.
2- I was glad to get the letter from you.
3- I was relieved to find out that I had passed the exam.
4- We were sorry to hear the bad news.
5- I was surprised to see Ahmed at the meeting.

7- يستخدم المصدر بعد أفعال معينة متبوعة بمفعول به، ومن أهم هذه الأفعال:

ينصح advise، يدعو invite، يعلّم teach، يحذر warn، يأمر order يتحدى
challenge،يسمحallow ، يقنع persuade،يشجّع encourage يحتاج need ،يسمح
permit،يمكن enable ،يجبر force،يمنع forbid
يتحدى dare ،يرجو beg ،يريد want، يذكّر remind، يقنع convince
يتوقع expect ،يحث urge، يطلب ask،يحب would like، يتمنى wish
يخبرtell ،يعلّم instruct ،يستأجرhire ،يسببcause، يتطلب require

1- I persuaded Ahmed to go with me. أقنعت احمد أن يذهب معي.
2- I want you to phone me. أريدك أن تتصل بي.
3- He advised him to wait until tomorrow.. نصحه أن ينتظر حتى غدا.
4- She allowed me to use her car سمحت لي أن استخدم سيارتها
5- I asked Ahmed to help us. طلبت من احمد أن يساعدنا.
6- They begged us to come. توسلوا إلينا أن نأتي.
7- She challenged me to race her to the corner.
8- I warned you not to drive quickly حذرتك ألا تسوق بسرعة
9- Our teacher required us to be on time.
10- They forced him to tell the truth.

8- يستخدم المصدر مع التركيب التالي:

(It + be + adjective + infinitive ...)

1- It is dangerous to ride with a drunk driver.
2- It is important to vote in every election.
3- It is easy to speak English.
4- It's a good idea to study English grammar.
5- It's fun to ride a horse.
6- It was impossible to come to class.
7- It's important to come to class on time.
8- It's dangerous to play with matches.
9- It isn't hard to make friends.
10- It is wrong to cheat during a test.

9- يستخدم المصدر مع التركيب التالي:

(It + be + adjective(+of + noun/pronoun + infinitive...)

1- It was unkind of her to say that.
2- It is kind of Ahmed to help me.

10- يستخدم المصدر مع (too, enough)، كما في الأمثلة التالية:

1- That box is too heavy for Laila to lift.
2- I have enough strength to lift that box.
(Or) I have strength enough to lift that box.

لاحظ في الأمثلة السابقة أن (enough) يمكن أن تسبق أو تتبع الاسم.

3- I'm too tired to go to the meeting.
4- I don't have enough time to go with you.

11- يستخدم المصدر بعد أفعال الملاحظة (Verbs of Perception)، وهي:
(see, notice, watch, look , observe, hear, listen, feel, smell)

1- I saw my friend run down the street.
2- I heard the rain fall on the roof.
3- The man was working in his garden, so he didn't hear the phone ring.
4- I enjoy watching the children play football.
5- Do you smell something burn?.

ملاحظة: يمكن أن نستعمل أيضا المصدر المؤول(Gerund) بعد هذه الأفعال، مثل:

 1- I saw my friend <u>running</u> down the street.
2- I heard the rain <u>falling</u> on the roof.
3- I enjoy watching the children <u>playing</u> football.

12- يستخدم المصدر بعد الأفعال التالية: (let, help)، كما في الأمثلة التالية:

1- Don't let that bother you.
2- When I was learning to drive, my dad let me use his car.
3- My mother helped me wash my car.
(or) my mother helped me to wash my car.
4- Could you help me carry the box?

13- يستخدم المصدر بعد الأفعال السببية وهي: (make, have, get)، كما في الأمثلة التالية:
1- I made my brother carry my suitcase..أجبرت أخي على حمل حقيبتي
2- Jack got his friend to play tennis with him after school.
3- I had the plumber repair the leak. جعلت السمكري يصلح التسرب.
4- The doctor made the patient stay in bed.
5- Peeling onions makes me cry.

‫14- يستخدم المصدر مع التركيب التالي:‬

(Subject + be + the first/ the second ... + infinitive ...)

1- She was the first to congratulate him.

2- Ahmed was the second to finish writing the composition.

‫15- يستخدم المصدر بعد (would love, would like, would prefer)، مثل:‬

1- I would love to visit Japan.

2- She would like to tell you the truth.

‫16- يستخدم المصدر مع التركيب التالي:‬

(for + noun/ pronoun + infinitive ...)

1- For Ahmed to lend you his car was very unusual.

2- For us to respect our parents is a must.

Exercise

Choose the correct answer in brackets in the following sentences.

1- The teacher advised me .... hard. (read, to read, reading)

2- I want to .... you the truth. (tells, tell, told)

3- My brother let me .... his car. (to use, using, use).

4- This tea is too hot ....(to drink, drink, drank)

5- I saw the boys .... in the garden. (play, to play, played)

6- My mother reminded me .... the door. (to close, close, closing)

7- The doctor made the patient .... in bed. (to stay, stay, stayed)

8- It's a good idea .... another language. (to learn, learn, learnt)

Gerund اسم الفعل (المصدر المؤول)

Definition of gerund أولا: تعريف اسم المصدر

هو فعل مصدري يتكون من التصريف الأول للفعل مضافا إليه (-ing) ،
مثل:

play يلعب playing لعب read يقرأ reading قراءة
sleep ينام sleeping نوم go يذهب going ذهاب
swim يسبح swimming سباحة steal يسرق stealing سرقة

The use of gerund ثانيا:استعمال اسم المصدر

1- يستخدم اسم الفعل في بداية الجملة كفاعل، مثل:

1- Cleaning the kitchen is hard work. تنظيف المطبخ عمل صعب.
2- Learning a second language takes a lot of time. تعلم لغة ثانية يأخذ وقت كثير.
3- Sleeping is necessary for the body. النوم ضروري للجسم.
4- Riding horses is fun. ركوب الخيول متعة.
5- Coming to class on time is important.
6- Stealing is considered a serious crime.

2- يستخدم اسم الفعل بعد حروف الجر، مثل:

1- I thanked her for cleaning the room. شكرتها لتنظيف الغرفة.
2- He was entered prison for stealing the house ادخل إلى السجن بسبب سرقة البيت
3- I traveled without seeing my friend. سافرت من غير رؤية صديقي.
4- We talked about going to Canada for our vacation.
5- Ahmed is in charge of organizing the meeting. احمد مسؤول عن تنظيم الاجتماع.
6- She wrote an article about dealing with college recruiters

3- يستخدم اسم الفعل بعد صيغة الملكية:

مثل، (his, our, my, your, its, their, the boy's, Ali's):

1- His killing for the man is a crime. قتلة للرجل جريمة.
2- I was shocked by Ali's failing in the exam.
3- We are excited about Ahmed's winning a scholarship.
4- She became disappointed of her son's coming back.

4- يستخدم اسم الفعل بعد التركيب المكون من (فعل وحرف جر)، مثل:

rely on يعتمد على، deal with يتعامل مع ، believe in يؤمن بـ
insist on يصرّ على، resort to يلجا إلى، aim at يهدف إلى
dream of يحلم بـ، look forward to يتشوق لـ، object to يعترض على
differ from يختلف عن، look at ينظر إلى، succeed in ينجح في
give up يتوقف عن ، go on يستمر، carry on يستمر، keep on يستمر

1- My father insisted on buying the house. أصر أبي على شراء البيت.
2- The project aims at increasing its profits. المشروع يهدف إلى زيادة أرباحه.
3- I am looking forward to seeing you again. أتطلع بشوق لرويتك مره أخرى.
4- She succeeded in getting high average
نجحت في الحصول على معدل عالٍ.
5- The man resorted to selling his house. لجأ الرجل إلى بيع بيته.

5- يستخدم اسم الفعل بعد التركيب المكون من (صفة وحرف جر)، مثل:

good at جيد في، famous for مشهوربـ، fond of مغرم بـ
afraid of خائف من ، tired of متعب من، sorry for آسف لـ
responsible for مسؤول عن، ashamed of خجلان من
certain of متأكد من، ready for مستعد لـ
capable of قادر على ، slow at بطيء في

1- Sameer is fond of reading stories at night .
سمير مغرم بقراءة القصص في الليل
2- Our team is ready for meeting the foe.
منتخبنا الوطني مستعد لمواجهة الخصم.
3- Ahmed is capable of delaying the flight. احمد قادر على تأجيل الرحلة.
4- I am sorry for being late. آسف لكوني متأخرا.
5- I am interested in learning more about your work.
6- She is accustomed to having a big breakfast.
7- Who is responsible for washing and drying the dishes after dinner?

6- يستخدم اسم الفعل بعد الأفعال التالية :

يعتبر consider، يشتاق إلى miss ، يساند، يؤيد support، يهرب escape
يتجنب avoid ، ينكر deny، يقر admit، يفهم understand ، يندم regret
يتخيل imagine، يكره dislike ، يقترح suggest، يقاوم resist ، ينزعج mind يسامح forgive ،
يوصي بـ recommend، يتمرن practice، يؤجل delay، يتوقف stop يقدّر appreciate ، يناقش discuss ، يخاطر
cease ، ينهي ، يتوقف risk
يستمتع، يتمتع بـ enjoy، ينتهي finish، يفضّل favour ، يتوقع anticipate
يبلغ، يخبر report، يؤجّل postpone، يشتمل include، يفسر explain، يتطلب involve

1- We have to avoid looking at the sun directly .

يجب أن نتجنب النظر إلى الشمس بشكل مباشر.

2- The man delayed traveling because of the war اجلّ الرجل السفر بسبب الحرب
3- I dislike going to such places. اكره الذهاب إلى هذه الأماكن.
4- The man denied seeing the accident أنكر الرجل رؤية الحادث.
5- I have just finished writing the report. لقد أنهيت كتابة التقرير قبل قليل.
6- When Ali got tired, he stopped writing.
7- Would you mind closing the door? هل تتكرم بإغلاق الباب؟
8- I want to go to England. Mona suggested going to Mexico.

أريد أن اذهب إلى بريطانيا. منى اقترحت الذهاب إلى المكسيك.

9- He postponed doing his work. اجلّ فعل عمله.
10- He admitted stealing the money. اعترف بسرقة النقود.
11- She denied committing the crime. أنكر ارتكاب الجريمة.
12- The athlete practiced throwing the ball. مارس الرياضي رمي الكرة.
13- I regret telling him my secret. أنا نادم لإخباره عن السر.
14- She risks losing all of her money. تُخاطرُ بن تفقد كُلّ مالِها

7- يأتي بعد الفعل (go) اسم فعل يدل على حركة ونشاط بدني، مثل:

go shopping يذهبُ للتسوّق, go fishing يذهبُ للصيد , go sailing يذهبُ للإبحار
go swimming يذهبُ للسباحة, go running يذهب للركضْ، go hiking يتجول في الريف go dancing يذهب للرقص, go hunting يذهب للصيد, go skiing يذهب للتزلق
go skating يذهب للتزلج, go jogging يركض، يهرول, go camping يذهب للتخييم
go bowling يلعب البولنج، go canoeing يركب الزورق
go mountain climbing اذهب لتسلق الجبال، go boating يركب الزورق

1- Did you go shopping yesterday? هل ذهبت للتسوق البارحة؟
2- We went fishing last week. ذهبنا لصيد السمك الأسبوع الماضي.
3- They decided to go swimming next Sunday.

قررت أن يذهب للسباحة الأحد القادم.

8- يستخدم اسم الفعل بعد أفعال الملاحظة (Verbs of Perception)، وهي:
(See, notice, watch, look, observe, hear, listen, feel, smell)

1- I saw Omar walking towards my house. رأيت عمر يمشي نحو بيتي.
2- I heard the rain falling on the roof. سمعت المطر يتساقط على البيت.
3- Do you see Mona walking up the street?. هل رأيت منى تمشي في الشارع؟
4- I enjoy watching the children playing football.استمتع بمشاهدة الأطفال يلعبون.
5- When I walked into the apartment, I heard my roommate singing.
عندما مشيت إلى البيت سمعت رفيقي يغني.

ملاحظة: يمكن أن نستعمل أيضا المصدر (*Infinitive*) بعد هذه الأفعال، مثل:

1- I saw my friend run down the street. رأيت صديقي يركض في الشارع.
2- I heard the rain fall on the roof. سمعت المطر يتساقط على البيت.

9- يستخدم اسم الفعل بعد (يبدد waste ،يقضي spend)، مثل:

1- You spend too much time watching TV.أنت تقضي وقتا كثيرا بمشاهدة التلفاز
2- He wasted his time watching TV. هو يبدد وقته في مشاهدة التلفاز.
3- She spent the whole afternoon lying on the beach.
تقضي وقت الظهر كاملا بالاستلقاء على الكنبة.

10- يستخدم اسم الفعل بعد :

(it's no use, it's (no) good, it's (not) worth, can't stand
what's the use of ما هي الفائدة من ، in addition to إضافة إلى
can't help, there's no point (in)لا فائدة في، as well as أيضا)

1- There's no point in arguing. لا فائدة في الجدال.
2- What's the use of crying? It was your fault. ما هي فائدة البكاء؟ كانت غلطتك.
3- It's already four o'clock. It's not worth going shopping now.
إنها الرابعة تماما. لا فائدة من الذهاب إلى التسوق الآن.
4- It is no use crying over spilt milk.

11- يستخدم اسم الفعل بعد:
(look forward to يتطلّعْ إلى، be/get used to يتعود على ، object to لا يوافق على
be/get accustomed to متعود على)

1- I object to being told what to do with my life.
2- She is accustomed to traveling a lot in her job. متعودة على السفر في وظيفتها
3- I look forward to hearing from you. أتطلع بشوق للسماع منك.

Exercise

1- Fill in the blanks with the correct form of the infinitive or the -ing form.

1- The police made the bank robber --------themselves up (give).

2- The criminals were forced --------- before five o'clock (return).

3- They might not ----------- about the meal. (complain).

4- She would better ----------- a good excuse for being so late (have).

5- They hope -------- a lot of money in their new business. (make).

6- Imagine -------- in a big house like that. (live).

7- I'd rather not --------my parents this weekend. (visit).

8- She is so tired ----------on her work today. (concentrate).

9- I would love ---------- on a beach now instead of typing reports. (lie).

10-There is no point -------- there early, because the gates don't open till 10 am. (get).

Adverbial Clauses — أشباه الجمل الظرفية

تقسم الجمل الظرفية إلى ثمانية أقسام هي:

1- الدالة على الزمن — Clauses of Time
2- الدالة على الهدف أو الغاية — Clauses of Purpose
3- الدالة على المقارنة — Clauses of Comparison
4- الدالة على السبب — Clauses of Reason (Cause)
5- الدالة على التناقض — Clauses of Concession (Contrast)
6- الدالة على الحال — Clauses of Manner
7- الدالة على النتيجة — Clauses of Result

وفيما يلي شرحا مفصلا لكل نوع من هذه الأنواع الثمانية:

1- الدالة على الزمن — Clauses of time

هي التي تدل على الزمان الذي تم به العمل وتكون مسبوقة بالأدوات التالية:

after بعد , as بينما , as soon as عندما، حالما, as long as طالما, once عندما since منذ when عندما, before قبل
, while بينما , until حتى , till حتى , whenever متى ما immediately فورا, by the time.

1- I will wait for him till he comes back.   سأنتظره حتى يرجع.
2- Ahmed had eaten his breakfast before he went to school.
تناول احمد فطوره قبل ذهابه إلى المدرسة.
3- I will be back when I finish shopping..سأعود عندما انتهي من التسوق

2- الدالة على الهدف — Clauses of purpose

هي التي تدل على الهدف أو الغاية من القيام بعمل ما، وتكون مسبوقة بالأدوات التالية:

1- To / in order to / so as to.

تعني (كي، حتى، من أجل) و تستخدم في بداية الجملة أو في وسطها وتتبع بالتصريف الأول للفعل.

1- We left early in order to avoid traffic.   غادرنا باكرا لكي نتجنب أزمة المرور.
2- We went early so as to get good seats.   ذهبنا باكرا حتى نحجز مقاعد جيدة.

2- So that / in order that / that.

تعني (كي، حتى، من أجل) و تستخدم في وسط الجملة وتتبع بفعل مساعد مثل
(can, could, may, will, would) ثم التصريف الأول للفعل.

1- She works hard so that she will have better career prospects.

تعمل بجد حتى تحصل على فرصة للترقي.

2- He gave me directions so that I could find his house easily.

أعطاني الاتجاهات حتى أتمكن من إيجاد البيت بسهولة.

3- I left early in order that I can avoid the traffic.

غادرنا باكرا لكي نتجنب أزمة المرور.

3- In case + V1 /V2

تعني (تحسبا لـ في حالة):

1- I will write it down in case I forget it   سأكتبه في حال أني نسيته.

2- He took an umbrella in case it rained.   اخذ مظلة في حال إنها أمطرت.

4- For fear/ lest + might or should

تعني (خشية أن، مخافة أن، حتى لا):

1- He didn't say where he was going for fear he might be followed.

لم نقول أين سوف يذهب خشية أن يتم ملاحقته.

2- The shoplifter ran away lest the man should catch him.

هرب النشال/ السارق خوفا من أن يمسكه الرجل.

3- الدالة على المقارنة **Clauses of Comparison**

هي التي تستخدم للمقارنة بين شيئين أو شخصين ... الخ ويتم استعمال أحد الأدوات التالية:

1- As + adj /adv + as.
2- Not as +adj / adv + as.
3- So + adj /adv + as .
4- Like
5- Than

1- He is not so short as I am. هو ليس قصيرا مثلي.
2- She doesn't write as quickly as I do. لا تكتب بسرعة مثلي.
3- My house is like yours. بيتي مثل بيتي.

4- الدالة على السبب **Clauses of reason**

هي التي تدل على السبب من القيام بعمل ما وتكون مسبوقة بأحد الأدوات التالية:

1- As, since, because, for, the reason for, the reason why.

وتعني لان، بسبب، وتستخدم هذه الأدوات في بداية أو وسط الجملة، لاحظ الأمثلة التالية:

1- As he was late for work, he got a taxi..لانه كان متأخر عن العمل اخذ تكسي
2- I didn't tell him anything, for I don't trust him.
لم اخبر أي شئ لأنني لا أثق به.
3- Why did you lie to him? Because I was afraid of being punished.
لماذا كذّبت عليه؟ لأنني كنت خائفا من ان أعاقب.

2- Because of / due to + Noun or - ing form. وتعني بسبب .

1- His illness was due to stress. مرضه كان بسبب التوتر.
2- The strike was due to poor working conditions.
كان سبب الإضراب ظروف العمل السيئة.
3- Because of the bad weather, many trains have been cancelled.
بسبب الطقس السيئ تم إلغاء بعض رحل القطارات.

3- Because of / due to + the fact that. وتعني بسبب ، نظرا ل

1- Because of the fact that it had been snowing for four days, all roads were closed.
نظرا لسقوط الثلج لمدة أربعة أيام فقد أغلقت الشوارع.
2- Due to the fact that he was injured, he didn't play the game.
بسبب انه كان مجروح لم يلعب المباراة.

Clauses of concision **5- الدالة على التناقض**

هي التي تدل على فكرتين متناقضتين وتكون مسبوقة بالأدوات التالية:

1- Although, though+clause (subject+verb). وتعني على الرغم من

1- Although it was expensive, she bought it..على الرغم انه غالي الا أنها اشترتها
2- He came to school though he is ill. جاء الى المدرسة على الرغم انه مريض.

2- Despite, in spite of +noun or -ing form على الرغم من

1- Despite his wealth, he never lends money. رغم غناه فهو لا يعير احد نقودا.
2- In spite of being rich, he never lends money.
بالرغم من كونه غنيا فهو لا يعير احد نقودا ابدا.

3- Nevertheless, however + clause.

وتعني إلا أن، مع ذلك، مهما، على أية حال، و تستخدم لربط جملتين متناقضتين في المعنى.
1- He studied hard; however, he didn't get high marks.
درس بجد الا انه لم يحصل على علامات عالية.
2- It was raining heavily; nevertheless, we enjoyed our time.
كانت تمطر بغزارة الا اننا استمتعنا بوقتنا.

4- However, no matter how +adj /adv + subject لا يهم، مهما

1- However clever you are, you won't solve the puzzle.
مهما تكن ذكيا فسوف لن تتمكن حل هذه اللغز.
2- No matter how carefully you may write this essay, you will make some mistakes. مهما تكتب بعناية فسوف ترتكب بعض الأخطاء.

Clauses of manner   6- الدالة على الحال

هي التي تدل على الهيئة أو الطريقة أو الحال التي تم بها حدوث العمل أو الفعل وتكون مسبوقة بأحد الأدوات
التالية:

As, as if, as though.

وتعني كما، كما لو ، كأنه ويتبعها أحد الأفعال التالية :
(act, appear, be, behave, feel, look, seem, smell, sound, taste)

1- My brother swam in the river as though he is a fish.

سبح اخي في النهر كما لو انه سمكة.

2- Do as you like.   اعمل كما تحب.

3- Mona behaved as if she was the queen..تصرفت منى وكأنها كانت الملكة

4- She behaved as though nothing had happened.

تصرفت وكان شيئا لم يحدث.

5- She looks as if she's just got out of bed.

يبدو وكأنها نهضت من الفراش لتتو.

6- He sounds as if he is Italian.   يبدو وكأنه إيطالي.

7- She treats me as if she is my mother.   تعاملني كما لو أنها أمي.

8- Ahmed talked about Ali as if they had been close friends.

تحدث احمد عن علي وكأنهما لم يكنا أصدقاء .

9- Our house was built as my father ordered.   بني بيتنا كم أمر والدي.

Clauses of result   7- الدالة على النتيجة

هي التي تدل على النتيجة وتكون مسبوقة بالأدوات التالية:

1- So + adj / adv + that   الأمر الذي

1- He speaks so quickly that hardly anyone can understand him.

يتكلم بسرعة الأمر الذي لا يستطيع أحد فهمه.

2- Ahmed is so clever that he can answer the questions.

احمد ذكي جدا الأمر الذي يمكنه من إجابة الأسئلة.

2- Such + a(n) + adjective + singular countable + that.

1- It was such a nice dress that she bought it.

لقد كان الفستان جميلا الأمر الذي مكنها من شرائه.

2- He is such a clever man that he can answer any question.

هو ذكي جدا الامر الذي يمكنه من اجابة الاسئلة.

3- Such + adjective + uncountable/ plural noun + that.

1- It was such hard weather that we stayed indoors.

كان الجو قاسيا الأمر الذي جعلنا أن نبقى في البيت.

2- They were such good players that we couldn't beat them.

كانوا لاعبين جيدين الأمر الذي لم نستطع أن نهزمهم.

4- As a result/ therefore/ consequently/ so + clause.

وبالتالي، وكنتيجة لذلك.

1- He didn't have a visa and as a result he couldn't enter the country.

لم يمتلك تأشيرة وكنتيجة لذلك فهو لا يستطيع أن يدخل البلد.

2- Our car broke down; consequently, we were very late.

تعطلت سيارتنا وبناءا على ذلك كنا متأخرين جدا.

Conditional Sentences الجمل الشرطية

أولا: تركيب الجمل الشرطية

Structure of conditional sentences

تتكون الجملة الشرطية من قسمين رئيسين هما:

1- فعل الشرط If-clause

2- جواب الشرط Main-clause

If my father has enough money, he will buy a new car.

(If-clause فعل الشرط) (Main-clause جواب الشرط)

ويجوز أن نجري تبديلا بوضع جواب الشرط في البداية ثم يليه فعل الشرط، مثل:

He will buy a car if he has enough money.

ثانيا: انواع الجمل الشرطية Kinds of conditional sentences

هناك ثلاثة أنواع للجمل الشرطية في اللغة الإنجليزية هي:

1- محتمل الحدوث Probable to happen

يستعمل للتعبير عن عمل أو أمر يمكن تحقيقه في الحاضر أو المستقبل، ويتم في هذا النوع استعمال المضارع البسيط لجملة فعل الشرط والمستقبل البسيط لجملة جواب الشرط وذلك حسب التركيب التالي:

الحالة	If-clause فعل الشرط	Main-clause جواب الشرط
الإثبات	**If + S + V1 + Com**	**S+ will/shall/can + V1 + Com**
النفي	**If + S+ don't /doesn't + V1+ Com**	**S+ will/shall + not + V1+ Com**

لاحظ الأمثلة التالية:

1- If I have time, I shall phone you later. إن عندي وقت سوف اتصل معك لاحقا.

2- If you study, you will succeed. إن تدرس تنجح

3- If my father gives me money, I will buy some books.

لو يعطيني والدي نقوداً سوف اشتري بعض الكتب.

4- I will not go to school if it snows. لن اذهب إلى المدرسة لو ثلجت.

5- I won't come to the party if you don't invite them.

سوف لن آتي للحفلة إذا لم تدعوهم.

6- You can take the goods back if they are defective.

تستطيع أن ترجع البضاعة إذا كان فيها خلل.

7- If I see him, I may tell him about the subject.

لو رأيته ربما اخبره عن الموضوع.

8- She won't arrive on time if she misses the bus.

سوف لن تصل على الوقت لو يفوتها الباص.

9- If Ahmed arrives in time, he will go with us.

إذا وصل احمد في الوقت المحدد، هو سوف يذهب معنا.

10- If it stops raining, we can go out.

إذا توقف تساقط المطر، يمكننا الذهاب للخارج .

Improprobable to happen — 2- غير محتمل الحدوث

يستعمل للتعبير عن عمل أو أمر غير محتمل وقوعه في الحاضر أو المستقبل، ويتم في هذا النوع استعمال الماضي البسيط لفعل الشرط ومستقبل في الزمن الماضي لجواب الشرط وذلك حسب التركيب التالي:

الحالة	If-clause فعل الشرط	Main-clause جواب الشرط
الإثبات	**If + S + V2**	**S+ would/should/could + V1**
النفي	**If + S + didn't + V1**	**S+ would/should/could+ not + V1**

<u>لاحظ الأمثلة التالية:</u>

1- If he studied hard, he would pass the exams.

لو درس بجد لنجح في الامتحانات

2- If he faced problems, he would tell me quickly .

لو واجه مشاكل لأخبرني بسرعة.

3- If I had money, I would buy that house.

لو كان عندي نقود لاشتريت ذلك البيت

4- If he didn't come early, I wouldn't see him. لو لم يأتي مبكرا لما رأيته.

5- If they didn't study hard, they would fail the exams.

لو لم يدرسوا بجد لرسبوا في الامتحانات.

6- She would feel better if she didn't smoke so much.

ستشعر بتحسن لو إنها لا تدخن كثيرا.

7- I would come if they invited me. سوف آتي لو دعوني.

8- We should swim if we went to Aqaba. سوف نسبح لو ذهبنا إلى العقبة.

9- If my brother was here, he would drive my home.

لو كان أخي هنا لأوصلني إلى المنزل.

3- مستحيل الحدوث   **Impossible to happen**

يستعمل للتعبير عن عمل أو أمر لم يحدث في الماضي وتفيد اللوم و التأنيب على فرصة كانت متوفرة ولكن لم يتم الاستفادة منها، ويتم في هذا النوع استعمال الماضي التام لفعل الشرط و مستقبل تام في الماضي لجواب الشرط وذلك حسب التركيب التالي:

الحالة	If-clause فعل الشرط	جواب الشرط Main-clause
الإثبات	If + S + had + V3	S + would/should/could + have + V3
النفي	If + S + hadn't + V3	S+ would/should+ not + have + V3

لاحظ الأمثلة التالية:

1- I should have succeeded if I had studied.   كنت نجحت لو كنت درست.

2- He would have come if I had invited him.   كان أتى لو كنت قد دعوته.

3- If I had come early, I wouldn't have been late. .

لو كنت قد جئت مبكرا لما كنت قد تأخرت.

4- If you had read, you wouldn't have failed. .لو كنت قد قرأت لما كنت قد رسبت.

5- If he had asked me, I would have helped him. .لو سألني لكنت ساعدته.

6- If I had been in your place, I would have dealt with him simply.

لو أنني قد كنت مكانك، كنت سوف أتعامل معه ببساطة.

7- If you had brought your car, we would have arrived early.

لو كنت قد احضرت سيارتك، لكنا قد وصلنا باكرا.

8- If he hadn't an excellent swimmer, he wouldn't have rescued the child.

لو لم يكن سباحا ماهرا لما كان قد أنقذ الطفل.

9- If you hadn't driven me I wouldn't have arrived in time.

لو لم توصلني لما كنت قد وصلت في الوقت المحدد.

10- If you had known what he wants, you would have helped him.

لو عرفت ماذا هو يريد لكنت ساعدته.

Exercises

- Complete the sentences by using the correct form of the verb in brackets.

1- If I ------- enough money, I will go with you (have).

2- If I ------- enough money, I would have gone with you (have).

3- Sally always answers the phone if she ------ in her office(be).

4- If the weather is nice tomorrow, we ---- to the zoo (go).

5- Jack would shave today if he ------- a sharp razor (have).

6- I ………… my friend at the weekend if my parents agreed. (visit).

7- If Ahmed …….. at seven, he will miss the bus. (not/leave).

- Choose the correct answer from brackets.

1- If he read well, he .... the exam.

(will pass, would pass, would have passed).

2- We .... out if it stopped raining.

(may go, might go, might have gone).

3- If I had worked, I .... you some money.

(may send, might send, might have sent).

4- If I saw the man next Sunday, I .... to him.

(will talk, would talk, would have talked).

5- If they .... hard, they would fail the exams.

(don't study, didn't study, hadn't studied).

- Complete each of the following sentences so that the new sentence is similar in meaning to the one before it.

أكمل كل من الجمل التالية بحيث تكون الجملة الجديدة مشابهة بالمعنى للجملة التي قبلها.

1- If he doesn't speak English well, he will not get the job.

Unless ....

2- If she can't swim well, she will sink.

Unless ....

3- Unless they build the room correctly, it will collapse.

If ....

4- Unless we practice speaking, we won't be able to speak English.

Provided that ....

5- If you don't write well, you will make some mistakes.

Unless ....

6- You really ought to go somewhere sunnier to get a suntan.

Unless...

7- Calling her might make her feel better.

If ....

8- He canceled his trip because he had run out of money.

If ....

9- There will be an election if the president resigns.

Providing...

10- John didn't leave early so he didn't get there on time.

If ....

Determiners المحددات

تقسم المحددات إلى ما يلي:

1- أدوات التنكير (Indefinite Articles) A, an
2- أداة التعريف (Definite Article) The
3- أسماء الإشارة (Demonstratives) This, that, these, those
4- ضمائر الملكية (Possessive Pronouns). My, your, his, her.
5- محددات الكميه (Quantifiers) Some, any, every, no, both..
6- الأرقام (Numbers) One, two, three..

والآن سوف نقوم بتوضيح محددات الكمية (*Quantifiers*) بشكل مفصّل.

1- All

المعنى	**كل، جميع.**
الاستخدام	**تشير إلى اكثر من شخص أو شيء وتستخدم مع الأسماء الجمع المعدودة والأسماء غير المعدودة.**

1- We ate all (of) the food. .أكلنا جميع الطعام
2- All of them failed رسبوا جميعهم
3- They all failed. هم جميعا رسبوا.
4- All (of) my friends came to the party..كل اصدقائي جاءوا الى الحفلة
5- This money is all yours. هذه النقود جميعها لك.
6- All of her marks are good. كل علاماتها جيدة.
7- All are welcome. الجميع مرحب بهم.
8- All the books were interesting. جميع الكتب كانت ممتعة.
9- All (of) my children are in the garden. كل اطفالي في الحديق.
10- The students are all in the library. جميع الطلاب في المكتبة.

2- Both.

المعنى	**كلا، كلتا.**
الاستخدام	**تشير إلى شخصين أو شيئين.**

1- Both Ahmed and Ali are teachers.كلا أحمد وعلي معلمين
2- They are both singers..هم كلاهما مغنيان
3- Both of them are singers..كلاهما مغنيان
4- Both girls are nurses..كلتا الفتيات ممرضات

.Each -3

المعنى	كل.
الاستخدام	تستخدم مع الأسماء المفردة المعدودة للدلالة على عدد قليل من الأشخاص أو الأشياء مع الأخذ بعين الاعتبار كل شخص بمفرده، ويتبعه فعل في صيغة المفرد.

1- Each member of the team was given a medal..كل عضو في الفريق أُعطي مدالية
2- Each of the lessons lasts an hour..كل درس يدوم ساعة واحدة
3- He gave each child a present..اعطى كل طفل هدية
4- He gave each of the children a present.اعطى كل من الاطفال هدية
5- He looked at each one of them..نظر الى كل واحد منهم
6- Each bank has its own policy. .لكل بنك سياسة الخاصة به

.Every -4

المعنى	كل.
الاستخدام	تستخدم مع الأسماء المفردة المعدودة للدلالة على عدد من الأشخاص أو الأشياء مع الأخذ بعين الاعتبار كل شخص على انفراد ويتبعه فعل في صيغة المفرد، وهي تقريبا مثل (each).

1- He knows every student in the school..هو يعرف كل طالب في المدرسة
2- I have read every book in the house..لقد قرأت كل كتاب في البيت
3- My father gave every one of us a book..اعطى والدي كل واحد منا كتابا
4- Every one has a house..كل شخص عنده بيت
5- Every man is mortal.كُلّ إنسان هالكٌ

.Some -5

المعنى	بعض، عدد من ، قليل من.
الاستخدام	تستخدم قبل الأسماء المعدودة وغير المعدودة مع الجمل المثبتة للدلالة على عددا من الأشخاص أو الأشياء.

1- I will buy some apples..ساشتري بعض التفاح
2- He gave me some money..اعطاني بعض النقود
3- Some of his books are very interesting..بعض كتبه ممتعة جدا
4- Some people enjoy reading at night..بعض الناس يستمتعون بالقراءة في الليل
5- We bought some flowers..اشترينا بعض الزهور
6- You need some advice..تحتاج الى بعض النصائح

.Any -6

المعنى	أي.
الاستخدام	تستخدم قبل الأسماء المعدودة وغير المعدودة مع الجمل الاستفهامية والمنفية، ويمكن استخدام (any) بعد (if) وذلك في الجمل الإيجابية.

1- I don't like any of his stories..انا لا احي اياً من قصصه
2- I didn't have any lunch..لم اتناول الغداء
3- Is there any bread at home??هل يوجد خبزا في البيت
4- Have you bought any comic books??هل اشتريت اياً من الكتب الهزلية
5- If there any letters for me, can you send them on my address.
6- If anyone has any questions, I will be pleased to answer them.
7- Do you save any money??هل وفرت اي مال

.Much -7

المعنى	كثير.
الاستخدام	تستخدم مع الأسماء غير المعدودة ، وبشكل خاص مع الجمل المنفية والاستفهامية، وتستخدم أيضا بعد (as, how, so, too) وذلك في الجمل الإيجابية.

1- I haven't got much money..لا امتلك الكثير من النقود
2- You have given me too much food..لقد اعطيني طعام كثير جدا
3- How much time do you want??كم من الوقت تريد
4- She didn't realize how much money she had spent.
5- I spent too much money..انفقت الكثير من النقود
6- Eat as much as you can.. كُلْ بقدر ما تستطيع
7- I didn't play much..لم العب كثيرا

.Many -8

المعنى	كثير، كبير.
الاستخدام	تستخدم مع الأسماء المعدودة ، وبشكل خاص مع الجمل المنفية والاستفهامية،وتستخدم أيضا بعد(as, how, so, too) وذلك في الجمل الإيجابية.

1- Are there many cakes??هل يوجد الكثير من الكيك
2- There are too many mistakes in the essay..يوجد اخطاءا كثيرة في المقالة
3- Many of the people left early..الكثير من الناس غادروا باكرا
4- How many children have you got??كم طفلا تمتلك
5- How many came to the meeting??كم شخصا جاء الى الاجتماع

.A lot (of) / lots of -9

المعنى	كثير من، عدد كبير من.
الاستخدام	تستخدم مع الأسماء المعدودة وغير المعدودة مع الجمل الإيجابية، ويمكن استخدام (a lot of) مع الجمل الاستفهامية والمنفية.

1- A lot of people attended the wedding ceremony.
2- She's got lots of furniture..تمتلك الكثير من الاثاث
3- Did you take a lot of pictures?؟هل التقطت الكثير من الصور
4- We spent a lot of money.؟انفقنا الكثير من المال
5- There's been lots of rain this year. .لقد كان الكثير من المطر هذه السنة
6- I owe a lot of (lots of) money..انا مدين بالكثير من المال
7- She has a lot of (lots of) friends..تمتلك العديد من الاصدقاء

.A few -10

المعنى	عدد قليل، بعض.
الاستخدام	تستخدم مع الأسماء المعدودة الجمع وتعطي معنى إيجابي وتدل على أن الشيء قليل ولكنه كافي.

1- A few students passed the test..عدد قليل من الطلاب نجحوا في الامتحان
2- Only a few of the people who applied were suitable.
3- I knew a few of the people there..عرفت القليل من الناس هناك
4- I made a few friends when I was in London.
5- I have a few books on literature. .امتلك عدد قليل من كتب الادب
6- I'm meeting a few friends next week. Would you like to join us?
7- Unfortunately, a few died in the accident..لسوء الحظ عدد قليل ماتوا في الحادث

.Few -11

المعنى	عدد قليل، بعض.
الاستخدام	تستخدم مع الأسماء المعدودة وتعطي معنى سلبي وتدل على أن الشيء قليل جدا ولا يكفي.

1- Few English people speak a second language.
2- I knew few of the people at the party..عرفت بعض الناس في الحفلة
3- Few people came to my party..عدد قليل من الناس جاء الى الحفلة
4- Ahmed isn't popular. He has few friends.
5- Few tourists come to this town, because it isn't interesting and attractive. قليل من السياح ياتي الى هذه البلدة لانها غير ممتعة وغير جذابة.
6- He is lonely. He has few friends..هو وحيدا. فهو يمتلك عدد قليل من الاصدقاء

.A little -12

المعنى	عدد قليل، قليل من، بعض.
الاستخدام	تستخدم مع الأسماء الغير المعدودة وتعطي معنى إيجابي وتدل على أن العدد يكفي.

1- My father has a little money. He can buy some fruits and vegetables.
2- A little salt gives flavor to food..القليل من الملح يعطي نكهه للطعام
3- I have a little money left so I will buy sweets.
4- A little patience is always needed..دائما يحتاج الى قليل من الصبر
5- There is a little milk, you can drink, Ahmed.

.Little -13

المعنى	عدد قليل، قليل من، بعض.
الاستخدام	تستخدم مع الأسماء الغير المعدودة وتعطي معنى سلبي وتدل على أن العدد قليل جدا ولا يكفي.

1- There is little sugar. Mona can't make two cups of tea.
2- Let us go now. We have only little time..دعنا نذهب. لدينا بعض الوقت
3- I have had very little success with my job.
4- There is little hope that she will recover..يوجد امل قليل انها سوف تتعافى
5- They have very little money..يمتلكون القليل من المال

.No -14

المعنى	ليس، لا.
الاستخدام	تستخدم مع الأسماء المعدودة وغير المعدودة.

1- I have no time to talk now.
2- There is no water on the table.
3- I know no one at the party.
4- There is nobody in the room.
5- There was nothing interesting in the film.

.None, None of -15

المعنى	لا أحد، لا شيء
الاستخدام	تستخدم للدلالة على اكثر من شخصين أو شيئين ، وتعطي معنى سلبي ولا يتبعها اسم.

1- Are there any mistakes? No, none.هل يوجد اخطاء؟ لا، لا يوجد

2- How many books did you buy? None. .كم كتابا اشتريت؟ لا شيء
3- None of the trains is / are going to London.لا احد من القطارات يذهب الى لندن
4- None of my friends failed in the exam. ولا احد من اصدقائي رسب في الامتحان
5- None of the works is finished..لا شيء من الاعمال انهيت
6- None of the bills have been paid. .لا شيء من الفاتورة تم دفعها

ملاحظة: تستعمل (none of) قبل الأسماء والضمائر ويتبعها فعل في صيغة المفرد أو الجمع، مثل:

1- None of the girls know / knows how to do it.
None of them know / knows how to do it.
2- I know two brothers but none of them live / lives nearby.

.Either, Either of -16

المعنى	**أي واحد من الاثنين، أي (منهما).**
الاستخدام	**تشير إلى شخصين أو شيئين وتستخدم قبل الاسم المفرد المعدود.**

1- We can go to either restaurant..نستطيع ان نذهب الى اي مطعم
2- Ahmed can play with either boy. .يستطيع احمد ان يلعب مع اي ولد
3- Either of us is / are willing to help..اي واحد منا مستعد للمساعدة

ملاحظات: 1- يأتي مع (either of) فعل في صيغة المفرد أو الجمع وتعني إما هذا أو ذاك، مثل:

1- Either of the trains go/ goes to London.
2- Either of them speak/ speaks French.
3- Either of the solutions is/ are acceptable.

2- نستخدم (either ... or) عند الاختيار بين شيئين أو شخصين ويتبعها فعل في صيغ المفرد أو الجمع وذلك بالاعتماد على الفاعل الذي يتبع (or)، مثل:

1- I will have either tea or coffee.
2- You can take either Ahmed or Ali .
3- You can either write or read.
4- Either Hassan or Rami was late.
5- Either the student or the teachers were in the garden.

.Neither, Neither of -17	
لا واحد من.	المعنى
تشير إلى شخصين أو شيئين وتستخدم قبل الاسم المفرد المعدود.	الاستخدام

1- Neither team played very well..ولا فريق لعب جيدا
2- Neither of the teams played well.ولا احد من الفريقين لعب جيدا
3- There were two candidates for the job but neither of them was very good. كان هناك مرشحين للوظيفة ولكن لا احد منهما كان جيدا.
4- Neither day was suitable. .ولا يوم كان مناسبا
5- Neither solution is acceptable..ولا حلا كان مقبولا

ملاحظات: 1- يأتي مع (neither of) فعل في صيغة المفرد أو الجمع، مثل:

1- Neither of them is/ are French
2- Neither of them speak/ speaks French.
3- Neither of the books was/ were interesting.
4- Neither of the boys has/ have arrived.

2- نستخدم (neither.. nor) عند الاختيار بين شيئين أو شخصين وتعني لا هذا ولا ذاك، ويتبعها فعل في صيغة المفرد أو الجمع وذلك بالاعتماد على الفاعل الذي يتبع (nor)، مثل:

1- Neither Ahmed nor Ali was at the meeting.
2- She drinks neither tea nor coffee.
3- Neither Jamal nor Ahmed is willing to help.
4- Neither the teacher nor the students were in the library.

.Most / Most of -18	
معظم، اكبر عدد.	المعنى
تستخدم مع الأسماء غير المعدودة والأسماء المعدودة الجمع.	الاستخدام

1- Most of the problems have disappeared..معظم المشاكل اختفت
2- I have lost most of my patience..لقد فقدت صبري
3- We spent most of our money the first day..صرفنا معظم النقود في اليوم الاول
4- Most tourists don't visit this part of the town.
معظم السياح لا يزوروا هذا الجزء من البلدة.
5- Most families in this country have a television.
عدد كبير من العائلات في هذه البلدة يمتلكون لجهزة تلفاز.

	.More -19
المعنى	اكثر، كثير، عدد اكبر.
الاستخدام	تستخدم مع الأسماء غير المعدودة والأسماء المعدودة الجمع.

1- I have more opportunities as well..امتلك الكثير من الفرص ايضا

2- There were more people than I expected..هناك الكثير من الناس مما توقعت

3- We had more time than we thought..نمتلك وقتا كثيرا اكثر مما فكرنا

	Enough -20
المعنى	قليل، مقدار كاف.
الاستخدام	تستخدم مع الأسماء غير المعدودة والأسماء المعدودة الجمع.

1- We saved enough money to buy a computer.

2- Are there enough chairs?هل يوجد عدد كاف من الكراسي؟؟

3- I have enough friends..امتلك القليل من الاصدقاء

4- I don't have enough money..لا امتلك عدد كاف من الاصدقاء

	Plenty of -21
المعنى	كثير ، عديد من.
الاستخدام	تستخدم مع الأسماء غير المعدودة والأسماء المعدودة الجمع.

1- He has plenty of time to help us..يمتلك الكثير من الوقت ليساعدنا

2- Plenty of people attended the meeting..الكثير من الناس حضر الاجتماع

	Whole -22
المعنى	كل.
الاستخدام	تستخدم مع الأسماء المعدودة المفردة ويأتي قبلها (a, the, this, my ...etc).

1- Did you read the whole book?هل قرات كل الكتب؟؟

2- She has lived her whole life in Japan..لقد عاشت كامل حياتها في اليابان

3- We drank a whole bottle of water.

شربنا قنينة كاملة من الماء.

4- We spent the whole summary in Italy that year.

قضينا كل الصيف في ايطاليا تلك السنة.

Others, the other(s), the other one (s), each other -23 another.

المعنى	الآخر، الأخرى، الآخرون، آخر، أخرى، بعضهم البعض.

1- These books are Ali's, the others are mine.

هذه الكتب لعلي، والاخرى لي.

2- Good friends always help each other.

الاصدقاء الجيدون يساعدون بعضهم البعض

3- No, not that shirt. I want the other one..لا، ليس هذا القميص، اريد الاخر

4- Those shoes are too small; can I try the other ones, please?

هذا الحذاء صغير جدا، هل استطيع ان اجرب الاخر لو سمحت؟

5- Can you give me another cup of coffee?

هل تستطيع ان تعطيني كاس اخر من القهوة؟

6- How many other students are there in your class?

كم عدد الطلاب آلاخرون في صنفِكَ؟

7- Some of my friends went to the university, others didn't?

بعض اصدقائي ذهبوا الى الجامعة، والاخرون لا يذهبوا.

8- Would you like another drink?

هل تَحْبُّ شراباً آخراً؟

9- If you have already seen this film, we can go and see another.

اذا رايت هذا الفيلم مسبقا، نستطيع ان نذهب ونشاهد فلما آخر.

Everyone, everybody, everything -24

المعنى	كل واحد، كل شخص، كل شيء
الاستخدام	يتبعها فعلا في صيغة المفرد.

1- Everyone (everybody) was shocked when they heard the news.

كل واحد كان مصدوما عندما سمعوا الاخبار.

2- Is everyone (everybody) here? هل كل شخص هنا؟

3- Everyone (everybody) will be ready for the exam.

كل شخص سوف يكون مستعدا للامتحان.

4- Everyone (everybody) is supposed to write two paragraphs.

كل شخص يفترض ان يكتب فقرتين.

5- Everything has been placed correctly.

تم وضع كل شيء في مكانه بشكل صحيح.

Exercise

- Underline the correct item.

1- (Both / Neither) Mozart and Beethoven were great composers.

2-(Neither/ Either) Ahmed or Ali studied physics at school.

3- I finished the (all/ whole) exercise in five minutes.

4- I have kept in touch with (all/ every) my old school friends.

5- (Neither/ Either) of the girls passed the exam. They both failed.

6- Laila goes to the same restaurant (every/ all) day.

7- (None/ Each) of the people he conducted were interested.

8- We have to pay our telephone bill (each/ every) three months.

9- You will get fat if you eat (all/ none) these biscuits.

10- (Either/ Both) Sami and Ahmed had a good time.

11- She spent the (whole/ all) afternoon lying on the beach.

12- (Each/ All of) candidate will be interviewed individually.

13- There are only (a little/ a few/ a lot of) days left before the holiday

14- I don't like (either/ neither) of these coats. I will look for one somewhere else.

15- I don't like (many/ much/ little) of Woody Allen's films.

16- I go swimming nearly (either/ every) day.

17- (All/ every) that she wants is another baby. She simply adores big families.

18- There is (no/ none) space for a washing machine in my kitchen.

19- Ahmed and I went to the opera. We (both/ all) enjoyed it very much.

20- (None of/ All of) the girls were ready for the dance on time. They got there late.

21- (Each/ All) one of the candidates was given a questionnaire before the interview.

22- Do you like these boots? No, I prefer these (one/ ones).

23- There is a leak in (both/ each) the hot water tank and the cold water tank.

24- You are going to have to look through (each, both) one of these files separately.

25- (Neither/ either) of the tapes you bought is the one I really wanted.

26- He was late because he had (little/ few/ a lot of) work to do.

27- There are (very little/ too many/ much) cars on the roads.

28- There is (a little/ a few/ much) light coming in through that window.

29- I have only (a little/ a few/ a lot) books but I would like to have more.

30- There are (a lot / a little/ a lot of) flowers in the garden.

| الكلام المباشر وغير المباشر | Direct and Indirect speech |

أولا: الكلام المباشر   **Direct Speech**

هو عبارة عن نقل أو تكرار أو قول كلمات المتحدث الأصلي حرفيا إلى المستمع بدون أي تغيير أو تعديل ، وبعبارة أخرى هو الكلام الذي يسمعه المستمع مباشرة من المتحدث الأصلي دون أن ينقله له طرف ثالث ويوضع الكلام المباشر بين قوسين صغيرين (Inverted Commas) ويسبق بفعل القول (say – said)، مثل:

He said," I was studying English".   هو قال: "أنا كنت ادرس الإنجليزية"

She says," I will get married next week".

هي قالت : "سأتزوج الأسبوع القادم".

ثانيا: الكلام غير المباشر   **Indirect Speech**

هو عبارة عن إعادة أو نقل الكلام الذي قاله المتحدث الأصلي إلى المستمع ولكن من قبل شخص ثالث أو بعبارة أخرى هو أن يقوم أحدنا بنقل كلام المتحدث الأصلي إلى شخص ثالث مع أجراء بعض التغيرات عليه، ولا يوضع مع الكلام المنقول أقواس أو فواصل ويسبق بأحد الأفعال التالية (said, told)، مثل:

He said that he had been studying English.

قال انه كان يدرس الإنجليزية.

She said that she would get married the following week.

قالت إنها سوف تتزوج الأسبوع القادم.

ملاحظة: عند التحويل من الكلام المباشر إلى غير المباشر تتم التحويلات التالية:

1- تحويل الأفعال:

Direct speech الكلام المباشر	Indirect speech الكلام غير المباشر
مضارع بسيط	ماضي بسيط
ماضي بسيط	had +V3
is, am	was
are	were
was, were	had been
has/ have	had
do/ does	did
did	had +V3
had	had had
will	would
shall	should
can	could
may	might
must	had to
has to / have to	had to
had to + V1	must have +V3
don't, doesn't + V1	didn't + V1
didn't + V1	hadn't +V3

2- تحويل الضمائر:

أ- ضمائر الفاعل.

Direct speech الكلام المباشر	Indirect speech الكلام غير المباشر
I	he, she
we	they
you	he, she, they

ب- ضمائر المفعول به.

Direct speech الكلام المباشر	Indirect speech الكلام غير المباشر
me	her, him
us	them
you	him, her, them

ج- ضمائر التملك.

Direct speech الكلام المباشر	Indirect speechالكلام غير المباشر
my	his, her
our	their
mine	his, her, their
ours	his, hers
yours	his, hers, theirs

د -الضمائر التوكيدية.

Direct speech الكلام المباشر	Indirect speechالكلام غير المباشر
myself	herself, himself
ourselves	themselves
yourself	herself, himself
yourselves	themselves

3 - تحويل الظروف والتعابير الزمنية وضمائر الإشارة:

Direct speech الكلام المباشر	Indirect speechالكلام غير المباشر
now	then
today	that day
yesterday	the day before
tomorrow	the following day / the next day
next week	the following week
next month	the following month
last week	the previous week
last month	the previous month
ago	before
a year ago	a year before / the previous year
tonight	that night
late	soon
tomorrow evening	next evening
yesterday morning	the previous morning
this	that
these	those
here	there

هناك ثلاث أنواع رئيسية من الجمل التي يتم تحويلها إلى الكلام المنقول:

1- الجملة الخبرية **Statement**

2- الجملة الاستفهامية **Interrogative**

3- جملة الأمر **Imperative /Command**

وفيما يلي شرح مفصّل لكيفية تحويل كل جملة من الجمل السابقة إلى الكلام غير المباشر أو الكلام المنقول.

اولا: الجملة الخبرية **Statement**

عند تحويل الجملة الخبرية من الكلام المباشر إلى الكلام غير المباشر نتبع الخطوات التالية:

1- إذا كان فعل القول مضارعا أو مضارعا مستمرا أو مضارعا تاما أو مستقبلا، فعند التحويل إلى الكلام غير المباشر في هذه الحالة لا يحدث أي تغيير على أزمنة الأفعال ما عدا الضمائر فيتم تغيرها إذا وجدت ، مثل:

he says, he tells, I want to know, he has said, I have asked,

لاحظ الأمثلة التالية:

1- Mona says," I like coffee."

مثلا يريد احمد أن ينقل الكلام الذي قالته منى إلى صديقه خالد بطريقة غير مباشرة فيقول:

Mona says that she likes coffee.

2- He says," I have finished my work."

He says that he has finished his work.

3- Ali has said to me," I am going to visit my friend."

He says that he is going to visit his friend.

2- نحذف الفاصلة وعلامتا الاقتباس.

3- نضع أداة الربط.(that)

4- نحوّل الضمائر إذا وجدت وذلك حسب الجدول السابق.

5- نحوّل الفعل إلى الزمن الماضي حسب الجدول السابق.

6- نحوّل الظروف والتعابير الزمنية وضمائر الاشارة إذا وجدت في الجملة حسب الجدول السابق.

لاحظ الأمثلة التالية:

1- He said, "We have written our lesson."

He said that they had written their lesson.

2- Ali to Mona," My parents are kind."

Ali told Mona that his parents were kind.

3- Liala,"I should visit my friends."

Liala said that she should visit her friends.

4- "My father doesn't eat meat."

Lana said that her father didn't eat meat.

5- "I must improve my language"

Reem told me that she had to improve her language.

6- "I am the best in the class"

Fatima boasts that she is the best in the class.

7- "While I was playing, I saw my brother."

He said that while he had been playing, he had seen his brother.

8- "These snakes can be dangerous."

The man warned us that those snakes could be dangerous.

9- "The bag was stolen."

He said that the bag had been stolen.

10- My brother went to Amman yesterday." Said Mary.

Mary said that her brother had gone to Amman the previous day.

11-"My son had a farm in the past."

She boasted that her father had had a farm in the past.

12- "I didn't go last week"

He said that he hadn't gone the previous week.

13- The doctor said to the nurse," The patient wants some water"

The doctor told the nurse that the patient wanted some water.

14- She will say to me," Y

•You can do it if you try."

She will tell him that he can do it if he tries.

15- We are living in this flat." They tell me.

They tell me that they are living in that flat.

Interrogative ثانيا: الجملة الاستفهامية

أ-أسئلة نعم/لا Yes/No Questions

عند تحويل سؤال Yes/ No من الكلام المباشر إلى الكلام غير المباشر نتبّع الخطوات التالية:

1- نحذف الفاصلة وعلامتا الاقتباس.
2- نضع if) أو (whether في بداية جملة الكلام غير المباشر.
3- نضع الفاعل أو الضمير قبل الفعل.
4- نحّول الفعل المساعد حسب الجدول السابق.
5- نحّول الظروف والتعابير الزمنية وضمائر الاشارة إذا وجدت في الجملة حسب الجدول السابق.
6- نحّول علامة السؤال إلى نقطة.

ملاحظات:
1- إذا كان السؤال يبدا بأحد الأفعال المساعدة التالية (do, does) نحذفهما ونغير الفعل الأصلي إلى الماضي.
2- إذا كان السؤال يبدا بأحد الأفعال المساعدة التالية (don't, doesn't) نحولهما إلى.(didn't)
3- إذا كان السؤال يبدا بالفعل المساعد (did) نحذفه ونحول الفعل الأصلي إلى الماضي التام.(had + V3)
4- إذا كان السؤال يبدا بالفعل المساعد (didn't) نحذفه ونحول الفعل الأصلي إلى الماضي التام.(hadn't + V3)

لاحظ الأمثلة التالية:

1- Ali to Ahmed," Is your house big."?
Ali asked Ahmed if his house was big.
2- Mona," Have you found my pen, Islam"?
Mona asked Islam if he had found her pen.
3- I said to him," Do you go to Amman with Ahmed."?
I asked him if he went to Amman with Ahmed.
4- " Does your brother teach in this school.'?
I asked him whether his brother thought in that school.
5- " Did the boys write their lessons yesterday."?
He asked if the boys had written their lessons the day before.
6- Hassan said," Can I borrow your car today, Bassam?"
Hassan asked Bassam if he could borrow his car that day.
7- The mother said," Will the doctor be here at 8 o'clock?"
The mother asked if the doctor would be there at 8 o'clock.

8- "Are they studying hard?" He said.

He asked if they were studying hard.

9- The teacher said to me," Did you do well in the exams?"

The teacher asked me if I had done well in the exam.

10-" Must I stop smoking"?

Ali asked Marwan if he had to stop smoking.

<u>ب -الأسئلة الاستفهامية W-h Questions</u>

عند تحويل السؤال الاستفهامي من الكلام المباشر إلى الكلام غير المباشر نتّبع الخطوات التالية:

1- نحذف الفاصلة وعلامتا الاقتباس.
2- نضع أداة السؤال نفسها في بداية جملة الكلام غير المباشر.
3- نضع الفاعل أو الضمير قبل الفعل.
4- نحّول الفعل المساعد حسب الجدول السابق.
5- نحّول الظروف والتعابير الزمنية وضمائر الإشارة إذا وجدت في الجملة حسب الجدول السابق.
6- نحّول علامة السؤال إلى نقطة.

ملاحظات:

1- إذا كان السؤال يحتوي على أحد الأفعال المساعدة التالية (do, does) نحذفهما ونغير الفعل الأصلي إلى الماضي.
2- إذا كان السؤال يحتوي على أحد الأفعال المساعدة التالية (don't, doesn't) نحولهما إلى.((didn't
3- إذا احتوى السؤال على الفعل المساعد (did) نحذفها ونحول الفعل الأصلي إلى الماضي التام.(had + V3)
4- إذا احتوى السؤال على الفعل المساعد (didn't) نحذفها ونحول الفعل الأصلي إلى الماضي التام.(hadn't + V3)

لاحظ الأمثلة التالية:

1- He said," Where does he sleep?"

He asked where he slept.

2- " Where is your book?" He inquired.

He inquired where my book was.

3- " Where has Ali been?"

He wanted to know where Ali had been.

4- " When did the bus arrive?"

He asked when the bus had arrived.

5- What are you doing, girls?"
He wanted to know what girls were doing.
6- " How long have you been here?"
He asked how long I had been there.
7- " Why didn't Ali buy the house?"
I asked why Ali hadn't bought the house.
8- What do you think of this problem?"
He asked me what I thought of that problem.
9- Why does Ahmed always come late?"
The teacher asked why Ahmed always came late.
10- Why don't you spen
nd the weekend with me?"
My friend asked me why I didn't spend the weekend with him.

Command/Imperative ثالثا: جمة الامر

عند تحويل جملة الأمر من الكلام المباشر إلى الكلام غير المباشر نتبّع الخطوات التالية:
1- نحذف الفاصلة وعلامتا الاقتباس.
2- تضع (to) قبل الفعل إذا بدأت الجملة بفعل مجرد.
3- إذا بدأت الجملة بـ (don't) نحذفها ونضع.(not to)
4- نحذف كلمة (please) إذا وجدت في الجملة.
5- نحّول الظروف والتعابير الزمنية وضمائر الإشارة إذا وجدت في الجملة حسب الجدول السابق.

لاحظ الأمثلة التالية:

1- Clean the room, please.
He told me to clean the room.
2- Please don't play with electricity.
He warned the child not to play with electricity.
3- "Bring me a cup of coffee.
He ordered his wife to bring him a cup of coffee.
4-Ahmed to his children" Don't play in the street"
He warned his children not to play in the street.
5- He said," Respect your parents, Saleh."
He told Saleh to respect his parents.

Exercise

Change the following sentences into indirect speech.

حوِّل الجمل التالية إلى الكلام غير المباشر:

1- He said to me yesterday, "I don't go to school on Friday."
2- "You may see him." She said to me.
3- "My girl is sick today," The mother said to the doctor.
4- My father said to us," I wish you will have a good time."
5- He said to me," I shall meet you tomorrow."
6- He said, ' I have been waiting for six hours.
7- " Is this your book"?
8- "Will you come tonight, Ali?"
9- The teacher said to the student," Why were you late yesterday?"
10- Ali said to Jamal," When shall we meet tomorrow?"
11- The boy to his father," Please, give me one dinar"
12- "Open the window for me, please" She said to me.
13- " Do you know the way to the cinema?"
14- " Why haven't you eaten anything?"
15- " How did you find out her address?"
16- He said," Shall I carry your bags?"
17- He said," She had better not say that again.

The passive Voice المبني للمجهول

هناك صيغتان للفعل في اللغة الإنجليزية هما:

Form of active voice 1- صيغة المبني للمعلوم

حيث يكون الفاعل أو المبتدأ في بداية الجملة، وتدل على أن الفاعل الواقع في بداية الجملة هو نفسه الفاعل الحقيقي (Agent) الذي قام بالفعل في الجملة، لاحظ المثال التالي:

The student wrote the lesson. كتب الطالب الدرس

لاحظ هنا أن الفاعل (the student) هو الفاعل الحقيقي الذي قام بالفعل وهو كتابة الدرس، وجاء هذا الفاعل أو المبتدأ في بداية الجملة.

2- صيغة المبني للمجهول From of passive voice

حيث يكون الفاعل الحقيقي (Agent) والذي قام بالفعل في نهاية الجملة، لاحظ المثال التالي:
.The lesson was written by the student.كُتب الدرس من قبل الطالب

(لاحظ هنا أن الفاعل الحقيقي (the student) جاء في نهاية الجملة، ولاحظ أن المبتدأ أو الفاعل (the lesson) الذي كان مفعول به في الجملة الأصلية قد اصبح فاعل في جملة المبني للمجهول).
ويجوز أن نحذف شـبة جملة الجر (by the student) من جملة المبني للمجهول دون أن يؤثر على معنى الجملة، فتصبح الجملة:

The lesson was written. **كُتب الدرس .**

أولا :استخدام المبني للمجهول Use of The Passive Voice

تستخدم صيغة المبني للمجهول في اللغة الإنجليزية في الحالات التالية:

1- عندما لا نعرف الشخص الذي قام بالعمل، مثل:
1996 The car was stolen in 1996.سُرقت السيارة عام

2- عندما نريد أن نخفي من قام بالعمل، مثل:
. The window was broken yesterday.كُسر الشباك البارحة

3- عندما لا يكون هناك أهمية لذكر من قام بالعمل، مثل:
. The book was printed in many languages.طُبع الكتاب بعدة لغات

ثانيا :التحويل من المبني للمعلوم إلى المبني للمجهول.
Changing form Active Voice into Passive Voice

هناك أربعة أنواع من الجمل يتم تحويلها إلى المبني للمجهول وهي:

1- الجملة الخبرية Statement
2- الجملة المنفية Negative Sentence
3- الاستفهام Question
4- الجملة التي تحتوي على مفعولين The Sentence Containing two Objects

Statement **أولا: الجملة الخبرية**

1- إذا كانت الجملة الخبرية في الحاضر البسيط، يتم تحويلها كما يلي:

Active المعلوم	مفعول به + فعل مضارع + فاعل
Passiveالمجهول	المفعول به + be (am, is, are) + V3 + by + فاعل

1- Mona cleans the house every day.تنظف منى البيت كل يوم

The house is cleaned by Mona every day.

يُنظف البيت من قبل منى كل يوم.

2- The students speak English in class.

يتكلم الطلاب الإنجليزية في الصف.

English is spoken in class by the students.

تُتكلم الإنجليزية من قبل الطلاب في الصف.

3- My father reminds me every day. I am reminded by يذكرني أبي كل يوم
my father every day

أنا أُذكر من قبل والدي كل يوم.

4- Ali eats two apples daily.يأكل علي تفاحتين يومياً

Two apples are eaten by Ali daily.تُوكل تفاحتين من قبل علي يوميا

5- Ali opens the door. الباب على يفتح

The door is opened by Ali. علي قبل من الباب يُفتح

6- Waitresses and waiters serve customers.

Customers are served by waitresses and waiters.

7- The teacher corrects our questions.

Our questions are corrected by the teacher.

8- The news surprises me.

I am surprised by the news.

9- Water surrounds an island.

An island is surrounded by water.

10- Helicopters fascinate children.

Children are fascinated by helicopters.

لاحظ من خلال الأمثلة أعلاه إننا قمنا بالخطوات التالية عند التحويل:

1 -وضعنا المفعول به في أول الجملة.

2- وضعنا أحد أفعال.(be)

3- وضعنا التصريف الثالث للفعل) اسم المفعول.

4- وضعنا حرف الجر (by) ثم الفاعل.

5- أكملنا الجملة.

ملاحظة :: إذا كان الفاعل أو المفعول به في جملة المبني للمعلوم ضـميرا فيتم تحويلهما في جملة المبني للمجهول كما في الجدول التالي:

الضمير في حالة الفاعل	الضمير في حالة المفعول به
He	him
She	her
It	it
I	me
We	us
You	you
They	them

1- He teaches her every week. يعلمها كل أسبوع

She is thought by him every week. تُعلم من قبل كل أسبوع

2- The farmer irrigates them regularly. يسقيهم الفلاح بشكل منتظم

They are irrigated by the farmer regularly.

يُسقون من قبل الفلاح بشكل منتظم.

2- إذا كانت الجملة الخبرية في الماضي البسيط يتم تحويلها كما يلي:

Active المعلوم	**مفعول به + V2 + فاعل**
Passive المجهول	**المفعول به + be (was, were) + V3 + by + فاعل**

1- The farmer cut the trees last week

قطع الفلاح الأشجار الأسبوع الماضي

The trees were cut by the farmer last week.

قطعت الأشجار من قبل الفلاح الأسبوع الماضي.

2- He wrote the letter yesterday. كتب الرسالة يوم أمس

The letter was written by him yesterday. كُتبت الرسالة من قبله يوم أمس

3- Columbus discovered the New World.
The New World was discovered by Columbus.
4- The police arrested the thieves. اللصوص الشرطة اعتقلت
The thieves were arrested by the police.الشرطة قبل من أُعتقلوا اللصوص
5- My mistake embarrassed me. أحرجتني غلطتي I was embarrassed by my mistake.غلطتي قبل من أُحرجت
6- Alexander Graham Bell invited the telephone.
The telephone was invited by Alexander Graham Bell.

ملاحظة :ليس من الضروري دائما استخدام (by) والفاعل وذلك عندما يكون الكلام مفهوما، مثل:
The trees were cut last week.
The letter was written yesterday.

3- إذا كانت الجملة في الحاضر المستمر:

Active المعلوم	**فاعل +is, am, are + Ving + مفعول به**
Passiveالمجهول	**المفعول به + be (is, am, are) + being + V3 + by + فاعل**

1- The carpenter is making a table now.يصنع النجار طاولة الآن
A table is being made by the carpenter now
طاولة تُصنع من قبل النجار الآن
2- My friend is visiting me these days. I am being visited يزورني صديقي هذه الأيام by my friend these days.
أُزار من قبل صديقي هذه الأيام

3- Tom is opening the window.
The window is being opened by Tom.
4- The secretary is typing some letters.
Some letters are being typed by the secretary.
5- Someone is building a new hospital.
A new hospital is being built.

4-إذا كانت الجملة في الماضي المستمر:

Active المعلوم	مفعول به + was, were + V ing+ فاعل
Passiveالمجهول	المفعول به + be (was, were) + being + V3 + by + فاعل

1- They were playing football in the garden.

كانوا يلعبون كرة القدم في الحديقة.

Football was being played in the garden by them.

كرة القدم كانت تُلعب من قبلهم.

2- The man was watching TV in the room.

كان الرجل يشاهد التلفاز في الغرفة

TV was being watched in the room by the man.

3- The teacher was helping the students.

The students were being helped by the teacher.

4- Two horses were pulling the farmer's wagon.

The farmer's wagon was being pulled by two horses.

5- She was cleaning the doors.

The doors were being cleaned by her.

6- We were drawing the map of Jordan.

The map of Jordan was being drawn by us.

5- إذا كانت الجملة في المضارع التام:

Active المعلوم	مفعول به + has, have + V3+ فاعل
Passiveالمجهول	المفعول به + has, have + been + V3 + by + فاعل

1- The man has stolen the purse.لقد سرق الرجل المحفظة.

The purse has been stolen by the man.لقد سُرقت المحفظة من قبل الرجل.

2- The doctor has examined the patients.لقد فحص الطبيب المرضى.

The patients have been examined by the doctor.

لقد تم فحص المرضى من قبل الدكتور.

3- A doctor has examined the sick child.

The sick child has been examined by the doctor.

4- Someone has invited us to a party.

We have been invited to a party.

5- Translators have translated that book into many languages.

That book has been translated into many languages.

6-إذا كانت الجملة في الماضي التام:

Active المعلوم	مفعول به + had + V3 + فاعل
Passiveالمجهول	المفعول به + had + been + V3 + by + فاعل

1- The guests had eaten lunch.كان الضيوف قد تناولوا طعام الغداء

Lunch had been eaten by the guests.كان طعام الغداء قد أُكل

2- The girl had cleaned the room before her mother arrived

كانت البنت قد نظفت الغرفة قبل أن وصلت الام.

The room had been cleaned before her mother arrived.

كانت الغرفة قد نُظفت من قبل البنت قبل أن وصلت الام.

7- إذا كان في الجملة فعل مساعد مثل

(will, shall, may, might, can, could, would, should, ought to, have to, had to, be going to, be to, etc)

Active المعلوم	مفعول به + will, shall, can, could ...+ V1 + فاعل
Passiveالمجهول	المفعول به + will, shall, can,...+ be+ V3 + by + فاعل

1- Ahmed will discuss the M.A thesis next week.

سوف يناقش احمد أطروحة الماجستير الأسبوع القادم.

The M.A thesis will be discussed by Ahmed next week.

أطروحة الماجستير سوف تُناقش من قبل احمد الأسبوع القادم.

2- Ali is going to buy the car. سوف يشتري علي السيارة.

The car is going to be bought by Ali.

السيارة سوف تُشترى من قبل علي.

.3- We have to deliver the report today.يجب ان نسلم التقرير اليوم

The report has to be delivered by us today.

البحث يجب أن يُسلم من قبلنا اليوم

4- All of the students must do the assignment.

The assignment must be done by all of the students.

5- A doctor can prescribe medicine.
Medicine can be prescribed by a doctor.
6- A maid will clean our hotel room.
Our hotel room will be cleaned by a maid.

Negative Sentences ثانيا: الجملة المنفية

1- إذا كانت الجملة المنفية في المضارع البسيط يتم تحويلها كما يلي:

Active المعلوم	**فاعل +don't, doesn't + V1 + مفعول به**
Passiveالمجهول	**المفعول به + isn't, aren't, am not + V3 + by + فاعل**

1- Farmers don't grow rice in Jordan.لا يزرع الفلاحون الأرز في الأردن
Rice isn't grown by farmers in Jordan.

الأرز لا يُزرع من قبل الفلاحون في الأردن
2- My mother doesn't clean the rooms daily.لا تنظف أمي الغرف يوميا
The rooms aren't cleaned by my mother daily.

الغرف لا تُنظف من قبل والدتي يوميا.

2- إذا كانت الجملة المنفية في الماضي البسيط:

Active المعلوم	**فاعل + didn't + V1 + مفعول به**
Passiveالمجهول	**المفعول به + wasn't, weren't + V3 + by + فاعل**

1- Ahmed didn't invite them to lunchلم يدعوهم احمد إلى الغداء
They weren't invited by Ahmed to lunch.لم يُدعوا إلى الغداء من قبل احمد

2- The mechanic didn't repair the car yesterday..
The car wasn't repaired by the mechanic yesterday.

3-إذا كانت الجملة المنفية في الحاضر المستمر:

المعلوم Active المجهول Passive	**فاعل + isn't, am not, aren't + Ving + مفعول به** **المفعول به + (isn't, am not, aren't) + being + V3+ by + فاعل**

1- The workers aren't building the house now.

The house is not being built by the workers now.

2- The gardener is not watering the trees.

The trees aren't being watered by the gardener.

4- إذا كانت الجملة المنفية في الماضي المستمر:

المعلوم Active المجهول Passive	**فاعل + was not, were not + Ving + مفعول به** **المفعول به + (was not ,were not) + being +V3 + by + فاعل**

1- The teacher was not teaching him English last week.

He wasn't being taught English by the teacher last week.

2- We were not collecting stamps.

Stamps weren't being collected by us.

5- إذا كانت الجملة المنفية في المضارع التام.

Active المعلوم	**فاعل +has not, have not + V3 + مفعول به**
Passiveالمجهول	**المفعول به + has not, have not + been +V3 + by+ فاعل**

1- The man has not stolen the purse.

The purse hasn't been stolen by the man.

2- The doctor has not examined the patients.

The patients haven't been examined by the doctor

6- إذا كانت الجملة المنفية في الماضي التام:

المعلوم Active	مفعول به + V3 + had not + فاعل
المجهولPassive	فاعل + had not + been + V3 + by + المفعول به

1- The guests had not eaten lunch.

Lunch hadn't been eaten by the guests.

2- The girl had not cleaned the room before her mother arrived.

The room had not been cleaned before her mother arrived.

7- إذا كان في الجملة فعل مساعد منفي مثل:

(Would not, should not, must not, will not, shall not, may not...)

المعلوم Active	مفعول به + V1 + ...+ won't, shall not, + فاعل
المجهولPassive	فاعل + won't, shall not...+ be+ V3 + by + المفعول به

1- Ahmed will not discuss the thesis next week.

سوف لن يناقش احمد الأطروحة الأسبوع القادم.

The thesis won't be discussed by Ahmed next week.

الأطروحة سوف لن تُناقش من قبل احمد الأسبوع القادم.

2- Ali is not going to buy the car.سوف لن يشتري علي السيارة.

The car is not going to be bought by Ali

السيارة سوف لن تُشترى من قبل علي.

3- Laila has not to read the two storiesيجب أن لا تقرأ ليلى القصتين

The two stories have not to be read by Laila.

القصتين يجب أن يُقروا من قبل ليلى.

ملاحظة :إذا كانت جملة المبني للمعلوم منفية بإحدى التراكيب التالية:
(nobody, nothing, no one)فإننا نقوم بحذفهن ونضيف (not) للفعل المساعد، مثل:

1- No one tells him the whole story.
He is not told the whole story.
2- Nobody has given me a letter.
I have not given a letter.
3- Nothing forced the man to stay here.
The man was not forced to stay here.

ثالثا: الاستفهام Question

أ -أسئلة نعم/لا Yes/No Questions

Active المعلوم	?تكملة + مفعول به + فعل + فاعل + فعل مساعد
Passive المجهول	?تكملة + فاعل + by + V3 + مفعول به + فعل مساعد محوّل

1- Does Salwa eat lunch at home? هل تناولت سلمى الغداء في البيت؟
Is lunch eaten by Salwa at home? هل الغداي يتناول من قبل سلمى في البيت؟
2- Does my uncle visit me every week? هل عمي يزورني كل اسبوع؟
Am I visited by my uncle every week?
هل أنا أُزار من قبل عمي كل أسبوع؟
3- Did the team of the experts finish the work?
هل أنهى فريق الخبراء العمل؟
Was the work finished by the team of the experts?
هل العمل أُني من قبل فريق الخبراء؟
4- Have the students prepared the lesson?
?Has the lesson been prepared by the students?
هل الدرس حُضِر من قبل الطلاب
5- Have you printed the books?
Have the books been printed by you?

6- Is Mona preparing lunch now?
Is lunch being prepared by Mona now?.هل الآن؟ منى قبل من يُحضر الغداء

7- Did the man clean the cars yesterday?هل نظف الرجل السيارات يوم أمس؟

Were the cars cleaned by the man yesterday?

هل السيارات نُظفت من قبل الرجل يوم أمس؟

8- Didn't Lana buy the camera last week?

ألم تشتري لانا الكاميرا الأسبوع الماضي؟

Was not the camera bought by Lana last week?

ألم تُشترى الكاميرا من قبل لانا الأسبوع الماضي؟

ب -الأسئلة الاستفهاميةWH –Questions

المعلوم Active	Wh + فعل مساعد + فاعل + فعل + مفعول به + تكملة؟
المجهول Passive	Wh + فعل مساعد محوّل + مفعول به + V3 + by + فاعل + تكملة؟

1- When does the manager hold the meetings?
When are the meetings held by the manager?

2- When does Samia clean the room?
When is the room cleaned by Samia?

3- When will you sell the house?
When will the house be sold by you?

4- Why didn't your friends visit you when you held the party?
Why were not you visited when you held the party?

5- How can people use this machine?
How can this machine be used by people?

6- Why is the teacher counting the students?
Why are the students being counted by the teacher?

7- How did the cat chase the mouse?
How was the mouse chased by the cat?

8- Where have they stolen your car?
Where has your car been stolen by them?

رابعا: تحويل الجملة التي تحتوي على مفعولين

Changing the sentence containing two objects

- إذا احتوت جملة المبني للمعلوم على مفعولين يتم تحويلها إلى المبني للمجهول بطريقتين هما:

المعلوم Active	تكملة + مفعول به ثان +مفعول به أول + فعل + فاعل
المجهول Passive	تكملة + فاعل + by + مفعول به ثان +V3+ فعل مساعد +مفعول به أول تكملة + فاعل by + +مفعول به أول +V3+to+ فعل مساعد + مفعول به ثان

1- My father gives <u>the workers the salary</u> every week.

(مفعول به ثان) (مفعول به أول)

The workers are given the salary by my father every week.
(Or) The salary is given to the workers by my father every week.

2- Mary gave me a letter.

I was given a letter by Mary.
(Or) A book was given to me by Mary.

3- Hani will send you a letter next week.

You will be sent a letter by Hani next week.
(Or) A letter will be sent to you by Hani next week.

Exercises

- Change the following sentences from active voice into passive voice.

حوِّل الجمل التالية من المبني للمعلوم إلى المبني للمجهول:

1- The farmer ate some oranges yesterday.
2- The cat is drinking water now.
3- The man knows me well.
4- The man ran over the boy.
5- We watched the news on the television.
6- The teacher is delivering a lecture now.
7- The pupils were answering the questions.
8- He was explaining the difficult points.
9- The mother has worn a new dress.
10- We have collected the stamps.
11- My uncle has invited us to supper next week.
12- I will write the letter tomorrow.
13- The teacher advised me to write in ink.
14- My brother spent all money on clothes.
15- You have to answer these questions carefully.

-Choose the correct answer from those in brackets.

اختر الإجابة الصحيحة من بين الأقواس.

1- The window.......... by the boys.
(were broken, was broken, are broken).
2- The reports .... by the secretary.
(has been prepared, have been prepared, have been prepare).
3- Many people ....this year.
(will be employ, will employed, will be employed).
4- A meeting .... by the manager at the moment.
(is being held, are being held, is being hold).
5- The football match .... by them.
(aren't played, aren't play, isn't played).

- Put the verbs in brackets into the correct passive form.

1- Polar bears ---------- for their fur. (hunt).
2- A lecture --------- in the main hall at the moment. (give).
3- After --------- a medal for bravery, he became a local hero. (award).
4- Her ankle -------------- when she fell down. (hurt).
5- She thinks her car ------------ by someone she knows. (steal).

Comparison المقارنة

1- الدرجة الثابتة	Steady degree
2- الدرجة غير الثابتة	Unsteady degree
2- درجة المقارنة	Comparative degree
3- درجة التفضيل	Superlative degree

Steady degree اولا: الدرجة الثابتة

تستخدم هذه الدرجة للمقارنة بين شخصين أو شيئين متساويين أو متشابهين في الصفة ويتم استعمال أحد الأدوات التالية:

1- as ….. as	مثل	4- the same	نفس الشيء
2- similar to	مشابه،مثل	5- so …..as	مثل
3- like	يشبه،مثل	6-very….as	مثل

1- Omer is as tall as his father. عمر طويل مثل أبيه.
2- My car is like yours. سيارتي تشبه سيارتك.
3- His house is similar to mine. بيته مثل بيتي.
4- My hair and yours are the same. شعري وشعرك نفس الشيء.
5- You are so beautiful as a flower. أنت جميل مثل الورد
6- This man is very brave as a lion. هذا الرجل شجاع مثل الأسد.
7- My car is the same as that car. سيارتي مثل تلك السيارة.

Unsteady degree ثانيا: الدرجة غير الثابتة

تستخدم هذه الدرجة للمقارنة بين شخصين أو شيئين غير متساويين أو متشابهين في الصفة ويتم استعمال أحد الأدوات التالية:

1- not as …..as	ليس مثل	4- different from	مختلف عن
2- not similar to	ليس مثل	5- not the same	ليس نفس الشيء
3- not like	ليس مثل	6- not so….as	ليس مثل

1- Ahmed's pen is different from Ali's. قلم احمد يختلف عن قلم علي.

2- Sami is not as fast as his brother. سامي ليس سريع مثل أخيه
3- Hani doesn't write as quickly as I do. هاني لا يكتب بسرعة كما افعل أنا.
4- Ahmed's eyes aren't similar to his sister's. عيون احمد ليس مثل عيون أخته.
5- My shirt and yours are not the same. قميصي وقميصك ليس نفس الشيء.

Comparative degree ثالثا: درجة المقارنة

تستخدم هذه الدرجة للمقارنة بين شخصين أو شيئين.

1- إذا كانت الصفة مكونه من مقطع واحد نضيف لها (*-er*) عند تكوين صيغة المقارنة ثم تتبع بـ (*that*)، وذلك حسب القاعدة التالية:

S + Verb to be + Adj + er + than + S

ومن الأمثلة على الصفات ذات المقطع الواحد ما يلي:

small صغير smaller than اصغر من
fast سريع faster than أسرع من
tall طويل taller than أطول من
heavy ثقيل heavier than اثقل من

1- Ahmed is taller than Rami. احمد أطول من رامي.
2- He is older than Jamal. هو اكبر من جمال.
3-Ali was heavier than his sister. كان علي اثقل من أخته.
4- You are faster than Adnan. أنت أسرع من عدنان.

ملاحظة: هناك بعض الصفات والظروف الشاذة، مثل:

الصفة/ الظرف	درجة المقارنة	درجة التفضيل
good,well جيد،حسن	better than أحسن من	the best الأحسن
bad سيئ	worse than أسوأ من	the worst الاسوء
much, many كثير	more than اكثر من	the most الأكثر
little قليل	less than اقل من	the least الأقل
far بعيد	farther/further than ابعد من	the farthest/furthest الأبعد

1- Studying is better than playing. الدراسة أحسن من اللعب.
2- Ahmed's car is worse than Omar's. سيارة احمد أسوأ من سيارة عمر
3- You drank more water than I did. أنت شربت ماء اكثر مني.

4- I drank less coffee than you did.   أنا شربت قهوة اقل منك

5- Ahmed is farther than his brother.   احمد ابعد من اخية.

<u>ملاحظة</u>: المقطع (syllable) هو كل جزء يحتوي على صوت حرف علة، مثل:

1- كلمات من مقطع واحد :*fat, big, hot, tall, fast*

2- كلمات ذات مقطعين : *quickly (quick ly), ugly (ug ly), heavy (hea vy)*

3- كلمات ذات ثلاث مقاطع: *beautiful (bea ti ful), dangerous (dan ger ous)*

2- إذا كانت الصفة أو الظرف مكونة من مقطعين أو اكثر نستعمل قبلها (more, less) وبعدها (that) عند تكوين صيغة المقارنة، وذلك حسب القواعد التالية:

S + verb to be + more, less + Adj + than + S

S + main verb + more, less + adverb + than+S

ومن الأمثلة على الصفات والظروف ذات المقطعين أو اكثر ما يلي:

beautiful   dangerous   expensive   exiting   interesting

difficult   important   careful   wonderful   generous

1- Liala is more beautiful than Mona.   ليلى اجمل من منى

2- Our house is more expensive than yours.   بيتنا أغلى من بيتكم.

3- Football is more exiting than basketball.

كرة القدم اكثر إثارة من كرة السلة

4- Basketball is less exiting than football.

كرة السلة اقل إثارة من كرة القدم.

5- Silver is less expensive than gold.   الفضة ارخص من الذهب.

6- Maher is less careful than Ali.   ماهر اقل حرصا من علي.

7- You play more quickly than Ahmed .

أنت تلعب بسرعة اكثر من احمد.

8- Mazen works less carefully than Salem.

9- He speaks English more fluently than you.

هو يتكلم الإنجليزية بطلاقة اكثر منك.

10- Ahmed's class is more interesting than that of Ali.

Other kinds of comparison
أنواع اخرى للمقارنة

1- Twice / three times / half as ... (positive degree) as.

- She earns *twice as much as* me.
- She's only *half as well-qualified as* her sister.

2- *The same as.*

- This car costs *the sama as* that motorbike.
- The word between brackets means *the same as* the word "go".

3- *The + comparative ..., the + comparative.*

- *The busier* the roads are, *the longer* it will take to get there.
- Burglar thinks that *the bigger* the house, *the richer* the owners.
- *The more* you practice English, *the better* you will do it.

4- *Prefer + Ving or N + to + Ving or N.*

- She *prefers living* for the moment *to thinking* about the future.
- Most people *prefer summer to winter*.

5- *Would prefer + to-inf + rather that + inf without to.*

- I *would prefer to book* our tickets now *rather than wait* until the last minute.

6- *Would rather + inf without to + than + inf without to.*

- He *would rather go* alone *than go* with Ali.
- I *would rather study* for my exam *than go* with them.

Superlative degree رابعا: درجة التفضيل

وتعني تفضيل شخص أو شيء على الآخرين وتستخدم للمقارنة بين اكثر من شخصين أو شيئين أي أفضلية واحد على مجموعة.

1- إذا كانت الصفة أو الظرف مكونة من مقطع واحد نضيف لهما (*-est*) و نضع قبلهما(*the*) عند تكوين صيغة التفضيل وذلك حسب القواعد التالية:

S + verb to be + the + Adj + est ....

ومن الأمثلة على الصفات ذات المقطع الواحد ما يلي:

short قصير	the shortest الأقصر
tall طويل	the tallest الأطول
far بعيد	the farthest الأبعد

1- Ali is the tallest student of all in the class..علي أطول طالب في الصف

2- The Nile is the longest river in the world.

3- This is the best story I have ever read.

هذه افضل قصة قرأتها على الإطلاق.

4- He is the cleverest in our family. هي الأكثر ذكاء في عائلتنا.

5- Mecca is the holiest city in the world. مكة اقدس مدينة في العالم

6- Ahmed is tall, and Ali is taller, but Mosa is the tallest

2- إذا كانت الصـــفة أو الظرف مكونة من مقطعين فاكثر نضـــع قبلهما (*the most*) عند تكوين صـــيغة التفضيل وذلك حسب القواعد التالية:

S + verb to be + the most+ Adj ....

S + main verb + the most + adverb ...

1- Sana is the most beautiful in the town. سناء الأكثر جمالا في القرية.

2- Hasan is the heaviest in the school. حسن الأكثر ثقلا في المدرسة.

3- He is the most generous person here. هو اكثر الأشخاص كرما هنا.

4- Ahmed runs the most quickly in the class.

احمد يركض أسرع واحد في الصف.

5- Fatima sings the most beautifully in his family.

Exercises

-Choose the correct answer in brackets.

1- Ahmed is …….. than his father.

(taller, tall, tallest).

2- Football is the ………. game in the world.

(popular, more popular, most popular).

3- A bus carries …….. people than a taxi.

(most, many, more).

4- Mona doesn't sing as ……as Reem.

(beautiful, beautifully, most beautiful).

5- Faris is a ……… singer than Ahmed.

(good, better, best).

- Complete each of the following sentences so that the new sentence is similar in meaning to the one before it.

1- Football is more exciting than tennis.

Tennis …………………………..

2- A lion is more dangerous than a cat.

A cat …………………………..

3- He isn't as fast as me.

I …………………………….

4- He doesn't work as efficiently as you.

You …………………………..

5- Maha isn't as good as her sister.

Her sister …………………….

6- No one works in the field as hard as Hassan.

Hassan …………………………..

7- Learning mathematics is more complicated than learning history.

Learning history ……………………………

8- Driving cars is not difficult as driving heavy vehicles.

Driving cars is less ……………………………

9- I don't waste as much time as Sami does.

Sami wastes ……………………….

10- A plane carries more passengers than a bus.

A bus carries ……………………………

الاستفهام	Interrogation

❖ <u>هناك ثلاثة أنواع من الأسئلة في اللغة الإنجليزية، وهي:</u>

(الأسئلة الإيحائية -2 Yes/No Questions   1 - أسئلة نعم، لا
Information أسئلة المعلومات -3Question - Tags   الذيلية)
Questions

<u>وفيما يلي شرحا مفصلا لهذه الأنواع :</u>

Yes/No Questions   أسئلة نعم، لا   -1

وهي الأسئلة التي تبدأ بفعل مساعد ويكون جواب السؤال (Yes or No).

☐ <u>تشكيل السؤال:</u>

أ- إذا احتوت الجملة على فعل مساعد ، مثل :   is,
am, are, was, were, will, would, can, could, shall, should, etc.
نشكِّل صيغة السؤال بوضع الفعل المساعد في بداية الجملة وننهيها بإشارة السؤال (؟)، مثل :

1- Ahmed <u>was</u> in Amman yesterday.
   <u>Was</u> Ahmed in Amman yesterday? Yes, he was/ No, he wasn't.

2- The teacher <u>is</u> at home.
   <u>Is</u> the teacher at home? Yes, he is/ No, he isn't.

3- I <u>am</u> waiting for my friend now.
<u>Are</u> you waiting for your friend now? Yes, I am/ No, I am not.

4- Ali and Hassan <u>are</u> reading for exams.
   <u>Are</u> Ali and Hassan reading for exams? Yes, they are/ No, they aren't.

5- I <u>am</u> a teacher.
   <u>Am</u> I a teacher? Yes, I am/ No, I am not.   (هنا المتكلم يسأل نفسه)

7- We were playing with toys.
Were we playing with toys? Yes, we were/ No, we weren't.

8- I can play the piano.
Can you play the piano? Yes, I can / No, I can't

9- The engineers should come tomorrow.
Should the engineers come tomorrow?

10- I shall make you a cup of coffee.
Shall I make you a cup of coffee?

11- Nabeel has been playing basketball since 3 o'clock.
Has Nabeel been playing basketball since 3 o'clock?

ب. إذا احتوت الجملة على فعل عادي ، فاننا نشّكل السؤال باستعمال أحد أفعال العمل (to do) وهي (do, does, did) وذلك حسب الحالات التالية :

1. إذا كان زمن الجملة مضارع بسيط وكان الفاعل (I, we, you, they) أو ما يقابلها من الأسماء فإننا نستعمل (Do)

مثل:

1- They sleep at 10 o'clock every day.
Do they sleep at 10 o'clock every day?

2- The students speak English well.
Do the students speak English well?

2. إذا كان زمن الجملة مضارع بسيط وكان الفاعل(he, she, it) أو ما يقابلها من الأسماء فإننا نستعمل (does) مثل :

1- He prays in the mosque five times a day.
Does he pray in the mosque five times a day?

2- Ali goes to Amman every week.
Does Ali go to Amman every week?

3. إذا كان زمن الجملة ماضي بسيط فإننا نستعمل (did) مع جميع الضمائر، بشرط إرجاع الفعل الأصلي في الجملة إلى حالة المضارع البسيط بدون زيادة ، مثل :

1- They bought a new house last week.
Did they buy a new house last week?

2- Sami gave his sister ten dinars.
Did Sami give his sister ten dinars?

❑ ملاحظة: إذا احتوت الجملة على أحد الأفعال المساعدة التالية(**has to, have to, had to**) فإننا نشّكل صيغة السؤال (**Yes/No Question**) باستعمال أحد أفعال (**To do**)، مثل :

1- A Muslim has to pray five times a day.
Does a Muslim have to pray five times a day? Yes, he has /No, he hasn't.
2- Drivers have to drive slowly.
Do drivers have to drive slowly? Yes, they have /No, they haven't.

3- He had to get up early.
Did he have to get up early? Yes, he has / No, he haven't.

2- الأسئلة الذيلية (القصيرة) Question - Tags

❑ <u>تشكيل السؤال :</u>

ا- يجب أن يكون السؤال الذيلي (القصير) عكس الجملة، بحيث إذا كانت الجملة مثبتة ، يجب أن يكون السؤال الذيلي منفيا. وإذا كانت الجملة منفية ، يكون السؤال الذيلي مثبتا .

ب- إذا احتوت الجملة على فعل مساعد، مثل:
(is, am, are, was, were, will, would, can, could, shall, should, etc)
نشّكل صيغة السؤال الذيلي بوضع الفعل المساعد أولا ثم الضمير المناسب وإنهاء هذه الجملة بإشارة السؤال (؟)، مثل :

1- He is a lovely man, isn't he? Yes, he is.
2- Hassan and his father were in London last week, weren't they? Yes, they were.
3- They will not come tomorrow, will they? No, they will not

4- He was writing a letter, wasn't he? Yes, he was

5- The student hasn't written his lesson, has he? No, he hasn't.

6- The guests have had their lunch, haven't they? Yes, they have.

ج- إذا احتوت الجملة على فعل عادي، نشكّل السؤال الذيلي باستعمال أحد أفعال العمل (To Do) وهي
(do, does, did) وذلك حسب الحالات التالية:

1. إذا كان زمن الجملة مضارع بسيط وكان الفاعل (I, we, you, they) أو ما يقابلها من الأسماء ، فإننا نستعمل
(do) مثل:

1- I read hard, don't I? Yes, you do.

2- They don't pass the exam, do they? No, they don't.

2. إذا كان زمن الجملة مضارع بسيط وكان الفاعل (he, she, it) أو ما يقابلها من الأسماء ، نستعمل (does) مثل :

1- The sun rises in the morning, doesn't it? Yes, it does.

2- Ahmed doesn't eat lunch at home, does he? No, he doesn't.

3. إذا كان زمن الجملة ماضي بسيط، نستعمل (did) مع جميع الضمائر، مثل :

1- The child bought a new bicycle yesterday, didn't he? Yes, he did.

2- They didn't win the prize, did they? No, they did.

□ ملاحظة:إذا احتوت الجملة على أحد الأفعال المساعدة التالية(has to, have to, had to) فإننا نشكل السؤال
الذيلي باستعمال أحد أفعال (To Do)، مثل :

1- He has to say the truth, doesn't he? Yes, he does.

2- Teachers have to teach faithfully, don't they? Yes, they do.

3- They had to save some money, didn't they? Yes, they did.

❖ ادرس الجمل و الأسئلة الذيلية التالية:

الجملة	السؤال الذيلي	أمثلة
1- I am.	aren't I ?	I am older than you, aren't I ?
2- I used to.	didn't I ?	He used to go to school with you, didn't he?
3- Imperative.	will you/ won't you? can you / could you?	Phone me later, will you?/ won't you? can you? / could you?
4- Let's	shall we?	Let's go home now, shall we?
5- let me / him.	will you / won't you?	Let her decide for herself, will you / won't you?
6- Don't	will you?	Don't come late again, will you?
7- I have.	haven't I ?	We had a great time, didn't we?
8- There is / are.	isn't / aren't there?	There is a letter for me, isn't there?
9- This / that is.	isn't it?	That's your car over there, isn't it?

3- أسئلة المعلومات   **Information Questions**

وهي الأسئلة التي تبدأ بأداة سؤال، مثل:(who, what, where, etc) والتي تستخدم للسؤال عن المعلومات فيمكن استعمالها للسؤال عن الفاعل أو المفعول به أو المكان أو الزمان أو الملكية.. الخ. وفيما يلي شرحا مفصلا لكل أدوات السؤال:

	Where -1
المعنى	أين، في أي مكان. (In/at what place).
الاستخدام	للسؤال عن المكان.
القاعدة	Where + فعل مساعد + فاعل + ...?

1- Where are you from? I am from Jordan. من اين انت؟
2- Where do you live? I live in Jerash. اين تعيش؟

3- Where is the post office? It's in front of the library.اين مكتب البريد؟
4- Where have you been? I have been in Lebanon.اين كنت؟
5- Where will you be in the morning? أين ستكون في الصباح؟
6- Where are they working nowadays??اين يعملون هذه الايام؟
7- Where was the man standing? أين كان الرجل واقف؟
8- Where is Ali? He is here.اين علي؟
9- Where do you come from? I come from Jordan.من اين انت؟
10- Where did you park the taxi? Near the school.اين اوقفت التكسي؟

When -2

المعنى	**متى، في أي وقت.(At what time).**
الاستخدام	**للسؤال عن الزمان.**
القاعدة	**When + فعل مساعد + فاعل + ...؟**

1- When did you graduate? Last year. متى تخرجت.
2- When will the plane arrive? Tomorrow.متى ستصل الطائرة؟
3- When do you have lunch? At four o'clock.متى تتناول طعام الغداء؟
4- When does the sun rise? In the morning. متى تشرق الشمس؟
5- When did you get up yesterday? At 7:30.متى استيقضت البارحة؟
6- When is Ahmed coming again? Next week.متى سياتي احمد مرة اخرى؟
7- When does your father play the guitar ??متى يعزف زالدك البيانو؟
8- When will she vacuum the carpet??متى ستنظف السجاد؟
9- When did the teacher finish explaining the lesson?
متى انهى المعلم شرح الدرس.
10-When are you building the next apartment??متى سوف تبنون الشقة القادمة؟

Why -3

المعنى	**(For what reason). لماذا.**
الاستخدام	**للسؤال عن السبب.**
القاعدة	**Why + فعل مساعد + فاعل + ...؟**

1- Why are you late? Because I missed the bus.لماذا انت متاخر؟
2- Why do you come to school? In order to study.لماذا تاتي الى المدرسة؟
3- Why did you go to Amman? To look for a job.لماذا تذهب الى عمان؟
4- Why will Ali travel by plane? Because it's very fast.
لماذا سيسافر علي بالطائرة؟
5- Why was Mona late? Because she missed the bus.
6- Why have you written a letter to her??لماذا كتبن رساله لها؟

7- Why was the city destroyed?لماذا دُمرت المدينة؟
8- Why didn't you study last night? Because I was tired.
9- Why aren't you coming with us?لماذا لا تاتي معنا؟
10- Why do you eat? Because I want to live.لماذا تاكل؟

Which -4

المعنى	أي.
الاستخدام	للسؤال عن الاختيار.
القاعدة	Which + اسم + فعل مساعد + فاعل + ... ?

1- Which house is yours? The biggest one.اي بيت هو لك؟
2- Which one of the boys won the prize? The tallest one.
3- Which book did you read? أي كتاب قرأت؟
4- Which shirt do you prefer? The black one.اي قميص تفضل؟
5- Which is yours, a pen or a book?اي واحد لك قلم الحبر ام الكتاب؟
6- Which of them do you want to marry? أيهما ترتد أن تتزوج؟
7- Which university did you visit last week?
8- Which of them is the tallest? أيهما الأطول ؟
9- Which pen do you want?اي قلم حبر تفضل؟
10- Which countries did you visit? Jordan and Iraq.اي بلاد زرت؟

Whose -5

المعنى	لمن. (Of whom)
الاستخدام	تستخدم للسؤال عن الملكية.
القاعدة	Whose + اسم + فعل مساعد + فاعل + ...?

1- Whose car is that? My uncle's car.لمن تلك السيارة؟
2- Whose books are these? They are ours.لمن هذه الكتب؟
3- Whose pen is this? It's mine.لمن هذا القلم؟
4- Whose pajamas are these? For me.لمن البيجاما هذه؟
5- Whose children were in the mosque? أطفال من كانوا في المسجد؟
6- Whose son succeeded in passing the exam? ابن من نجح في الامتحان؟

Whom -6

المعنى	منْ.
الاستخدام	للسؤال عن المفعول به العاقل.
القاعدة	?..... + فاعل + فعل مساعد + Whom.
ملحوظات	أ- يمكن أن نستخدم أداة السؤال (who) بدلا من (whom). ب- يجوز استخدام حرف جر مثل: (with, from, by, to...) قبل (whom)

1- Who (m) did you invite to the party? I invited all my friends.

منْ دعيت الى الحفلة؟

2- Whom is the teacher teaching now? He is teaching the students.

منْ يدرس المعلم الان؟

3- From whom did you borrow the pen? I borrowed the pen from him. منْ مَنْ استعرت قلم الحبر؟

4- With whom does Laila go to school? She goes with her sister.

مع منْ تذهب ليلى الى المدرسة؟

5- To whom do you sell newspapers? I sell newspapers to people.

لمنْ تبيع الجرائد؟

6- Whom is your brother writing to? He is writing to his friend.

7- At whom are you looking? I am looking at children.

8- Whom did you marry? I married Mona.منْ تزوجت؟

Who -7

المعنى	منْ.
الاستخدام	أ- للسؤال عن الفاعل العاقل. ب- للسؤال عن المفعول به العاقل.
القاعدة	?..... + مفعول به + فاعل + فعل مساعد أو عادي + Who

1- Who repaired the car? The mechanic did. منْ اصلح السيارة؟

2- Who did you talk to??لمنْ كنت تتحدث

3- Who wants to read? I do.منْ يريد ان يقرا؟

4- Who did you meet at the party? Ahmed and Fadi.منْ قابلت في الحفبة؟

5- Who will your parents meet tomorrow? The manager.

6- Who did you talk to last night? To my friend, Jamal.

7- Who was at the party??منْ كان في الحفلة

8- Who can answer this question??منْ يجب على هذا السؤال

9- Who do you work for??لمنْ تعمل

10- Who is coming to dinner tonight??منْ سياتي الى العشاء هذه الليلة

What -8

المعنى	ماذا، ما، ما الذي.
الاستخدام	أ- للسؤال عن الفاعل غير العاقل. ب- للسؤال عن المفعول به غير العاقل.
القاعدة	What + فعل مساعد أو عادي + المفعول به + ...؟

1- What destroyed the city? The storm.ما الذي حطم المدينة؟

2- What broke the tree? The wind.ما الذي كسر الشجرة؟

3- What drinks the milk? The cat.من الذي شرب الحليب؟

4- What did you buy? Some fruit and vegetables. ما الذي اشتريتة؟

5- At what time did you tell him to meet the manager?

6- At what are you looking? عن ماذا تبحث؟

7- What kind of shoes did you buy? Boots.ما نوع الحذاء الذي اشتريتة؟

8- What kind of fruit do you like best? Apples. ما نوع الفاكهه التي تحبها؟

9- What kind of cars do you have? A ford. ما نوع السيارات التي تمتلكها؟

10- What is your father? An engineer.ماذا يعمل والدك؟

11- What are you doing?ماذا تفعل؟

12- What should I do about my headache? You should take an aspirin. ماذا ينبغي ان افعله بالنسبة لالم الراس؟

13- What time do you have to go? في أي وقت يتوجب عليك الذهاب؟

14- What are your neighbors like? كيف هم جيرانك؟

15- What were the question like? كيف كانت الأسئلة؟

16- What did he open it with? ماذ/كيف كانت الاسئلة؟

17- What newspaper do you buy? أي جريدة تشتري؟

19- What do you drink? Water.ماذا تشرب؟

20- What made you angry?ما الذي جعلك غاضبا؟

21- About what did he talk? His vacation.عن ماذا تتكلم؟

22- What countries do you visit? Italy and Spain. ما الدول التي تزورها؟

23- What is the weather like? Hot and humid.كيف يبدو الطقس؟

24- What kind of weather do you like?ما الطقس الذي تفضله؟

25- What season do you like best? ما افضل فصل تحبه؟

<u>ملحوظة</u>: تستخدم (What) للسؤال عن : العمر age، الوزن weight، الطول length الارتفاع height، العرض width،العمق depth، الحجم size ... الخ.

1- What age is your father?ما عمر والدك؟

2- What length is Ahmed?كم طول احمد؟

3- What is his length?كم طوله؟

4- What height is this tree?كم ارتفاع هذه الشجرة؟

5- What is the height of this tree?كم ارتفاع هذه الشجرة؟

How -9

المعنى	**كيف.(In what way).**
الاستخدام	**للسؤال عن الحالة أو الطريقة التي تم بها حدوث العمل.**
القاعدة	**How + فعل مساعد + فاعل + ...؟**

1- How do you go to work? On foot.كيف تذهب الى العمل؟
2- How are you today? I am fine.كيف حالك اليوم؟
3- How will your parents travel to England? By plane.
4- How do you cut meat? With knife.كيف تقطع اللحم؟
5- How did he arrive?كيف وصل؟
6- How do you spell" ceiling"? c-e-i-l-i-n-g.كيف تهجئ هذه الكلمة؟
7- How are you doing? Fineكيف حالك؟
8- How do you do? How do you do?!كيف حالك؟ / تشرفنا!
9- How do you feel? Wonderful.كيف تشعر؟
10- How are you feeling? Okay.كيف تشعر الان؟
11- How do you pronounce/ say this word??كيف تلفظ هذه الكلمة؟
12- How hungry are you? I'm starving.
13- How well does she speak English? Very well.كيف يتكلم الانجليزية؟
14- How big is your apartment? It has three rooms.
15- How sleepy are you? Very sleepy.

ملاحظة: يمكن استعمال (How) مع الظروف (Adverbs)، مثل:

1- How quickly can you come? أتأتي سريعا؟
2- How fast can you run? كيف يمكنك أن تركض؟
3- How fluently can he speak English? كيف تتكلم الانجليوية؟

How many -10

المعنى	**كم عدد.**
الاستخدام	**للسؤال عن العدد.**
القاعدة	**How many + اسم معدود (جمع) + فعل مساعد + فاعل + ..؟**

1- How many students are there in your class? 40 students

كم عدد الطلاب في صفك؟

2- How many brothers do you have? Five brothers.

كم عدد اخوانك؟

3- How many dinars did you spend yesterday? Ten dinars.

كم دينارا صرفت البارحة؟

4- How many hours does Ali study a day? Six hours.

كم ساعة يدرس علي في اليوم؟

5- How many of you are married? كم عدد المتزوجات منكن؟

6- How many of these are yours? كم من هذه لك؟

7- How many students went to the museum? كم طالبا ذهب الى المتحف؟

How much -11	
المعنى	كم الكمية، كم سعر.
الاستخدام	للسؤال عن الكمية والأسعار.
القاعدة	ا- **How much** + (اسم غير معدود(مفرد)+ فعل مساعد+ فاعل + ...؟ ب- **How much** + فعل مساعد + فاعل + ...؟

1- How much money do you have? Ten dinars. كم من المال تمتلك؟

2- How much coffee did he drink yesterday? A lot.

كم كمية القهوة التي شربتها البارحة؟

3- How much water is there in the well? Too much water.

كم كمية الماء الموجودة في البئر؟

4- How much money does this jacket cost? Seven dinars.

كم من النقود يكلف هذا الجاكيت؟

5- How much is this bicycle? 30 dinars. كم سعر الدراجة الهوائية؟

How often / How many times -12	
المعنى	كم مرة.
الاستخدام	للسؤال عن عدد المرات.
القاعدة	**How often** + فعل مساعد + فاعل + ...؟

1- How often do you visit your grandmothers? Once a week.

كم مرة تزور جداتك؟

2- How often did you go to your school library? Every day.

كم مرة تذهب الى مكتبة المدرسة؟

3- How many times do you play the guitar? Three times a week.

كم مرة تعزف على البيانو؟

4- How many times does Ali visit his grandfather? Twice a week.

كم مرة يزور احمد جدة؟

5- How many times do you go to the bank a month? Once.

	How old -13
المعنى	كم هو العمر.
الاستخدام	للسؤال عن العمر.
القاعدة	How old + فعل مساعد + فاعل + ...؟

1- How old is Hassan? He is 20 years old. كم عمر حسن؟

2- How old are you? I am 17.   كم عمرك؟

	How tall -14
المعنى	كم هو الطول.
الاستخدام	للسؤال عن طول شيء أو شخص.
القاعدة	How tall + فعل مساعد + فاعل + ...؟

1- How tall is Ibrahim? He is one meter tall. كم طول ابراهيم؟

2- How tall is this tree? It's 10 meters tall. كم طول هذه الشجرة؟

	How far -15
المعنى	كم هو البعد.
الاستخدام	للسؤال عن المسافة (البعد).
القاعدة	How far + فعل مساعد + فاعل + ...؟

1- How far is it to your school? It's 10 minutes' walk.

2- How far is it from Jerash to Irbid? 40 Km. كم المسافة من جرش الى اربد؟

3- How far is the distance between Amman to Aqaba? It is 350 miles.

4- How far is Jordan to Iraq? كم تبعد الاردن عن العراق؟

5- How far is it from your home to the school? كم المسافة من بيتك الى المدرسة؟

	How long -16
المعنى	ما هو طول.
الاستخدام	للسؤال عن طول الشيء وعن طول الوقت.
القاعدة	How long + فعل مساعد + فاعل + ...؟

1- How long is this room? It's 4 meters long. كم طول هذه الغرفة؟

2- How long does it take to drive to Amman from here?

كم من الزمن تستغرق حتى تصل من عمان الى هنا؟

3- How long have you been living in Jordan? Since 1995.

كم من المدة وانت تسكن في الاردن؟

4- How long did the film last? Two hours.كم من الوقت دام الفليم؟

5- How long does it take to Petra? Three hours.كم تستغرق حتى تصل البتراء؟

	How high -17
المعنى	ما هو ارتفاع.
الاستخدام	للسؤال عن ارتفاع الشيء.
القاعدة	How high + فعل مساعد + فاعل + ...؟

1- How high is that wall? It's 6 meters high.كم ارتفاع ذلك الحائط؟

2- How high is the house? It is 5 meters high.كم ارتفاع البيت؟

	How deep -18
المعنى	ما هو عمق.
الاستخدام	للسؤال عن عمق الشيء.
القاعدة	How deep + فعل مساعد + فاعل + ...؟

1- How deep is the river? It is 40 meters deep.كم عمق النهر؟

2- How deep is this well? It's 10 meters.كم عمق هذا البئر؟

	How wide -19
المعنى	ما هو عرض.
الاستخدام	للسؤال عن عرض شيء.
القاعدة	How wide + فعل مساعد + فاعل + ... ؟

1- How wide is the door? It's 2 meters wide.كم عرض هذا الباب؟

2- How wide is the river? It is 50 meters wide.كم عرض هذا النهر؟

Exercise

Choose the correct answer:

1. She is very lovely, ...?

  a- is she   b- isn't she   c- doesn't she.

2- They have a lot of money............?

  a- do they   b- haven't they   c- don't they.

3- You can speak English.............?

  a- can't you   b- can you   c- aren't you.

4- They won the prize yesterday,

  a- did they   b- didn't they   c- wasn't they

5- It hasn't snowed for three years............?

  a- has it   b- hasn't it   c- doesn't it

6- Ali doesn't write well.........?

  a- does he   b- do he   c- has he

7- .... you watch the football match yesterday?

  a- Did   b- Does   c- Do

8- .... Amer a good swimmer?

  a- Is   b- Are   c- Were

9- .... you participate in the competition next week?

  a- Will   b- Has   c- Does

10- .... the party beautiful three days ago?

  a- Was   b- Were   c- Is

11- .... does he do in his free time?

  a- When   b- Where   c- What

12- .... did they get married?

  a- When   b- Whose   c- Which

13 .... do you walk with those bad friends?

  a- What   b- Why   c- Which

14- .... do you spell the word "generous"?

  a- Whose   b- How   c- Which

15- .... suit do you prefer to dress?

  a- Which   b- What   c- Where

16- ....dictionary is this?

  a- When   b- Why   c- Whose

17- To .... did you give the money?

  a- Which   b- How   c- Whom

18- How .... water do you drink a day?

  a- much   b- many   c- long

19- How .... did the team try to win in the champion?

  a- long   b- often   c- many

| Punctuation Marks | علامات الترقيم |

❖ علامات الترقيم في اللغة الإنجليزية هي:

Full stop.	1. النقطة (.)
Colon.	2. النقطتان (:)
Comma.	3. الفاصلة السفلى (,)
Apostrophe.	4. الفاصلة العليا (')
Semi-colon.	5. الفاصلة المنقوطة (;)
Question mark.	6. علامة الاستفهام (?)
Quotation mark.	7. علامة الاقتباس (" ")
Exclamation mark.	8. علامة التعجب (!)
Brackets.	9- القوسان. ( )
Dash/hyphen	10- الشرطة الجزئية (-)

وفيما يلي شرحا مفصّلا لجميع علامات الترقيم:

| Full Stop | 1- النقطة (.) |

1- تستعمل في نهاية الجملة التامة المعنى.

1- Punctuation marks are important in writing.

2- The man is writing a letter now.

2- تستعمل عند الاختصارات.

1- M.A (Master of Arts.)

2- Mr. Ahmed.

3- U.A.E: United Arab Emirates.الإمارات العربية المتحدة

3- تستخدم مع المصطلحات التالية: (صباحا A.M، مساءً P.M)، مثل:

1- I arrived at seven a.m yesterday.

2- He will travel to Syria at five p.m tomorrow.

Colon 2- النقطتان (:)

1. تستعمل عند ذكر قائمة أو مجموعة من الأشياء.

- The names of the winning participants are as follows:

1. Ali.
2. Ahmed.
3. Laila.

2. تستعمل في الحوار(dialogue).

1- Ahmed: How are you Omer?

2- Omer: O.k., thank you.

3. تستعمل بعد كلمة (said).

- Mr. Hassan said: "Don't drive quickly."

Comma 3- الفاصلة السفلى (,)

1. تستعمل عند ذكر عدد من الأشياء.

1- My father can speak English, German and French.

2- I visited Syria, Egypt, and Saudi Arabia.

2. تستعمل بعد (Yes, No).

1- Can you help me make the bed?

Yes, I can.

No, I can't.

3. تستعمل بعد فعل القول في الكلام المباشر، مثل:

1- He said, "I can read and speak English well".

2- He said, "I don't know the student's name".

4. تستعمل قبل أدوات الربط (and, but, or, nor, yet, etc)، كقولنا :

1- Ahmed hasn't got a car, but his sister has.

2- I traveled to London on business, and then I came back to my own country.

5 . تستعمل لإضافة معلومات عن الفاعل، مثل :

- Ahmed, who is an intelligent student, answered the teacher's questions.

6 - تستعمل في الجمل المعترضة (Appositives)، مثل:

- Ahmed, the Jordanian swimmer, got the first position.

احمد- السباح الأردني- حصل على المركز الأول.

7 - تستعمل قبل الأسئلة الذيلية (Question Tag)، مثل:

1- He is a teacher, isn't he?

2- You live in Amman, don't you?

8 . تستعمل مع التواريخ والعناوين ولفصل الأرقام مثل :

1- June 6, 1990.

2- 32 King Abdullah Street, Amman, Jordan.

3- 9,568,256 J. D.

9 . تستعمل في الرسائل بعد التحية، مثل :

- Dear father,   Dear Mr. Ali,

Apostrophe	4- الفاصلة العليا (')

1. تستعمل مع الاختصارات، مثل:

1-: I'm: I am

2-: You're: you are

3-: Can't: can not

4-: Let's: let us

5-: What's: what is

2. تستعمل في حالة الملكية،مثل :

1- Ahmed's car.

2- Ali's house.

3 - تستخدم في كلمة (O'clock).

- I will meet you at six o'clock.

Semi-colon	5- الفاصلة المنقوطة (;)

1.   تستعمل قبل أدوات الربط التالية

(therefore, however, yet, still, nevertheless, otherwise)

1- She studied hard; nevertheless she failed.

2- You have to press the red button; otherwise it won't work.

2. تستعمل للفصل بين أشباه الجمل الطويلة عندما لا يكون بينها روابط (connectives)، مثل:

- Samia doesn't sleep in the hotel; she has a house.

Question mark	6- علامة الاستفهام (؟)

تستعمل في نهاية السؤال، مثل:

1- What is your name?

2- He will not come tomorrow, will he?

Quotation mark	7- علامة الاقتباس (" ")

1- تستعمل في الكلام المباشر، مثل:

1- Mr. Ali said "I like to learn English".

2- "Did you visit Paris last week?" She asked.

2- تستعمل مع أسماء الكتب والمسرحيات والشعر، كقولنا:

1- "Hamlet" is a tragedy written by Shakespeare.

2- Thomas Hardy wrote "The Voice"

Exclamation mark	8- علامة التعجب (!)

تستعمل بعد الكلمات والجمل التي تعبِّر عن الدهشة والانفعال والإثارة والمفاجأة ، مثل:

1- Look out!

2- What a beautiful car!

Brackets	9- القوسان ( )

1- تستعمل للدلالة على جملة معترضة لا ترتبط بالسياق، مثل :

- Tow of the runners (Ali and Hassan) finished the race in an hour.

2- تستعمل مع الأحرف والأرقام، مثل :

- What would you do if you won a lot of money?

(a) Travel round the world. (b) Buy a new car.

- There are four skills in English :

1) Listening   2) Speaking   3) Reading   4) Writing.

Dash (hyphen)	(-) الشرطة الجزئية -10

1- تستعمل قبل الجملة الاعتراضية، مثل:

- You know Ali -Your father's friend - he traveled to London yesterday.

تعرف علي- صديق والدك – سافر إلى لندن البارحة.

2- تستعمل عند تكملة كلمة في نهاية السطر، مثل:

Communic-
   ation.

2- تستعمل لربط كلمتين حيث يشكلان معا فكرة واحدة، مثل:

1- The dining-room.
2- Well- dressed.

4- تستعمل لفصل أرقام الهاتف ومع الأرقام المركبة، مثل:

1- 63-40-108.
2- Fifty-three

Capitalization	التكبير

❖ تستعمل الأحرف الكبيرة في الحالات التالية :

1. يستعمل الحرف الكبير في بداية الجملة، مثل :

1- My friend greeted me with a friendly smile.
2- The cat managed to climb to the top of the tree.

2. يستعمل الحرف الكبير مع أسماء الأشخاص والمدن والبلدان والألقاب والصفات الخاصة واللغات والجنسيات، مثل :

- Ali, Baghdad, Paris, Cairo, London, Mr. Samir, King Abdullah, Dr. Rami, Captain John, Professor Hassan, English, French, Spanish, Jordanian

3. يستعمل الحرف الكبير مع أيام الأسبوع وشهور السنة والفصول الأربعة و الأعياد والعطل ، مثل
:

- Sunday, Friday, April, May, Spring, Ramadan, Christmas, Thanksgiving, Al- Adha Summer
holiday, Army Day, Labour Day, Mother's Day

4. يستعمل الحرف الكبير مع أسماء الأنهار والبحار والجبال والقارات والمحيطات ، مثل:
- The Nile, The Red Sea, Asia, The Atlantic Ocean, Rocky Mountains

5. يستعمل الحرف الكبير مع أسماء المدارس والجامعات والشوارع والشركات والمنظمات والبنايات
والفنادق ،مثل :

- Al Rissalah International Schools, University of Jordan,
King Abdullah Street, World Health Organization, The Sheraton Hotel

6. يستعمل الحرف الكبير مع أسماء الكتب والأعمال الفنية والصحف والمجلات والقصائد،مثل :
- English Grammar for All Levels, The Star, King Lear, The Observer   The Newsweek, The
Iliad, The Jordan Times.

7. يستعمل الحرف الكبير في بداية الكلام المباشر ، كقولنا :
- He said, "I was busy".

8. يستعمل الحرف الكبير مع الضمير (I) أينما ورد في الجملة، مثل :
1- Ahmed and I will go to Amman tomorrow.
2- I told her that I don't like those who are looking for troubles.

9. يستعمل الحرف الكبير مع لفظ الجلالة (God, Allah) أينما ورد في الجملة، مثل:
1- We should thank God everyday.
2- Do you believe in God?

10. يستعمل الحرف الكبير بعد إشارة الاستفهام (؟) وإشارة التعجب (!)، مثل:
1- Where is he? Is he in school?
2-Oh, that's great! Isn't it?

11. يستعمل الحرف الكبير بعد نقطة بداية جملة جديدة، كقولنا :

1- Hassan, give this book to Ali. Don't forget.
2- I missed the bus. I told you so.

| Idioms with verbs | مصطلحات مع أفعال |

1- Deliver.

-Deliver a speech	يلقي خطابا	-Deliver a bow	يوجّه لكمة
-Deliver news	ينقل خبرا	-Deliver a baby	يولّد طفلا
-Deliver goods	يسلّم ، يوصل بضاعة	-Deliver a letter	يسلم رسالة
-Deliver a lecture	يلقي محاضرة.	-Deliver the goods	يفي بالمطلوب

- He delivered a long lecture to the students about language teaching.

ألقى محاضرة طويلة للطلاب حول تعليم اللغة.

- The doctor who delivered the baby is skilled.

الطبيب الذي ولّد الطفل ماهر.

- The king will deliver a speech next week.

سوف يلقي الملك خطابا الأسبوع القادم.

- Your letter will be delivered within three days.

سيتم تسليم رسالتك خلال ثلاثة أيام.

2- Take

-Take a cheque	يقبل شيك	-Take the medicine	يتناول العلاج
-Take the job	يقبل الوظيفة	-Take notes	يدوّن ملاحظات
-Take an hour	يستغرق ساعة	-Take a look	يلقي نظرة
-Take a car	يأخذ، يستقل سيارة	-Take into account	يأخذ بعين الاعتبار
-Take advice	يأخذ النصيحة	-Take a seat	يجلس، يأخذ مكان
-Take a decision	يتخذ قرارا	-Take out a driving license	
-Take a photograph	يلتقط صورة		يقطع رخصة سواقة
-Take temperature	يقيس درجة حرارة	-Take three people	يتّسع لـ 3 أشخاص

- Mona isn't going to take the job.   سوف لا تقبل منى الوظيفة.
- I always take the bus to school   دائما استقل/ اركب الباص إلى المدرسة.
- Take medicine three times a day.   خذ/ تناول الدواء ثلاث مرات في اليوم.
- I always take notes during the lecture.   أدوّن الملاحظات خلال المحاضرة.
- I took his temperature and it was nearly 40.   40. قست درجة حرارته حيث كانت
- We have to take a decision now.   يجب أن نتخذ قرارا الآن.
- Take a look at this article.   الق نظره على هذه المقالة.
- How many passengers can this bus take?   كم مسافر يستوعب هذا الباص؟
- I took some beautiful photos of the wedding   التقطت صورا لحفلة الزفاف.
- I took three months to learn to drive.

استغرقت ثلاث شهور لكي أتعلم السواقة.

3- Make

-Make a promise يقطع عهدا	**-Make a mistake يرتكب خطأ**
-Make an effort يبذل جهدا	**-Make money يكسب نقودا**
-Make an experiment يجري تجربة	**-Make progress يحرز تقدما**
-Make a car يصنع سيارة	**-Make a meeting يحضر اجتماعا**
-Make a noise يحدث إزعاجا	**-Make a minister يعيِّن رئيسا**
-Make a decision يتخذ قرارا	**-Make a cup of tea يصنع فنجان شاي**

- He made the right decision. اتخذ القرار الصحيح.
- She was made a teacher of English. تم تعينها مدرسة لغة إنجليزية.
- I can't make the meeting next week.

لا أستطيع أن أحضرا الاجتماع الأسبوع القادم.
- She made three mistakes in the exam. ارتكبت ثلاثة أخطاء في الامتحان.
- Can you make me a cup of coffee, please?

هل بإمكانك أن تصنع لي فنجانا من القهوة؟ .
- He makes a lot of money. يكسب الكثير من النقود.
- What is the door made of? من ماذا مصنوع الباب؟
- Children often make a lot of noise at home.

غالبا ما يعمل الأطفال الكثير من الإزعاج في البيت.
- This film makes me cry. هذا الفلم يجعلني ابكي.

4- Give

-Give a present يهدي هدية	**-Give a hand يساعد**
-Give a lesson يعطي درسا	**-Give evidence يعطي دليلا**
-Give the chance يمنح الفرصة	**-Give an opinion يبدي رأيا**
-Give birth to يُولد ، يُنجب	**-Give a lecture يقدِّم/ يلقي محاضرة**
-Give a kiss يقبّل شخصا	**-Give a drink يشرِّب شخصا**

- My brother gave me a watch on my birthday.

أهداني أخي ساعة في عيد ميلادي.
- She gave birth to a beautiful baby last night.

أنجبت طفلا جميلا الليلة الماضية.
- He gives English lessons to the students.

يعطي دروسا في اللغة الإنجليزية للطلاب.
- He gave an interesting lecture on Jordan..قدم محاضره عن الأردن
- I am going to give a party for my son's eighteenth birthday.

سوف أقيم حفلة لعيد ميلادي ابني الثامن والعشرين.
- My daughter gave me a kiss yesterday. قبلّتني ابنتي البارحة.
- He didn't give me the chance to ask. لم يمنحني الفرصة لكي أسأل.
- He was thirsty so I gave him a drink. كان عطشانا لذا أعطيته ماءا ليشرب.

5- Set

-Set a song يلحّن أغنية	-Set foot in/on يطأ المكان
-Set a broken leg يجبر رجلاً مكسورة	-Set an example يعطي مثالا
-Set sail يُبحر	-Set a date يحدد موعدا
-Set a song يلحّن أغنيه	-Set the price يحدد السعر
-Set a record يسجِّل شريطا	-Set the table يُعدّ، يحضر المائدة
-Set a prisoner free يطلق سراح سجين	-Set the alarm clock يضبط ساعة المنبه

- The hotel is set in a beautiful place..يقيم/ يقع الفندق في مكان جميل
- The film is set in England..تجري أحداث الفيلم في بريطانيا
- The new government set the prisoners free.

أطلقت الحكومة الجديدة سراح المسجونين.
- I set my alarm clock for 6:30..ضبط ساعة المنبه على الساعة 6:30
- They didn't set the date of the next meeting..لم يحددوا موعد الاجتماع القادم
- He has set a new record..سجل شريطا جديدا
- She wrote the words of the song and I set them to music.

كتبت كلمات الأغنية وأنا لحنتها.
- Put it in the fridge for two hours to set.

ضعها في الثلاجة لمده ساعتين حتى تتجمد.
- She went to the hairdresser to have her hair set.

ذهبت إلى مصففه الشعر لتصفف شعرها.
- The sun sets in the west..تغيب / تغرب الشمس من الغرب

6- Pay

-Pay a visit يقوم بزيارة	-Pay a bill يدفع فاتورة
-Pay attention to يصغي إلى	-Pay the debt يسدّ الدين
-Pay paid to ـا يتلف، يضع حدا	-Pay your respect to sb ـا يقدم تحيات
-Pay tribute to sb يثني على جهود شخص	-Pay a compliment to sb يجامل، يمدح شخصا

- Do you want to pay by cheque?

أتريد أن تدفع من خلال شبك؟
- Have you paid the bill to the man??هل دفعت الفاتورة للرجل
-Pay my respects to your father..قدِّم تحياتي لوالدك
- Please, Pay attention to the teacher while he is answering the questions.

أصغي إلى مدرسك وهو يحل الأسئلة.

7- Keep

-Keep animals يربّي حيوانات	**-Keep a family يعيل عائلة**
-Keep the door open يبقي الباب مفتوحاً	**-Keep a shop يملك بقالة**
-Keep the book يحتفظ بالكتاب	**-Keep a promise يفي بوعد**
-Keep sth in mind يبقى يتذكر شيئا ما	**-Keep a secret يكتم سرا**

- Remember to keep left while you are driving.
تذكر أن تبقى على اليسار وأنت تسوق.
- Please, keep the door closed..من فضلك ابقي الباب مغلقا
- He kept his hands in his pocket..أبقى يديه في جيبه
-You can keep this book..بإمكانك أن تحتفظ بهذا الكتاب
- Where do you keep the pens??أين تضع أقلام الحبر
- She kept asking me silly questions.
استمرت / ظلت / بقيت تسألني أسئلة سخيفة.
- You can't keep a family on the money you earn.
ليس بإمكانك أن تعيل أسرة بالنقود التي تكسبها.
- My father keeps a factory in London..يُدير أبي مصنعا في لندن
- Can you keep a promise??هل بإمكانك أن تحافظ على السر
- They keep cows on their farm..يربوا أبقارا في مزرعتهم
- Keep away from bad friends..ابتعد عن الأصدقاء السيئين
- Keep away from this place, Ahmed .. ابتعد عن هذا المكان يا احمد
- His injury kept him from playing the game yesterday.
الاصابه منعته من اللعب في المباراة يوم أمس.

8- Break

-Break his leg تنكسر قدمه	**-Break the law يخرق القانون**
-Break a plate يكسر صحنا	**-Break a promise يحنث وعدا**
-Break a machine يعطّل اله	**-Break the news ينتشر، يذيع الخبر**
-Break his voice يتغير صوته	**-Break the world record يحطّم الرقم القياسي**

- His leg was broken in a car accident..انكسرت رجلة في حادث سيارة
- I've broken three plates..كسرت ثلاثة صحون
- The photocopier has broken..لقد تعطلت اله النسخ
- Don't worry - I've never broken my promises..لا تقلق أنا لا احنث بوعودي
- Don't break the law..لا تخرق القانون
- She broke the world record for the 100 meters.
حطّمت الرقم القياسي العالمي لمسافة 100 متر.
- Let's break for coffee now..دعنا نأخذ راحه قصيرة لنشرب قهوة
- It's difficult to break the habit of smoking.
من الصعب أن تضع حدا لعادة التدخين.

- Dawn was breaking as I walked home after the party.

كان الفجر ينبلج / يبزغ عندما مشيت للبيت بعد الحفلة.

- We ran indoors when the storm broke.

ركضنا إلى الداخل عندما هبَّت العاصفة.

- When the story broke in the newspapers, nobody could believe it.

عندما تم إذاعة / نشر القصة في الصحف لم يصدقها أحد.

-Ahmed's car broke down on his way to work.

تعطلت سيارة احمد وهو في طريقه إلى العمل.

-Talks between the two parties have broken down.

لقد فشلت المحادثات بين الطرفين.

9- Cut

-Cut his finger يجرح إصبعه	**-Cut the grass يقص العشب**
-Cut bread يقطع الخبز	**-Cut a hole يحفر حفرة**
-Cut a cake يقسم الكعكة	**-Cut a path يفتح طريقا**

- I cut myself with the knife..جرحت نفسي بالسكين
- This knife doesn't cut very well..لا تقطع هذه السكين جيدا
- She cut the cake into five pieces..قطّعت/ قسّمت الكعك إلى خمسة قطع
- I have my hair cut at the hairdresser..قصّيت شعري عند الحلاق
- Several violence scenes in the film were cut.

تم حذف بعض مشاهد عنيفة في الفلم.

10- Collect

-Collect papers يجمع الأوراق	**-Collect sb يحضر شخصا من مكان ما**
-Collect the rent يجمع الأجرة	**-Collect information يجمع معلومات**
-Collect stamps يجمع طوابع	**-Collect money يجمع نقودا**
-Collect news يجمع الأخبار	

- I will collect the exam papers at the end.

سأجمع أوراق الامتحان في النهاية.

- A landlord collects the rent at the end of each month.

يجمع المستأجر الأجرة في نهاية كل شهر.

- Collecting stamps is his hobby. هوايته أن يجمع الطوابع.

- My daughter is at the party and I have to collect here in half an hour.

ابنتي في الحفلة لذلك يتوجب على أن أحضرها خلال نصف ساعة.

11- Drive

-Drive a car	يسوق سيارة	-Drive a machine	يحرّك، يسيّر اله
-Drive a nail into the wood		-Drive sb to home	
	يدق مسمارا في الخشب		يوصّل شخصا إلى البيت
-Drive a bargain	يعقد صفقة		

- Can I drive your car?
- We drove Ahmed to work..أوصلنا احمد إلى العمل
- He drove three nails into the door..دق ثلاثة مسامير في الباب
- His loneliness drove him to commit suicide..الوحدة دفعته لينتحر

12- Draw

-Draw a map	يرسم خارطة	-Draw a cheque	يسحب شيكاً
-Draw a cart	يجر عربة	-Draw sb's attention	
-Draw the curtains	يفتح، يغلق الستائر		يلفت انتباه شخص
-Draw a sword	يستل سيفا	-Draw a blank	
-Draw a gun	يشهر سلاحا		تذهب مساعيه سدى
-Draw breath	يأخذ نَفَسا	-Draw a comparison	يقارن
-Draw the line at sth	يرفض شيئا	-Draw a distinction between	
			يفرّق بين شيئين

- I will draw you a map..سوف ارسم لك خارطه
- He drew me by the hand into the room..سحبني باليد إلى الغرفة
- The queen's carriage was drawn by six horses.

تجر ستة خيول عربه الملكة.
- It was so dark so I switched the lights on and drew the curtains.

كانت مظلمة لذلك اشعلت الأضواء وفتحت الستائر.
- The knight drew his sword..استل الفارس سيفه
- I drew this information from a number of sources.

حصلت على / استخلصت هذه المعلومات من العديد من المصادر.

13- Come

-Come here	تعال هنا	-Come home	يصل البيت
-Come a party	يأتي إلى حفلة	-Come and go	يأتي ويذهب
-Come easily to sb	يسهل عليه	-Come to nothing	يُخفق

- Come and see what I have found..تعال وشاهد ماذا وجدت
- What time do you come home?أي وقت تصل البيت؟
- March comes after February..يأتي آذار بعد شباط

14- Catch

-Catch the ball يمسك بالكرة	**-Catch sb's speech يسمع كلام شخص**
-Catch a criminal يقبض على مجرما	**-Catch a disease يصاب بمرض**
-Catch a fish يصطاد سمكة	**-Catch fever يصاب بالحمى**
-Catch sb's eye يجذب انتباه شخص	**-Catch sight sb يلمح شخصا**
-Catch a car يركب سيارة	**-Catch a glimpse of يأخذ لمحة عن**
-Catch a taxi يأخذ تكسي	**-Catch sb red-handed** يقبض عليه متلبسا
-Catch the man يلحق بالرجل	**-Catch sb's attention** يجذب انتباه شخص
-Catch fire يشتعل	

- The baby caught the ball in his hands..مسك الطفل الكرة بيديه
- The police caught the thief at the end of the street.
  قبضت الشرطة على اللص في نهاية الشارع.
- I catch a bus to work everyday..اركب بالباص إلى العمل كل يوم
- I didn't catch what you said. لم اسمع ما قلت.
- Nobody knows how the car caught fire.
  لا أحد يعرف كيف اشتعلت السيارة.
- I caught sight of the man at the end of the street.
  لمحت الرجل في نهاية الشارع.

15- Run

-Run 100 meters يركض مائة متر	**-Run a factory يدير مصنعا**
-Run a machine يشغِّل اله	**-Run an article**
-Run a car يمتلك سيارة	**ينشر مقاله في مجلة أو جريدة**

- I ran nearly ten kilometers this morning.
  ركضت حوالي عشرة كيلو متر هذا الصباح.
- Don't put that red skirt in the washing machine. It might run.
  لا تضع تلك التنوره في الغسالة. يمكن أن تفشو (تحل).
- The engine is running now..يعمل المحرك الآن
- Run the engine for a few minutes before you start.
  شغِّل المحرك لدقائق قبل أن تبدأ.
- They run a restaurant in Amman..يديرون مطعما في عمان
- It costs a lot to run a car..تكلف كثيرا حتى تمتلك سيارة
- The Jordan Times is running some articles on pollution.
  تنشر جريدة الجوردن تايمز بعض المقالات عن التلوث.

16- Get

-Get a car تمتلك سيارة	-Get somebodyيحضر شخصا من مكان
-Get angry يصبح غاضبا	-Get a place يصل إلى مكان
-Get a job يحصل على وظيفة	-Get a bus يركب باص
-Get a disease يصاب بمرض	-Get lunch يهيئ، يعد الغداء

- She has got a big house. تمتلك بيتا كبيرا.
- The man got angry. اصبح الرجل غضبان.
- I got a letter from my sister..حصلت على رسالة من أختي
- He got a job in a travel agency. حصل على وظيفة في وكالة سفر.
- Go and get me a pen, please. اذهب واحضر لي قلم حبر.
- I will get the children from school. سأحضر الأطفال من المدرسة.
- She got malaria in Africa. أصيبت بالملاريا في أفريقيا.
- I got the bus and went to school..ركبت الباص وذهبت إلى المدرسة
- We will get to Amman at about 6.
  سنصل إلى عمان حوالي الساعة السادسة.
- He gets dressed a new suit every week..يلبس بدلة جديدة كل أسبوع
- She got killed by a man. قتلت من قبل رجل.

17- Go

-Go home يذهب إلى البيت	-Go on holiday يذهب في عطلة
-Go to cinema يذهب إلى السينما	-Go with my shirt يناسب قميصي
-Go to London يذهب إلى لندن	-Go all out to do sth يبذل جهدا
-Go swimming يذهب للسباحة	-Go for a drive يذهب في نزهة في السيارة
-Go blind يصبح أعمى	

- She always goes home by bus..تذهب دائما إلى البيت بالباص
- We went to watch the match..ذهبنا لنشاهد المباراة
- Where does this road go to??إلى أين يؤدي هذا الشارع
- My work's going well..عملي يسير على ما يرام
- This clock doesn't go..هذه الساعة لا تعمل
- He went blind when he was 20..20 اصبح أعمى عندما كان عمره
- Has your headache gone yet??هل ألم رأسك زال
- Does the sweater go with my skirt?.هل الجاكيت يناسب تنورتي
- The last hour went very slowly..الساعة الأخيرة انقضت ببطء

18- Hold

-Hold a baby يمسك طفلا	**-Hold a passport يحمل جواز سفر**
-Hold a party يقيم حفلة	**-Hold the line ينتظر على خط التلفون**
-Hold it ! قف، لا تتحرك	**-Hold a conversation يجري محادثة**
-Hold elections يجري انتخابات	**-Hold for five people يتسع لخمسة أشخاص**
-Hold somebody يحتجز شخصا	

- The man was held at the police station. حُجزَ الرجل في مركز الشرطة.
- The car holds five people. تتسع السيارة لخمسة أشخاص.
- How much water does this bottle hold?.كم من الماء تستوعب هذه الزجاجة
- Does she hold a British passport??هل تحمل جواز سفر بريطاني
- They're holding a party for his fortieth birthday.
  سوف يقيموا حفلة لعيد ميلاده الأربعين.
- The elections will be held in the autumn..سوف تُعقد الانتخابات في الخريف

19- Leave

-Leave somebody يترك شخصا	**-Leave to the airport يغادر إلى المطار**
-Leave a mark يترك علامة	**-Leave sth/sb a lone يدع، يترك**
-Leave a message يترك رسالة	**-Leave sb in the lurch** يتخلى عنه وقت الضيق

- He left his wife for another woman..ترك زوجته من اجل امرأة أخرى
- Leave the door open, please..اترك الباب مفتوحا من فضلك
- Don't leave your friend outside in the cold..لا تدع صديقك في الخارج في البرد
- I've left my keys on the kitchen table. .تركت مفاتيحي على طاوله المطبخ
- Leave some cake for me, please. ابقي بعض الكيك لي من فضلك.
- Is there any bread left? هل بقي شيء من الخبز؟

20- Lose

-Lose a job يفقد وظيفة	**-Lose the time يضيع الوقت**
-Lose patience يفقد الصبر	**-Lose the deal يخسر الصفقة**
-Lose the purse يفقد المحفظة	**-Lose your head يفقد أعصابه**
-Lose weight يفقد الوزن	**-Lose your life يُقتل، يموت**
-Lose a match يخسر مباراة	**-Lose sight of sb/ sth يغيب عن النظر**

- I have lost my purse. I can't find it anywhere.
  لقد أضعت محفظتي لا أستطيع أن أجدها.
- The man lost his new job..فقد الرجل وظيفته الجديدة
-This woman had an accident and lost her legs.
  هذه المرأة عملت حادث وفقدت أرجلها.

| Academic Terms | مصطلحات أكاديمية |

Term المصطلح	Meaning المعنى
School	مدرسة
University	جامعة
College	كلية
Article	مقالة
Book	كتاب
Blackboard	لوح
Assignment (homework)	وظيفة، واجب
Library (bookshop, bookstore)	مكتبة
Campus	حرم الجامعة
Chapter	فصل من كتاب
Cheat	يغش
Class	صف
Coed school	مدرسة مختلطة
Course	مادة دراسية
Credit hour	ساعة معتمدة
Dean	عميد
Degree	شهادة
Department	قسم
Diploma	شهادة الدبلوم
Bachelor's degree	شهادة البكالوريوس
Master's degree	شهادة الماجستير
Dissertation	رسالة دكتوراه
Doctorate	درجة الدكتوراه
Dormitory (dorm)	سكن طلبة داخلي في جامعة أو كلية
Freshman	طالب سنة أولى
Sophomore	طالب سنة ثانية
Junior	طالب سنة ثالثة
Senior	طالب سنة رابعة
Grade	علامة، درجة، صف
Grant	منحة دراسية
Handout	أوراق توزع على الطلاب
Drop (course)	يسحب مادة دراسية

Laboratory (lab)	مختبر
Lecture	محاضرة
Major (specialization)	تخصص
Makeup test	امتحان تكميلي
Notebook	دفتر ملاحظات
Office hour	ساعة مكتبية
Presentation	محاضرة، تقديم، عرض
Distant learning	التعلم عن بعد
Quiz	امتحان قصير
Research paper	ورقة بحثية
Research assistant	مساعد بحث
Schedule	جدول أعمال
Scholarship	منحة دراسية
Semester (term)	فصل دراسي
Period	حصة دراسية
Student	طالب
Teacher	معلم
Student union	اتحاد الطلبة
Subject	موضوع
Teaching assistant	مساعد تدريس
Test	اختبار
Textbook	كتاب مرسي
Thesis	أطروحة/ رسالة ماجستير
Tuition (fees)	رسوم
Tutor	مدرس خصوصي
Undergraduate(student)	طالب جامعي (لم يتخرج بعد)
Graduate	خريج (من جامعة)
Admission office	مكتب قبول الطلبة
Commencement	حفل/ يوم التخرج
Course request (form)	طلب لتسجيل مادة دراسية
Professor	أستاذ جامعي
Associate professor	أستاذ مشارك
Assistant professor	أستاذ مساعد
Instructor (lecturer)	مدرس كلية أو جامعة
Break	استراحة قصيرة
Class discussion	نقاش داخل الصف
Cut, miss, skip (class)	يغيب عن محاضرة.

Drop out, withdraw.	ينقطع عن الدراسة
Graduate student	طالب دراسات عليا
Hand back, return, pass back(an assignment)	يُرجع وظيفة مدرسية
Health center	مركز صحي
Health insurance	تامين صحي
Hit the books	يدرس بجد
Honors	شهادة جامعية بدرجة شرف
Mickey Mouse course	مادة سهلة جدا
Multiple-choice test	امتحان موضوعي (اختيار من متعدد)
Prerequisite	متطلب أساسي
Sign up (for a class)	يسجل في مادة
Enroll (in a class)	يسجل في مادة
Upper division (course)	مادة دراسية بمستوى متقدم
Bring up, improve (grades)	يحسن علامته
Keep grades up	تحافظ على علاماتك
Comprehensive Examination Track	مسار الامتحان الشامل
Thesis Track	مسار الرسالة
English proficiency examination	امتحان كفاءة في اللغة الإنجليزية،
The academic year	العام الدراسي/ الجامعي
Graduation requirements	متطلبات التخرج
M.A program	برنامج الماجستير
Drop and add period	فترة الإضافة والانسحاب
General Achievement Exam	امتحان الكفاءة المعرفية
Registration and Admission Department	وحدة القبول والتسجيل
Academic Calendar	التقويم الجامعي
Audit (a course)	يحضر الدرس كمستمع
Turn in, submit (an assignment)	يسلّم الوظيفة او الواجب المدرسي
Section	شعبة
Program of study	برنامج المواد الدراسية
Library fine	غرامة تأخير الكتب في المكتبة
Faculty	كلية في جامعة
Borrow, check out (a book)	يستعير كتاب
Call the roll	يأخذ الحضور والغياب
Reference	مرجع
Accumulative average	المعدل التراكمي
Diploma student	طالب دبلوم
Rating	التقدير

Letter writing كتابة الرسائل

هناك نوعان من الرسائل في اللغة الإنجليزية هما:

1- الرسائل غير الرسمية (الشخصية).
2- الرسائل الرسمية.

Informal letters أولا: الرسائل غير الرسمية

هي الرسائل الموجهة إلى الأهل والأصدقاء والأقارب، ولكتابة هذا النوع من الرسائل نتّبع الخطوات التالية:

1- نكتب عنوان المرسل (The sender's address) في الجهة العليا اليمنى من الرسالة ثم نكتب التاريخ.

2- نترك فراغا مقداره حوالي (3 سم) من الجهة اليسرى للرسالة ثم نكتب التحية الافتتاحية متبوعة بفاصلة، مثل:
.(Dear Ahmed, dear friend, my dear mother, etc)

3- نبدأ بكتابة محتوى الرسالة.

4- نختم الرسالة بتحية ختامية وذلك بكتابة (best wishes , love, etc.) ثم توقيعك وتحت التوقيع اكتب اسمك، وهذا كله يكون في أسفل الرسالة من الجهة اليمنى.

5- تكثر الاختصارات (Contractions) في الرسائل غير الرسمية، مثل:
we're I'll I've it's doesn't didn't

وفيما يلي نموذجا لرسالة غير رسمية توضح جميع الخطوات المذكورة أعلاه:

P.O Box 955
Amman, Jordan.
27 Jan, 2003.

Dear friend,

How are you? How is your family? I wish you all well.

I've received your nice and lovely letter dated on 15 April with great pleasure.

I thank you very much for asking about my parents' health. In fact, they are in good health and I am fine too. Also, I would like to tell you that I am doing well on my Tawjihi exams. I wish to get a high grade because I'm thinking to study medicine abroad in your country hoping you help me there.

I look forward to hearing from you.
Best wishes
Hassan Ahmed
Hassan Ahmed

Formal letters   ثانيا: الرسائل الرسمية

هي الرسائل الموجهة إلى جهة رسمية مثل المؤسسات أو الشركات أو المدارس أو الجامعات...الخ، ولكتابة هذا النوع من الرسائل نتبع الخطوات التالية:

1-   نكتب عنوان المرسل (The sender's address) في الجهة العليا اليمنى من الرسالة ثم نكتب التاريخ.

2-   نكتب عنوان المرسل إليه (شركة أو مؤسسة أو جامعة...) في الجهة اليسرى.

3-   نبدأ كتابة الرسالة بكلمة (Dear sir) متبوعة بفاصلة.

4-   نختم الرسالة بتحية ختامية مثل:
(yours sincerely, yours truly, yours faithfully) ثم التوقيع وتحته اكتب اسمك.

5-   تمتاز الرسائل الرسمية بخلوها من الاختصارات، مثل: I'd   I'll   I'm   I've

وفيما يلي نموذجا لرسالة رسمية توضح جميع الخطوات المذكورة أعلاه

P.O Box 955
King Hussein Street
Amman, Jordan.
22 May, 2007

New American schools,
P.O. Box 526,
Amman, Jordan.
Dear Sir,

I am writing to you with regard of the post of a teacher of English. I have read your advertisement in the Jordan times last week. Really, I would like to apply for this job.

Therefore, I have enclosed my curriculum vitae and a very good reference from a school I have worked at.

As you see, my name is Ahmed Ali. I am 25 years old. I am single. I live in Amman. I graduated from the University of Jordan with a bachelor's degree in English language and literature. Upon graduation, I worked at a school in Amman, where I taught English language for three years.

My fluency in written and spoken English is excellent because I have attended several intensive English courses in conversation and writing. In addition, I am able to use different kinds of computer.
I trust that you will consider my application favorably.

I look forward to hearing from you.

Yours sincerely,
Ahmed Ali
Ahmed Ali

Important instructions on how to learn English Language effectively.
إرشادات هامة جداً لتعلّم اللغة الإنجليزية بشكل فعّال.

1- Speak English without fear   تحدث الإنجليزية بدون خوف

The biggest problem most people face in learning a new language is their own fear. They worry that they won't say things correctly or that they will look stupid so they don't talk at all. Don't do this. The fastest way to learn anything is to do it – again and again until you get it right. Like anything, learning English language requires practice. Don't let a little fear stop you from getting what you want.

اكبر مشكلة تواجه الناس في تعلم اللغة الإنجليزية هي الخوف من الوقوع في الخطأ أثناء التحدث. الخوف يكون من نطق الكلمات بشكل صحيح أو انهم يتوهمون انهم أغبياء إذا اخطئوا في النطف مما يدفعهم لعدم التحدث مطلقا... لا...لا تفعل هذا. أسرع وسيلة لتعلم الشيء هو القيام بمحاولة تعلمه... مرة ة أخرى حتى تصيب الهدف. ومثل أي شيء آخر تعلم اللغة الإنجليزية يتطلب التطبيق. لا تدع مخاوفا قليلة توقفك عن ما تريد تحقيقة.

2- Use all your sources   استعمل كل مصادرك

Even if you study English at a language school, it doesn't mean you can't learn outside of class. Using as many different sources, methods and tolls as possible, will allow you to learn faster. There are many different ways by which you can improve your English, so don't limit yourself to only one or two sources. The internet is a fantastic resource for virtually anything, but for the language learner it is perfect.

حتى لو كنت طالبا في مدرسة لتعليم اللغة الإنجليزية، فأن هذا لا يعني انك لا تستطيع تعلم اللغة من وسائل وأماكن أخرى. استعمال العديد من المصادر والطرق والوسائل بقدر المستطاع سيجعل تعلم اللغة يكون بشكل أسرع. هناك الكثير من المصادر يمكنك أن تطور لغتك الإنجليزية من خلالها... لذلك لا يتوجب عليك ان تحصر نفسك في مصدر واحد او اثنان فقط. الإنترنت على سبيل المثال مصدر رائع عمليا.. وبالنسبه لدارس اللغة مصدر مثالي.

3- Study as often as possible **ادرس بقدر المستطاع**

Only by studying things like grammar and vocabulary and doing exercises, you can really improve your knowledge of any language.

بدراسة قواعد اللغة الإنجليزية والكلمات وتطبيق التمارين فقط يمكنك ان تطور معرفتك بأي لغة.

4- Surround yourself with English **حاصر نفسك باللغة الإنجليزية**

The absolute best way to learn English is to surround yourself with it. Take notes in English, put English books around your room, and listen to English radio broadcasts, watch English news, movies and television. Speak English with your friends whenever you can. The more English material you have around you, the faster you will learn and more likely it is you will begin "thinking in English".

الطريقة الأفضل على الإطلاق لتعلم اللغة الإنجليزية هي ان تحاصر نفسك بها. سجل ملاحظاتك باللغة الإنجليزية، ضع كتبا إنجليزية في غرفتك، استمع الى إذاعات تتحدث اللغة الإنجليزية، شاهد الأخبار باللغة الإنجليزية والأفلام والقنوات التلفزيونية باللغة الإنجليزية. ايضا تحدث باللغة الإنجليزية مع أصدقائك كلما أتيحت لك الفرصة. وكل ما حولك عبر عنه بهذه اللغة، ستتعلم بشكل سريع ومن المحتمل انك نفسك سوف ستخدم اللغة الإنجليزية حتى أثناء التفكير.

استمع إلى أصحاب اللغة الأصليين

5- Listen to native speakers as much as possible

There are some good English teachers that have had to learn English as a second language before they could teach it. However, there are several reasons why many of the best schools prefer to hire native English speakers. One of the reasons is that native speakers have a natural flow to their speech that students of English should try to imitate. The closer ESL/EFL students can get to this rhythm or flow, the more convincing and comfortable they will become.

هنالك الكثير من معلمي اللغة الإنجليزية اللذين تعلموها على أساس إنها لغة ثانية لهم قبل أن يستطيعوا تدريسها. على كل حال، هناك عدة أسباب تجعل المدارس تفضل استجلاب مدرسيين من أصحاب اللغة الام منها انهم يتحدثون بانسيابية طبيعية مما يجعل الطلاب يقلدونهم مما يجعلهم يصلون إلى هذه الانسيابية بشكل مريح.

6- Watch English films and television   مشاهدة الأفلام الإنجليزية والتلفاز

This is not only a fun way to learn but it is also very effective. By watching English films, you can expand your vocabulary and hear the flow of speech from the actors. If you listen to the news on television or radio continually, you can hear different accents.

هذه ليست طريقة مسلية فحسب، بل اكثر فاعلية وتأثيرا. من خلال مشاهدة الأفلام الإنجليزية يمكنك ان توسع محصلة الكلمات والإنصات الى انسيابية النطق من الممثلين. اذا استمعت الى نشرات الأخبار على التلفاز او الراديو باستمرار يمكنك أيضا ان تسمع لكنات لغوية مختلفة.

7- Listen to English music   الاستماع إلى الموسيقى باللغة الإنجليزية

Music can be a very effective method of learning English. In fact, it's often used as a way of improving comprehension. The best way to learn through music is to get the lyrics (words) to the songs you are listing to and try to read them as the artist sings. Using this way, you can practice your listening and reading at the same time.

الموسيقى ممكن ان تكون وسيلة مؤثرة جدا لتعلم اللغة الإنجليزية. في الواقع، ان الموسيقى مستخدمة في تطوير الاستيعاب. وافضل وسيلة للتعلم عبر سماع الأغاني هي الحصول على كلمات الأغنية مكتوبة وقراءتها قبل سماع الأغنية. بهذه الطريقة يمكنك ان تمرن مهارة الاستماع والقراءة في نفس الوقت.

9- Do exercises and take tests   قم بالتمارين والاختبارات

Many people think that exercises and tests aren't fun. However, by completing exercises and taking tests, you can really improve your English. One of the best reasons for doing lots of exercises and tests is that they give you a chance to compare your future results with your previous ones that you realize just how much you have learned. If you never test yourself, you will never know how much you are progressing.

الكثير من الناس يعتقدون ان القيام بالتمارين واداء الاختبارات أمرا ليس مسليا. على كل حال، بإنهاء التمارين واخذ الاختبارات يمكنك حقا ان تطور لغتك الإنجليزية. احد أهم أسباب القيام بالتمارين الاختبارات هو انها تعطيك فرصة المقارنة بين علاماتك المستقبلية مع العلامات السابقة ولتدرك كيف مستواك وكم تعلمت. اذا لم تقم باختبار نفسك، لن تعلم مدى استمرارك في تحصيل اللغة الإنجليزية.

Irregular Verbs الأفعال الشاذة (غير المنتظمة)

Simple present المضارع البسيط	Simple past الماضي البسيط	Past participle اسم المفعول	Arabic meaning المعنى بالعربية
be (is, am, are)	was/were	been	يكون
beat	beat	beaten	يخبط
become	became	become	يصبح
begin	began	begun	يبدا
bend	bent	bent	يحني/ينعطف
bite	bit	bitten	يعض
bleed	bled	bled	ينزف
blow	blew	blown	ينفخ/ يهب
break	broke	broken	ينكسر/يكسر
bring	brought	brought	يحضر
build	built	built	يبني
burn	burnt	burnt	يحرق
buy	bought	bought	يشتري
catch	caught	caught	يمسك
choose	chose	chosen	يختار
come	came	come	يأتي
cost	cost	cost	يكلف
cut	cut	cut	يقطع/ يجرح
deal	dealt	dealt	يتعامل
draw	drew	drawn	يرسم/ يسحب
drink	drank	drunk	يشرب
drive	drove	driven	يسوق
eat	ate	eaten	يأكل
fall	fell	fallen	يسقط
feed	fed	fed	يطعم
feel	felt	felt	يشعر
fight	fought	fought	يقاتل
find	found	found	يجد
fly	flew	flown	يطير/يسافر
forbid	forbade	forbidden	يمنع
forget	forgot	forgotten	ينسى
get	got	got	يحصل
give	gave	given	يعطي
go	went	gone	يذهب

grow	grew	grown	يزرع/ ينمو
have/has	had	had	يملك
hit	hit	hit	يضرب
hold	held	held	يمسك
hurt	hurt	hurt	يؤذي
keep	kept	kept	يحافظ
know	knew	known	يعرف
leave	left	left	يغادر
lend	lent	lent	يقرض
let	let	let	يدع
lose	lost	lost	يفقد
make	made	made	يصنع
meet	met	met	يقابل
pay	paid	paid	يدفع
put	put	put	يضع
read	read	read	يقرا
ride	rode	ridden	يركب
run	ran	run	يركض
say	said	said	يقول
see	saw	seen	يرى
sell	sold	sold	يبيع
send	sent	sent	يرسل
sit	sat	sat	يجلس
speak	spoke	spoken	يتكلم
spend	spent	spent	ينفق
stand	stood	stood	يقف
steal	stole	stolen	يسرق
swim	swam	swum	يسبح
take	took	taken	يأخذ
teach	taught	taught	يتعلم
tell	told	told	يخبر
think	thought	thought	يفكر
throw	threw	thrown	يرمي
understand	understood	understood	يفهم
wake	woke	woken	يستيقظ
wear	wore	worn	يلبس
win	won	won	يربح
write	wrote	written	يكتب

References   المراجع

1- Azar, A. 1989. *Understanding And Using English Grammar.*

2- Azar, A. 1985. *Fundamentals of English Grammar.*

3- Cowie, A.P. (ed.). 1989. *Oxford advanced learner's dictionary of current English.* 4th ed. Oxford University Press.

4- Dixson, R. *Essential Idioms in English.*

5- Evans, V. 2001. *FCF Use of English.* Express Publishing.

6- Farghal, M. and Shunnaq, A. 1999. *Translation with Reference to English and Arabic: A Practical Guide.* Dar Al-Hilal for Translation.

7- Khalil, A. 1996. *A Contrastive Grammar of English and Arabic.*

8- Maurer, J. *Focus on Grammar: A high-intermediate Course for Reference and Practice.*

9- Sawalmeh, M. 2006. *English grammar for all levels.* Dar Al-Mamoun for publishing and distributing.

10- Murphy, R. 1985. *English grammar in use.* Cambridge University Press.

11- Swan, M. 1995. *Practical English Usage.* Oxford University Press.

12- Watcyn, P. 1979. *Penguin Functional English: Impact, English for social interaction.*

Contents   المحتويات

T0110998

Printed in the United States
By Bookmasters